上海社会科学院应用经济研究所
智库研究丛书

上海房地产发展报告
(2015－2016)

顾建发 张宏伟 等著

上海社会科学院出版社
SHANGHAI ACADEMY OF SOCIAL SCIENCES PRESS

目　录

第一章　上海房地产发展背景分析

第一节　2015—2016 年中国宏观经济分析

当时间跨入 2016 年，中国经济何去何从？中国人民大学等多家学术研究机构组建的中国宏观经济分析与预测课题组最新研究显示，2016 年是中国经济持续探底的一年，经过 2015—2016 年全面培育新的增长源和新的动力机制，中国宏观经济预计将在 2017 年后期出现稳定的反弹，并逐步步入中高速的稳态增长轨道之中。

2016 年 1 月 22 日，中国人民大学新任校长刘伟在“中国宏观经济形势报告会(2015—2016)发布会”上表示，探底进程中的中国宏观经济是对中国经济步入新常态新阶段的一个总结和展望。当日发布的报告预计，2015 年全年 GDP 实际增速为 6.9%，较 2014 年下滑了 0.4 个百分点。预计 2016 年 GDP 实际增速为 6.6%，比 2015 年进一步下滑 0.3 个百分点。

发布会上，中国人民大学国家发展与战略研究院院长刘元春代表课题组发布了《2015—2016 中国宏观经济分析与预测——探底进程中的中国宏观经济》报告。刘元春介绍，2015 年是中国宏观经济新常态步入新阶段的一年，是全面步入艰难期的一年，也是中国宏观经济结构分化、微观变异、动荡加剧的一年。

课题组认为，GDP 增速的“破 7”，非金融性行业增速的“破 6”，工业主营业务收入的“0 增长”，GDP 平减指数、企业利润和政府性收入的“负增长”，“衰退式顺差”的快速增长以及“衰退式泡沫”的此起彼伏，都标志着中国宏观经济于 2015 年步入深度下滑期和风险集中释放期。

刘元春认为，随着二季度中国“稳增长”政策的全面加码，中国宏观经济将于四季度短期趋稳。但由于“通缩—债务效应”不断发酵，宏观经济内生性收缩力量不断强化,去产能与去库存不断持续、基层财政困难陆续显化、部分行业和企业盈亏点逆转,“微刺激”效果递减等因素,“稳增长”政策难以从根本上改变本轮“不对称W型”周期调整的路径。

刘元春介绍,课题组利用中国人民大学中国宏观经济分析与预测模型——CMAFM模型,设定主要宏观经济政策假设为,2015年与2016年财政预算实际赤字分别为16 000亿元与21 000亿元;2015年与2016年人民币与美元平均兑换率分别为6.21∶1与6.50∶1。预测结果显示,整体经济的困难度比实际增速所显示的更为困难。

2015年下半年在各类“稳增长”政策的作用下改变上半年宏观经济快速下滑的趋势,于四季度逐步趋稳。但由于外需持续疲软以及政策刺激效应的弱化,经济趋稳的基础并不扎实,宏观经济总体状况依然疲软。预计全年GDP实际增速为6.9%,较2014年下滑0.4个百分点,基本完成政府预定的经济增长目标。但由于GDP平减指数为−0.5%,名义GDP增速仅为6.4%,名义工业增加值增速仅为0.2%,较2014年分别下滑1.8个百分点和4.7个百分点。

从供给角度来看,在工业萧条的持续冲击下,第二产业回落幅度进一步加大,第三产业逆势上扬,增长较为强劲。预计2015年第二产业增加值增速为5.9%,较2014年下降1.4个百分点;第三产业增速为8.2%,比2014年上升0.4个百分点;第一产业在各类农业政策的作用下保持相对稳定的状态,其增加值增速为4.0%。

从总需求角度来看,三大需求都呈现疲软,其中投资和出口增速的回落较为明显。在供求失衡与输入性通缩等多重因素的作用下,2015年价格水平回落明显。预计全年CPI增速为1.4%,较2014年下滑0.6个百分点,远低于国家3.0%的政策目标。

稳健货币政策进一步持续,但受到资金内生性收缩的压力,货币供应量与全社会融资增速之间的差额大幅度扩大,流动性向实体经济的渗透力进一步下滑。预计M2增速保持在13.3%,社会融资总额为151 926亿元,增速为−7.7%,“宽货币、紧融资”的局面进一步恶化。

与此同时,上海财经大学高等研究院“中国宏观经济形势分析与预测”课题组发布的《2015年中国宏观经济形势分析与预测年中报告》指出,当前中国宏观经济所面临的形势不容乐观,完成政府提出的经济增长目标任务难度较大,但差距不是很大。今后一段时期,中国经济发展的内外部各种不确定性和经济风险都在加大，突出的经济风险包括较大的通货紧缩风险、地方债务风险、资本市场风险、房地产市场风险、国际收支风险、汇率风险和国际资本外逃风险，对此，政策需要谨慎应对。

课题组基于上海财经大学高等研究院中国量化准结构宏观经济预测模型（IAR-CMMModel），就当前中国宏观经济趋势分别从基准情景（央行已于2015年6月27日降准降息，故设三季度无额外政策力度）、乐观情景（“一带一路”战略顺利开展，假设下半年第二产业增加值、投资、政府支出增长的预期均上调2%）、悲观情景（美联储提高加息的速度和力度，假设由此引起下半年新兴国家对我国出口需求降低15%）进行了情景分析。

报告对于不同情景下如何实现2015年全年经济增长目标分别给出了财政和货币政策模拟，并指出为了实现政策执行效果，可通过定向财政政策与定向货币政策相结合的方式等促使投资有效流向实体经济，包括加快新型城镇化建设，以PPP等创新融资模式大力吸收民间资本，提高公共资金效率等方式来推动新一代基础设施建设，如城乡管网升级改造、城际铁路、新一代互联网以及教育、医疗、文化基础设施等。报告强调，如果确定要推行这些刺激政策，实施过程中需要高度警惕短期刺激政策的后遗症和防范不良债务的积累。

从长远看，中国仍然可以保持较高的经济增速，但潜在经济增长率的释放需要通过结构性改革和发展驱动方式的改变来实现。课题组测度，即使不考虑深化改革和加强治理等制度建设可能带来的改革红利，从劳动力、资本和全要素生产率等要素的中长期基本面看，中国经济潜在增长率没有出现大幅下滑，5年到8年内有望继续保持在7%以上。课题组认为，造成当前中国经济增速超预期、不正常过快下滑的基本原因，除了周期性和结构性因素外，政府治理的目标管理缺失、激励弱化或扭曲所导致的阶段性政府不作为也是不可忽视的重要因素。反映的是市场主体的主动性能动性不够强，根源是政府与市场之间的治理边界尚未得到合理界定，市场在资源配置中的决定性作用没有得到充分发挥。

报告最后指出，中国经济实现又好又快发展的关键在于正确理解发展的逻辑与治理的逻辑，并正确处理二者之间的内在逻辑关联、辩证关系。财政政策和货币政策其效应都是短期的，治标不治本。政府工作焦点应该不要太关注短期经济的起伏，而是深入进行理顺政府与市场、政府与社会之间治理边界的制度性和结构性改革，鼓励竞争，消除不利于企业创业创新和民营经济发展的制度性障碍。当前改革的重点是深化土地、劳动力和资本三大要素市场的改革，真正让市场在资源配置中发挥决定性作用，从而促进中国经济从要素驱动向效率驱动乃至创新驱动的转变。同时，政府要增强改革的执行力和发展的驱动力，必须从法治、执行力、民主监督三个维度来推进综合治理。

第二节 2015—2016 年上海宏观经济分析

根据上海统计局公布的年报分析，上海宏观经济总体运行平稳。

一、经济保持平稳增长，第三产业比重继续提高

初步核算，2015 年全市生产总值完成 24 964.99 亿元，按可比价格计算，比上年增长 6.9%，增速比上年回落 0.1 个百分点。其中，第一产业增加值 109.78 亿元，下降 13.2%；第二产业增加值 7 940.69 亿元，增长 1.2%；第三产业增加值 16 914.52 亿元，增长 10.6%。第三产业增加值占全市生产总值的比重达到 67.8%，比上年提高 3.0 个百分点。

从主要行业看，全年工业增加值 7 109.94 亿元，比上年增长 0.5%，增速比上年回落 3.8 个百分点；批发和零售业增加值 3 826.42 亿元，增长 4.3%；住宿和餐饮业增加值 374.82 亿元，下降 0.6%；交通运输、仓储和邮政业增加值 1 130.88 亿元，增长 7.3%；信息传输、软件和信息技术服务业增加值 1 374.51 亿元，增长 12.0%；金融业增加值 4 052.23 亿元，增长 22.9%；房地产业增加值 1 696.02 亿元，增长 9.0%。

二、工业生产小幅下降，企业利润增速回落

全年全市规模以上工业总产值 31 049.57 亿元，比上年下降 0.8%，而上年为增长 1.6%。规模以上工业出口交货值 7 568.95 亿元，下降 1.6%，降幅比上年扩大 0.4 个百分点。全年规模以上工业产品销售率为 99.5%。

分行业看，六个重点工业行业的工业总产值 20 769.44 亿元，比上年下降 0.2%。其中，石油化工及精细化工制造业增长 7.1%，生物医药制造业增长 2.0%，成套设备制造业增长 0.3%，电子信息产品制造业下降 1.8%，汽车制造业下降 2.3%，精品钢材制造业下降 7.6%。

1—11 月，规模以上工业企业主营业务收入 30 658.81 亿元，比上年同期下降 4.2%。工业企业实现利润总额 2 391.75 亿元，增长 3.0%，增速同比回落 2.7 个百分点。

战略性新兴产业制造业总产值出现下降。全年战略性新兴产业制造业完成总产值 8 064.12 亿元，比上年下降 1.1%，占规模以上工业总产值的比重为 26.0%，比上年提高 0.8 个百分点。

三、消费市场总体平稳，网上商店零售增长较快

全年全市商品销售总额 93 406.57 亿元，比上年增长 6.4%，增速比上年回落 5.1 个百分点；社会消费品零售总额 10 055.76 亿元，增长 8.1%，增速回落 0.6 个百分点。

分行业看，批发和零售业零售额 9 047.80 亿元，比上年增长 8.2%；住宿和餐饮业零售额 1 007.96 亿元，增长 7.3%。分商品类别看，通信器材类、机电产品及设备类、文化办公用品类、家用电器和音像器材类商品零售增长较快。全年通信器材类商品零售额 315.67 亿元，增长 64.2%；机电产品及设备类商品零售额 22.78 亿元，增长 24.4%；文化办公用品类商品零售额 353.87 亿元，增长 21.8%；家用电器和音像器材类商品零售额 639.94 亿元，增长 21.3%。

无店铺零售继续快速增长。全年无店铺零售业态零售额 1 250.60 亿元，比上年增长 26.9%，增速比上年提高 5.2 个百分点。其中，网上商店零售额 1 091.35 亿元，增长 31.6%，占社会消费品零售总额的比重为 10.9%，比上年提高 1.5 个百分点。

四、固定资产投资小幅增长，城市基础设施投资增长较快

全年全市完成固定资产投资总额 6 352.70 亿元，比上年增长 5.6%，增速比上年回落 0.9 个百分点。从主要领域看，城市基础设施投资 1 425.08 亿元，比上年增长 34.8%，增速比上年提高 33.5 个百分点；房地产开发投资 3 468.94 亿元，增长 8.2%，增速回落 5.5 个百分点；工业投资 957.17 亿元，下降 17.2%，降幅扩大 10.7 个百分点。从产业看，第一产业投资 3.95 亿元，下降 66.7%；第二产业投资 958.84 亿元，下降 17.1%；第三产业投资 5 389.91 亿元，增长 11.2%。从经济主体看，国有经济投资 1 974.08 亿元，增长 9.9%；非国有经济投资 4 378.62 亿元，增长 3.8%。

五、对外货物贸易小幅下降，外资合同金额增长较快

全年上海市货物进出口总额 28 060.88 亿元，比上年下降 2.1%。其中，

进口 15 832.33 亿元,增长 0.5%;出口 12 228.55 亿元,下降 5.3%。按贸易方式分,一般贸易出口 5 204.19 亿元,下降 3.7%;加工贸易出口 5 233.87 亿元,下降 7.4%。按经济类型分,国有企业出口 1 577.63 亿元,下降 8.0%;外商投资企业出口 8 201.53 亿元,下降 5.7%;私营企业出口 2 337.02 亿元,下降 2.4%。

全年全市外商直接投资合同金额 589.43 亿美元,比上年增长 86.5%;实际到位金额 184.59 亿美元,增长 1.6%。其中,第二产业合同金额 19.59 亿美元,下降 22.2%;第三产业合同金额 545.00 亿美元,增长 95.7%。

六、居民消费价格温和上涨,工业生产者价格持续下降

全年居民消费价格比上年上涨 2.4%,涨幅比上年回落 0.3 个百分点。其中,上年翘尾因素影响 0.9 个百分点,本年新涨价因素影响 1.5 个百分点。从两大分类看,服务项目类价格上涨 3.2%,涨幅比上年回落 0.8 个百分点;消费品价格上涨 2.0%,涨幅提高 0.1 个百分点。从八大类别看,衣着类价格上涨 7.8%,居住类价格上涨 4.6%,烟酒类价格上涨 4.2%,食品类价格上涨 2.9%,家庭设备用品及维修服务类价格上涨 2.9%,娱乐教育文化用品及服务类价格上涨 0.3%,医疗保健和个人用品类价格下降 0.7%,交通和通信类价格下降 2.4%。

全年工业生产者出厂价格比上年下降 3.9%,降幅比上年扩大 2.8 个百分点;工业生产者购进价格下降 9.4%,降幅扩大 5.3 个百分点。

七、一般公共预算收入增势良好,货币信贷运行平稳

全年全市一般公共预算收入 5 519.50 亿元,比上年增长 13.3%,增速比上年提高 1.7 个百分点。其中,增值税 1 012.8 亿元,增长 4.5%;营业税 1 215.49 亿元,增长 21.3%;企业所得税 1 104.08 亿元,增长 17.1%;个人所得税 487.61 亿元,增长 19.3%。全年全市一般公共预算支出 6 191.56 亿元,增长 19.5%。其中,城乡社区支出、医疗卫生与计划生育支出增长较快。全年城乡社区支出 1 173.88 亿元,增长 46.5%;医疗卫生与计划生育支出 303.46 亿元,增长 14.6%。

年末全市中外资金融机构本外币存款余额 103 760.60 亿元,比上年末增长 14.4%;中外资金融机构本外币贷款余额 53 387.21 亿元,增长 10.1%。全年新增本外币各项存款 13 328.75 亿元,同比少增 199.07 亿元;新增本外币各项贷款 4 880.58 亿元,同比多增 984.06 亿元。全年新增人民币个人消费贷款

1 997.95 亿元,同比多增 1 077.11 亿元。其中,住房按揭贷款新增 1 506.98 亿元,同比多增 931.38 亿元。

八、城乡居民收入持续增长,就业形势保持稳定

据抽样调查,全年全市居民人均可支配收入 49 867 元,比上年增长 8.5%。其中,工资性收入 30 499 元,增长 6.1%;经营净收入 1 319 元,下降 4.2%;财产净收入 7 173 元,增长 10.3%;转移净收入 10 876 元,增长 16.5%。全年城镇常住居民人均可支配收入 52 962 元,增长 8.4%;农村常住居民人均可支配收入 23 205 元,增长 9.5%。

全年全市新增就业岗位 59.66 万个,其中,农村富余劳动力实现非农就业 10.33 万个。截至 2015 年 12 月底,全市城镇登记失业人数 24.81 万人,比上年末减少 0.82 万人。

第三节　2015—2016 年上海房地产发展分析

2015 年,上海市房地产市场坚持"以居住为主、市民消费为主、普通商品住房为主"原则,严格执行住房限购政策,继续支持自住和改善型住房需求。年初中央提出稳定住房消费,出台了一系列刺激楼市的政策,受此影响上海市房地产市场呈现交易活跃、房价上涨的局面,但在宏观经济步入新常态的背景下,上海市房地产开发投资增速出现回落。

一、房地产开发投资增速回落

受国内经济下行压力影响,上海市房地产开发投资增长趋缓,2015 年全市房地产开发投资 3 468.94 亿元,比上年增长 8.2%,增幅较上年回落 5.5 个百分点。但从 2015 年上海市房地产开发投资占全社会固定资产投资比重来看,继续呈上升趋势,达 54.6%,比上年提高 1.3 个百分点。

二、房屋新开工规模呈下降趋势

2015 年上海市房屋施工面积 15 095.33 万平方米,比上年增长 2.8%。其中,住宅 8 372.12 万平方米,下降 1.8%。2015 年上海市房屋新开工面积 2 605.08 万平方米,比上年下降 6.4%。其中,住宅 1 560.28 万平方米,增长 0.8%。2015 年上海市房屋竣工面积 2 647.18 万平方米,比上年增长 14.4%。

其中,住宅1 588.95万平方米,增长3.5%。

三、房地产项目2015年到位资金趋松

受降准降息降首付、提高公积金贷款额度等多重信贷利好因素影响,上海市房地产开发项目到位资金趋松。2015年上海市房地产项目本年到位资金5 531.86亿元,比上年增长5.0%。

截至2015年底,上海市中资商业银行本外币房地产贷款余额13 889.77亿元,比上年增长12.4%。其中,房地产开发贷款余额5 408.59亿元,下降1.5%;个人购房贷款余额7 951.38亿元,增长23.7%。截至2015年底,上海市公积金贷款余额2 770.08亿元,比上年增长37.7%。

四、楼市交易保持活跃

2015年,上海市严格执行住房限购等房地产调控措施,继续贯彻好国家住房政策,同时支持居民合理住房需求。

(一) 新建住宅销售面积超2 000万平方米

2015年上海市房地产市场持续回暖,交易保持活跃状态。新建房屋销售面积2 431.36万平方米,比上年增长16.6%。其中,新建住宅销售面积2 009.17万平方米,增长12.8%。

(二) 存量住宅交易量超3 000万平方米

与新建房市场相比,存量房市场更为火爆。2015年上海市存量房交易量3 341.85万平方米,比上年增长94.4%。其中,存量住宅3 034.42万平方米,增长1.1倍。从月度交易量看,3月底利好政策出台后,市场持续回暖,月均交易量持续在300万平方米上下,全年月均交易量达到278.49万平方米,明显高于近几年平均水平。

(三) 市场化新建住宅网上可售面积下降

截至2015年底,上海市市场化新建住宅网上可售面积降至1 075万平方米,比2014年底减少257万平方米。按近半年的月均成交量计算,2015年底库存消化期为7.9个月。

(四) 新建住宅每平方米销售均价达到21 501元

2015年上海市新建住宅平均销售价格21 501元/平方米。从区域分布看,内环线以内72 066元/平方米,内外环线之间33 577元/平方米,外环线以外16 065元/平方米。

第四节　2015年上海房地产重大事件分析

一、央行连续降息降准·货币宽松利好楼市

2015年以来，央行采取了持续的货币宽松政策，截至12月中旬，已累计实施了五次降息和四次降准。2015年第一次降息始于2月28日，央行决定自2015年3月1日起下调金融机构人民币贷款和存款基准利率。金融机构一年期贷款基准利率下调0.25个百分点至5.35%；一年期存款基准利率下调0.25个百分点至2.5%。这是自2014年11月22日央行宣布降息后，时隔三个多月再度降息。此后，二季度央行延续了每月降息或降准一次的节奏。三季度虽然节奏有所放缓，但仍延续了宽松态势，至2015年10月24日，金融机构一年期贷款基准利率已下调至4.35%，一年期存款基准利率已下调至1.5%。

2015年央行持续推出降息降准的货币宽松政策，主要源于国内经济下行压力较大。同时，人民币汇率持续走低、社会融资成本较高以及全球金融市场出现较大波动等国内外因素的存在，也需要更加灵活地运用货币政策工具，为经济结构调整和经济平稳健康发展创造良好的货币金融环境。从对房地产行业的影响看，首先，随着2015年以来持续降息，五年期以上贷款基准利率已下降到4.90%，达到近几十年最低水平，购房者的购房成本持续降低，将进一步刺激楼市需求；其次，目前房地产行业资金情况虽然有所好转，但整体受到金融环境的影响，融资成本依旧较高，融资渠道不畅，房企更多地还是依靠自筹资金以及销售回款等作为日常运营的主要资金来源，而连续降息降准有助于降低融资成本，这将刺激房企加大融资力度，从而缓解企业资金压力；最后，连续的降息降准，给房地产业复苏带来积极利好，但由于各地经济和区域发展水平不同，市场分化也将愈发明显。

二、“330”新政重磅出击·稳定楼市态度坚定

2015年3月30日，央行、住建部、银监会联合发文指出，为进一步完善个人住房信贷政策，支持居民自住和改善性住房需求，促进房地产市场平稳健康发展，经国务院批准，就相关事项进行通知。其中要求，对拥有1套房且贷款未结清，再次申请商业性个人房贷购买普通自住房，最低首付款比例不低于

40%。对拥有1套房并已结清相应贷款，再次申请住房公积金委托贷款购买普通自住房，最低首付款比例为30%。同日，财政部也发文要求，将个人购买2年以上(含2年)的普通住房对外销售的，免征营业税。

此次"330"新政的出台，放松力度较大。从政策调整的要点看，主要有以下三方面：首先，将二套房商业贷款首付比例下调至4成，这是五年来的首度下调，由于目前很多大城市购房的改善需求已经成为第一位，因此能否刺激改善需求，或者说进行合理的政策支持，对我国楼市尤为重要；其次，对于首套房和二套房公积金首付比例的双双下调，迎合了地方政府积极放松住房公积金政策以及个人购房需求，对于楼市复苏也带来了积极因素；最后，规定个人购买两年以上住房出售免征营业税，这是对此前五年以上的住房出售免征营业税的明显放宽，对于楼市影响较大，不仅有利于直接降低房屋交易成本，而且还有利于盘活存量房，随着个人出售房屋免征营业税年限的缩短，住房出售意愿必将明显提升，市场二手房供应量也会明显增加。总之，此次"330"新政虽然救市力度不如2008年10月下旬那次最大力度、最密集的救市行动，但仍显示了中央稳定住房消费，促进房地产市场健康发展的决心。

三、上海城市区划调整极大影响房价走势

2015年11月4日，上海市委市政府宣布：静安与闸北正式合并。这是近十多年，上海第四次区区合并。第一次是2000年的黄浦与南市，第二次是2009年的浦东与南汇，第三次是新黄浦与卢湾合并。

(一) 静安与闸北正式合并前奏

有关静安区与闸北区合并，在8月初有网上论坛流出传言称，最快2015年10月份，闸北即将并入静安区。经了解，这则流言出自一房地产微信公众号发布的一篇文章，其中这样描述：文件下来了，"大概10月份执行，房价大涨的前奏。由闸北领导管理整个新静安区，静安区新金融中心为火车站北广场，2015年的新地王，楼板价6万。大宁的房价已经涨到8万了，新南北高架和新延安隧道的交汇口就是静安区新中心。"

文章一出，引来众多上海网友跟帖关注。尤其是静安区和闸北区的网友，有人调侃道："静安人民听到后，一定是DUANG—拒绝的！但闸北人民笑了：没有一点点防备，没有一丝丝顾虑，你就这样出现。"

也有网友信以为真，甚至有闸北网友在盼望着能共享静安区优质的教育资源了："合并是好事，以后孩子能上静教院附校了。"有人甚至为合并后的两

区规划支招，静安区“上海火车站可发展金融中心。”

针对网上传言，8月27日，静安区政府对此进行了辟谣，并表示可能是地产商借题炒作。

就在大部分人将信将疑时：9月7日下午，解放日报“上海观察”发布消息称，闸北区和静安区正式合并，两区合并后统称静安区。随后“上海发布”（上海市政府新闻办公室官方微博）称，经向有关方面核实了解，关于闸北区静安区“撤二建一”的工作正在酝酿和听取意见过程中。

（二）“区区合并”大势所趋

随着城市范围的扩大，以及城市治理能力的提升，城市内行政区划往往也会随之调整。进入21世纪以来，上海在建设“四个中心”已经三次调整了行政区划：2000年南市区并入黄浦区、2009年南汇区并入浦东新区、2011年卢湾区并入黄浦区。其中2000年南市区并入黄浦区、2009年南汇区并入浦东新区效果非常明显：十几年来新黄浦发展在上海市中心城区中名列前茅；南汇区并入浦东新区后进一步拓展新区发展的空间，临港新城建设得到了快速发展。区区合并乘数效应的凸显，促使上海加快区区合并的步伐。实际上，进行区域调整合并，是为了在更大范围内进行资源整合，优化城市功能结构。摊开地图就可以看到，相比于浦东、杨浦等数百上千平方公里的版图，静安7.5平方公里的狭窄空间，可谓是弹丸之地，与周边区域极不对称。

早在2003年，坊间就传出了静安区将并入闸北区的消息，这一构想（传闻）的原因在于静安区面积太小，导致一系列动迁问题难以在区内解决。但当时两区发展差距太大，原本住在静安的拆迁户无人愿意搬到闸北去，虽然合并后那里也是静安区的一部分，于是此事不了了之。在此之后，合并传言始终起起伏伏。不过十余年过去，闸北区得以快速发展，尤其是大宁商圈更是突飞猛进，并取代不夜城晋升市级商业中心。

静安区地处上海市中心，周围与6个区相邻，全区总面积7.5平方公里，总人口约33万人。静安区因境内古刹静安寺而得名，历史文脉悠久，城市环境优美，信息交通便捷。区内现代商贸发达中西文化交融，历来是上海中心商业商务区和对外交流的窗口。闸北和静安两区合并的消息之所以能引起这么大的反响，主要在于历史文化的原因导致人们对于两个区域的社会认知存在巨大落差。合并之后，外界对于原闸北区的价值认知会在一定程度上得到提升。

在上海，老一辈人往往有着比较浓厚的地段情结。在他们的眼中，上海的市区都是有着“上只角”、“下只角”之分的。此次涉及合并的两方中，静安就属于“上只角”，而闸北就被视作“下只角”，因此有玩笑话称，闸北静安的合并好比穷小子入赘“白富美”。

最关键的是，静安区虽然面积小，却拥有大量的教育资源。根据统计，静安区 7.62 平方公里的辖区内，拥有基础教育机构超 45 所，其中幼小中(含高中)共 42 所，其中重点中小学包括示范园和一级幼儿园共 14 所，公办重点小学 3，重点初中 5 所。由于目前静安区的住宅房价和学区房房价比闸北区高出不少，因此两区未来合并，那么闸北区可以顺机借势，共享静安区的各种资源，房价再次上涨是必然的。

(三) 闸北房价领涨楼市

根据统计局数据称，2015 年 10 月上海新建商品住宅价格同比涨幅达到 12.8%，环比上涨 2.1%，在全国四个一线城市中，房价上涨幅度仅低于深圳。其中，闸北区成为沪上各区之中的涨幅之王。截至 9 月，闸北区商品住房每平方米成交均价接近 6 万元，同比上涨超 34%。而闸北区中新房涨得最猛是大宁板块，新房成交均价与去年全年成交均价相比上涨超六成。闸北区三板块新房成交均价：不夜城 69 426 元/平方米，大宁 65 002 元/平方米，彭浦 42 200 元/平方米。作为老上海人过去眼中的“下只角”，闸北区在经过 2015 年的房价狂涨后已经今非昔比。比如，大宁金茂府(闸北大宁板块)2015 年成交均价超过 7 万元/平方米，颇有赶徐汇超黄浦之势。大宁瑞仕花园同比去年成交均价上涨 12%，已达每平方米 5.4 万元的高位。

进入 11 月已经成为新静安区的原闸北地区的房价进一步上涨，每平方米达到 68 381 元，成为上海房价高地的探花。

随着一手房的大幅上涨，二手房业主开始惜售涨价：闸北一套报价 450 万元的明园森林都市二手房房源，挂牌两个月内购房者看过 20 多次，在得知两区合并消息后，再联系业主，业主表示，希望暂时观望，中介说“房东说家里还在商量，让我们短期内对房源的出售别抱有太大希望”。

无独有偶，在闸北的另一个大盘慧芝湖花园，同样出现房东涨价的行情。例如一套原本报价 950 万元的慧芝湖花园三房房源，9 月 7 日晚门店询问时已把价格上涨至 960 万元，到了再度联系业主时，业主明确表示，由于两区合并的原因，价格进一步提高到 980 万元。

在闸北房价频频上涨同时，2015 年闸北“地王”频出也赚尽眼球，其所出让的三块土地，每一次都引起了大型品牌开发商的激烈角逐。华润华发先后两次夺得闸北区市北高新技术服务业园区两幅住办地块，总价 158.47 亿元；7 月中旬，金融街也以 88.15 亿元夺得上海火车站北广场一综合地块，再次刷新区域内地块总价。

不管是房价还是地价，闸北都在不断地刷新纪录，都在领涨上海楼市。然而，不仅仅是房地产市场，有关静安和闸北合并消息在资本市场上，表现得更为疯狂：代号为 600604 的市北高新，9 月 7 日消息一出，连续 5 个“一字版”，短短 8 个交易日股价翻番。

(四) 资源重组取长补短

静安和闸北两区合并后，势必带来两个区域市政规划的重新设计，以及两区域内产业的融合与再次布局，对于合并后的大静安区是一次难得的发展机遇。

从地图上看，原闸北区核心区域不夜城商圈将位于合并以后的大静安区的中心地段。闸北区和静安区面积都不大，静安是 7.62 平方公里，闸北是 29.26 平方公里。两区合并以后的总面积也仅有 36.88 平方公里。由于土地供应有限，不太可能再造一个核心区，最大的可能性就是扩大不夜城区域，进行商业能级的再提升。

对住宅来说，静安近几年高端住宅多呈现在南静安片区，北静安由于面临旧改问题，近几年发展相对缓慢。而闸北近几年无论是项目还是拿地都以大型的开发企业为主，合并以后，未来资本可能会逐渐向静安转移，北静安靠近苏州河的部分有望得到充分利用。

由于静安区土地资源有限，区域经济在发展中主动进行调整，已逐步摆脱了对房地产业的依赖。2014 年的数据显示，地产业占静安全区总税收比重 12.85%。两区合并会给闸北区的产业升级与优化会带来机会。尤其是市北高新，在上海建设科创中心的大背景下，是否会成为第二个“张江高科”，引领大静安产业发展？让我们拭目以待。

第二章　上海房地产一级市场分析

第一节　2015 年上海土地市场总体分析

一、土地供求市场概述——2015 上海地王年总收金 1 682 亿元

（一）供求双降，2015 年供地缩减明显

2015 年，上海供地计划锐减，土地市场供应面积较上一年出现大幅下滑。

从 2015 年的土地公示情况来看，同策咨询研究部数据显示，全市共公示土地 238 幅，合计 1 099.26 公顷，公示面积较 2014 年减少 45%。从地块类型上看，2015 年纯宅地公示 106 幅，合计 603.95 公顷，同比增加 7%，占到整体供应量的 55%，较 2014 年扩大 27 个百分点，但如剔除动迁配套房地块，2015 年全年推出纯商品住宅用地仅 37 幅，合计 218.09 公顷，分别较 2014 年下滑 40%和 38%；含有住宅性质的综合性用地公示有 18 幅，合计 94.68 公顷，较 2014 年减少 55%；商办地块公示 52 幅，合计 145.61 公顷，减少 21%。

成交方面，2015 年上海土地出让共计 222 幅，合计出让面积 1 088.05 公顷，较 2014 年下滑 43%。其中，住宅用地成交 101 幅，合计 584.66 公顷，较 2014 年上扬 6%，而剔除动迁配套房用地后，纯商品住宅用地 34 幅，合计 201.02 公顷，较上一年下滑达到 45%；2015 年含住宅性质的综合性用地成交 18 幅，合计 121.84 公顷，地块数量上较上一年下滑 36%，而成交面积也下滑 3 成左右；从商办地块来看，也较上一年出现大幅下挫，全年成交商办地块 47 幅，合计 127.64 公顷，地块数量上下滑接近 4 成，成交面积则下滑 3 成；而工业和其他类型地块合计成交 253.91 公顷，下滑超 7 成。

(二) 全年土地成交总金额、楼面地价、溢价率三高

同策咨询研究部数据显示,2015 年总计出让土地面积和经营性用地总计出让面积同比 2014 年分别下滑 43%、9%。但 1 682 亿元的各类土地出让金,相比 2014 年仅小幅下滑 4.8%;经营性用地累计收金 1 636 亿元,相比 2014 年也仅小幅下滑 2.2%;经营性用地尤其是纯宅地的高价弥补了 2015 年供地面积的骤降。

从楼面地价情况来看,2015 年上海各类土地成交平均楼面地价为 8 938 元/平方米,较 2014 年同比涨幅达到 58%,同时也成为历史最高。分土地类型看,2015 年住宅用地(包含含有住宅的综合性用地)成交楼面地价 10 140 元/平方米,较 2014 年小幅下滑 2%。商办用地成交楼面地价为 12 839 元/平方米,较 2014 年上扬 62%,历史上仅次于 2013 年。

溢价率方面,2015 年各类地块平均溢价率为 30%,较 2014 年的 24%有所提升,其中,住宅用地(包含含住宅的综合性用地)溢价率为 41%,商办用地溢价率为 5%。

(三) 多因素引发地王频出,地市调控短期难见效

2015 年 10 月上海市委书记韩正在讲话中表示将坚持楼市调控。上海政府对楼市的调控首先体现在了土地市场上,10 月 12 日杨浦、松江、青浦多宗土地宣布中止出让。时隔 4 天,10 月 16 日调整后的杨浦新江湾城地块再度挂牌,增加了保障房的供应,并新增了 90 平方米以下房源 660 套以上的建造要求。自 10 月中旬起,公示的住宅用地在政策方面均要求 90 平方米以下户型面积达到总建筑面积的 50%或以上。不过即使增加了小户型以及保障房的比例,2015 年 11、12 两个月的土地市场仍没有降温,当年的纯宅地总价地王(杨浦区新江湾城 N091104 单元 C1－02(D7)地块)、溢价率最高地块(奉贤区南桥镇 D－01－13 区域地块)、闵行区楼面地价地王(闵行区莘庄镇闵行新城 MHP0－0303 单元 01－01－15A 地块)都是在这一段时间成交的。

2015 年品牌房企重返一线城市,土地市场异常火热,各类地王层出不穷,究其原因,主要有三方面:一是上海新增建设用地保持“零增长”甚至“负增长”,土地资源将变得更加“寸土寸金”,地价上涨也是自然的事。二是,2015 年上海楼市火热,房企销售业绩获得大丰收,上海楼市的投资价值再现。此时,更多的房企聚焦上海土地市场,无论是已经布局上海的房企为了补充土地储备,还是对于新进的房企,均在积极行动拿地,导致地价猛增。三是,2015 年融资成本较低,房企通过大规模发债积极拿地布局核心城市,尤其是上海这样的一线城市,由于获得资本市场力量的支持,导致这些房企激进拿地,推升上海土地市场价格走高。

二、土地公示情况——同比锐减5成,纯宅推量小幅上扬

2015年,上海供地计划锐减,土地市场供应面积较上一年出现大幅下滑,但是高品质纯宅地的面积不减反增,土地市场热度不减。

从2015年的土地公示情况来看,全市共公示土地238幅,合计1 099.26公顷,较2014年土地数量上减少5成,而公示面积上也减少45%。从地块类型上看,2015年纯宅地公示106幅,合计603.95公顷,同比增加7%,占到整体供应量的55%,较2014年扩大27个百分点,如剔除动迁配套房地块,2015年全年推出纯商品住宅用地37幅,合计218.09公顷,分别较2014年下滑40%和38%;而含有住宅性质的综合性用地公示有18幅,合计94.68公顷,较去年减少55%;商办地块公示52幅,合计145.61公顷,减少21%;另外的工业和其他、仓储类型地块公示量较2014年也均出现了不同程度的下滑。

从月份表现上来看,2015年1、2月份延续了2014年供应较热的势头,而随后的3月份起,土地市场公示量持续萎靡,直到8月份才出现明显提升。

从2015年各类土地的公示类型区域分布来看,奉贤区各类土地公示量最高,达到206.40公顷,占全市19%;随后是松江和崇明,公示量分别为162.08公顷和117.29公顷。从纯宅地来看,松江、奉贤两区公示量遥遥领先于全市,分别为138.07公顷和109.50公顷;中心城区中杨浦、虹口也分别有17.5公顷、8.94公顷纯宅地推出。

表2-1 **上海土地年度供应情况** (单位:公顷)

类 型	2007年	2008年	2009年	2010年	2011年	2012年	2013年	2014年	2015年
住 宅	333	132	619	711	843	511	747	565	604
商住办/商住	362	120	329	149	153	121	316	211	95
商办/商业	222	103	261	311	325	251	423	185	146
工 业	885	1 031	976	1 149	1 559	1 296	922	918	214
其 他	221	237	284	141	248	112	47	118	41
总 计	2 023	1 622	2 469	2 460	3 128	2 291	2 455	1 997	1 099

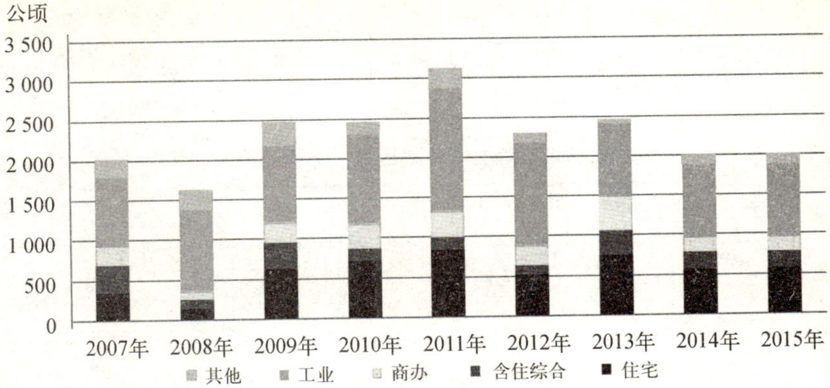

图 2-1　上海土地年度供应情况

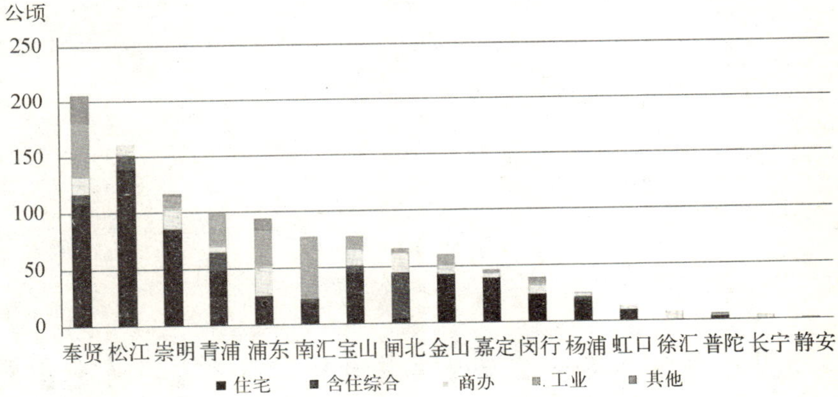

图 2-2　2015 年上海各区域土地供应情况

同策咨询研究部数据显示，2015 年 12 月份，全市公示各类地块 23 幅，合计 77.84 公顷，环比下滑 54%，相比 2014 年 12 月供应高峰下滑幅度达到 59%。从供地结构上看，11 月份公示的纯宅地地块有 10 幅，合计 33.80 公顷，环比下滑 76%，同比下滑 39%。12 月的纯宅地供应中有 7 幅为动迁安置房或公共租赁房用地，占地 21.94 公顷。综合性用地供应 1 幅，占地 6.57 公顷。12 月推出商业和商办用地 7 幅，29.94 公顷，同比上扬 22%。

12 月除动迁安置房以外，公示宅地（包括含住宅综合用地）4 块，计建筑面积 18.43 万平方米，其中三幅位于青浦区，一幅位于闸北区。在商办用地方面，静安、闵行、青浦、宝山、闸北和松江均有商业办公用地推出。

挂牌地块中有 4 幅含住宅地块（非动迁安置房地块）在 2016 年 1 月成交，出让起始金额达到 87.71 亿。其中闸北区天目山社区商住办综合用地起拍总价达到 69.28 亿元,折合楼面地价 37 998 元/平方米,这是闸北静安两区合并后,第一次推出核心地块,在此前发布的预申请公告中共有华润,华侨城,金地三家企业会参与到最后的竞拍。

表 2－2　　2015 年上海土地每月供应情况　　(单位:公顷)

类　型	1月	2月	3月	4月	5月	6月	7月	8月	9月	10月	11月	12月
住　宅	72.06	15.60	26.22	32.00	37.13	44.28	1.58	99.53	48.57	15.16	140.26	33.80
商住办		8.32		17.75	11.72	7.73	2.55	17.17	6.04		9.11	6.57
商　办	18.12	7.62	8.57	9.35	12.33	16.77	3.74	9.04	15.90	13.93	0.29	29.94
工　业	25.39	4.82	5.38	41.04	12.45	2.52	2.95	16.70	26.33	0.47	14.16	5.61
其　他			0.70	2.84		3.12		19.51	4.96		4.67	1.92
总　计	115.58	36.35	40.87	102.97	73.62	74.42	10.82	139.24	101.80	29.56	168.48	77.84

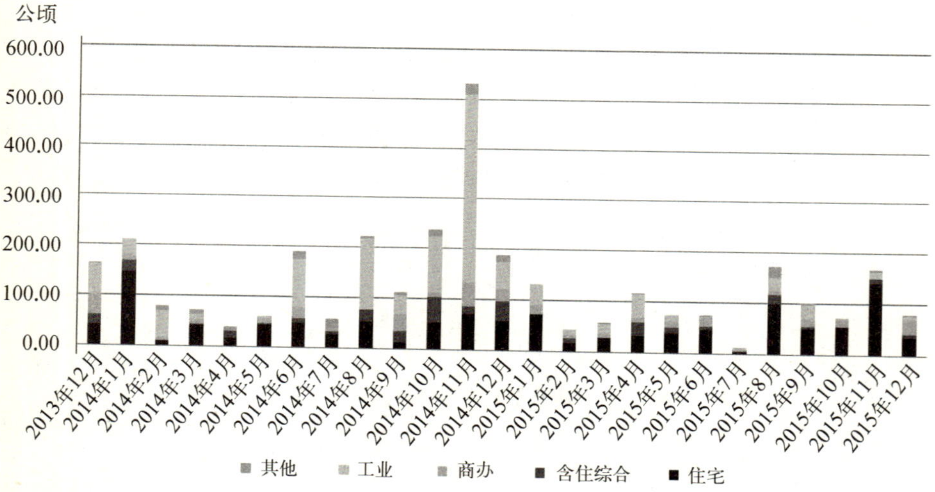

图 2－3　上海土地每月供应情况

三、土地成交情况——2015 年上海土地成交同比下滑超 4 成

同策咨询研究部数据显示,2015 年上海土地出让共计 222 幅,合计出让面积 1 088.05 公顷,较 2014 年下滑 43%。其中,住宅用地成交 101 幅,合计 584.66 公顷,较 2014 年上扬 6%,而剔除动迁配套房用地后,纯商品住宅用地仅 34 幅,合计 201.02 公顷,较上一年下滑达到 45%;2015 年含住宅性质的综合性用地成交 18 幅,合计 121.84 公顷,地块数量上较上一年下滑 36%,而成交面积也下滑 3 成左右;从商办用地来看,也较上一年出现大幅下挫,全年成

交商办用地 47 幅，合计 127.64 公顷，地块数量上下滑接近 4 成，成交面积则下滑 3 成；而工业和其他类型地块合计成交 253.91 公顷，下滑超 7 成。

从地块成交分布区域来看，奉贤、松江、青浦和崇明四区地块成交面积都超过 100 公顷，其中，奉贤、松江两区，剔除工业和其他类型用地后的经营性用地，成交面积超过 100 公顷，分别为 167.07 公顷、151.34 公顷。

2015 年成交的全部地块面积要比去年缩减 4 成以上，但从成交金额看，2015 年全年上海土地总成交金额达 1 682 亿元，仅较 2014 年下滑 5%。其中，经营性用地成交金额达 1 635 亿元，仅较上一年仅下滑 2%。

表 2-3　上海土地历年成交情况　（单位：公顷）

类型	2007 年	2008 年	2009 年	2010 年	2011 年	2012 年	2013 年	2014 年	2015 年
住宅	417	261	614	655	839	495	701	554	585
含住综合	371	172	220	172	138	105	262	180	122
商办	344	236	439	683	322	175	350	185	128
工业	1 002	845	774	884	1 829	1 432	877	886	189
其他	19	112	68	74	150	97	44	90	64
总计	2 153	1 627	2 115	2 468	3 277	2 304	2 234	1 895	1 088

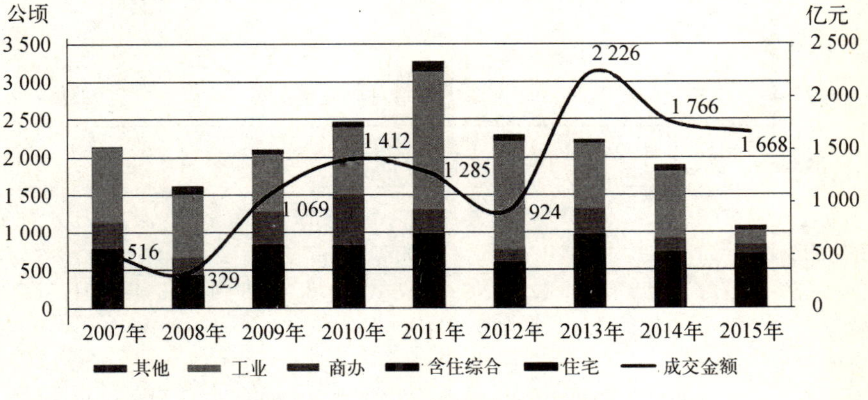

图 2-4　上海土地历年成交情况

2005 年 12 月，上海土地共成交 38 幅，合计 170.70 公顷，成交面积环比上个月上扬 45%，并创下 2015 年以来土地成交量的新高。其中，28 幅为纯宅地，合计 150.15 公顷，分布于奉贤、松江、闸北、嘉定、青浦、闵行六区。12 月 10 日，闵行区莘庄镇闵行新城 MHP0-0303 单元 01-01-15A 地块（原闵行新城 MHP0-0303 单元 01-01A-06B 地块）以 143%的溢价率、28.15 亿元

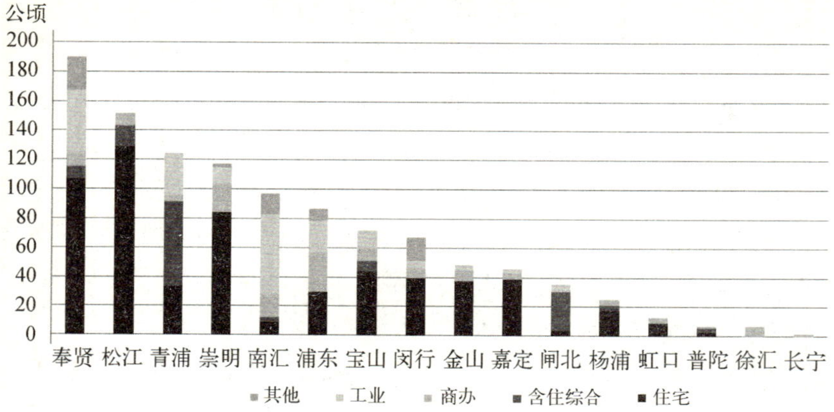

图 2-5　2015 年上海各区域土地成交情况

的总价成交，剔除保障房后的楼面地价达到 47 086 万元/平方米，在地王频出的 2015 年，这个单价仅次于杨浦区新江湾城和杨浦区东外滩地块，成为 2015 年上海单价第三高的地块。

从 2015 年 12 月成交的含住宅的综合性用地来看，4 幅地块分别位于青浦、奉贤、南汇三区，其中青浦夏阳街道秀泽路南侧 13A-01A 地块再创高溢价，大发力挫其余 12 家开发商以 95%溢价拿下，奉贤南桥新城地块最终也以 54%溢价成交。

表 2-4　　2015 年上海土地每月成交情况　　(单位：公顷)

类　型	1月	2月	3月	4月	5月	6月	7月	8月	9月	10月	11月	12月
住　宅	45.3	54.3	19.6	37.0	38.9	41.0	30.1	11.6	39.8	38.5	78.6	150.2
商住办/商住	8.8	32.6	8.3			29.5	7.7		9.1	10.6	3.0	12.2
商办/商业	17.4	4.1	24.1	2.9	9.8	7.0	20.3	3.9	7.8	11.3	17.7	1.5
工　业	23.2	25.4	4.8	5.4	41.0	12.5	1.3	18.3	9.4	23.3	18.3	3.6
其　他	29.3				2.8		3.1	1.7	17.8	5.0		3.3
总　计	124.1	116.4	56.8	45.2	92.6	89.9	62.5	35.5	83.9	88.6	117.6	170.7

四、土地成交金额走势——2015 年全年收金 1 682 亿，同比小幅下滑 4.8%

同策咨询研究部数据显示，尽管 2015 年土地出让面积、经营性用地出让面积同比去年分别下滑 43%、9%，但 2015 年上海土地成交总金额达 1 682 亿

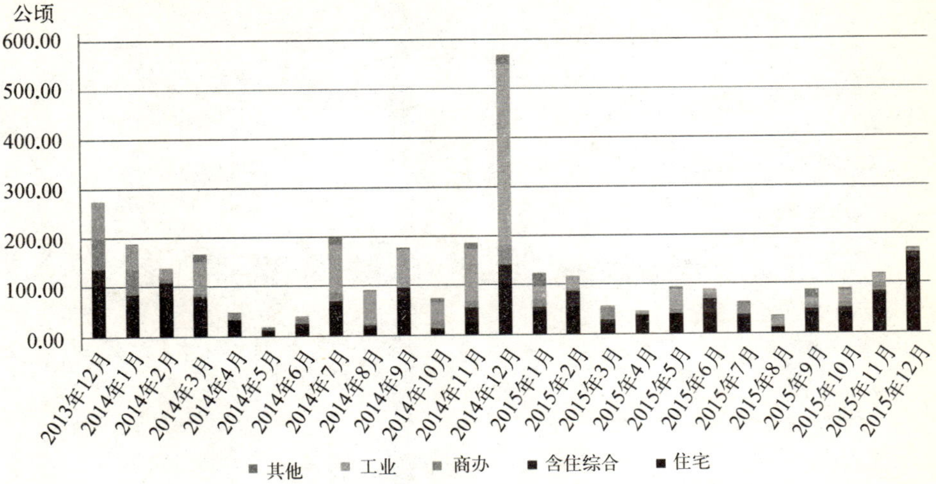

图 2-6　上海土地每月成交情况

元，相比 2014 年仅小幅下滑 4.8%。其中经营性用地累计收金 1 636 亿元，相比 2014 年仅小幅下滑 2.2%，经营性用地尤其是纯宅地的高价弥补了 2015 年出让用地面积的骤降。

从 2015 年 12 月情况看，上海全市各类土地成交总金额为 271 亿元，为 2015 年之最，环比 11 月的高位继续上扬 5%，同比下滑 15%。其中，住宅用地（含住宅的综合性用地）成交总金额为 257 亿元，商办用地成交总金额 10 亿元，工业用地和其他用地成交总金额 3 亿元。工业及其他用地由于地价较低，占据总金额较少比重。12 月成交纯宅地金额为 2013 年以来最高。

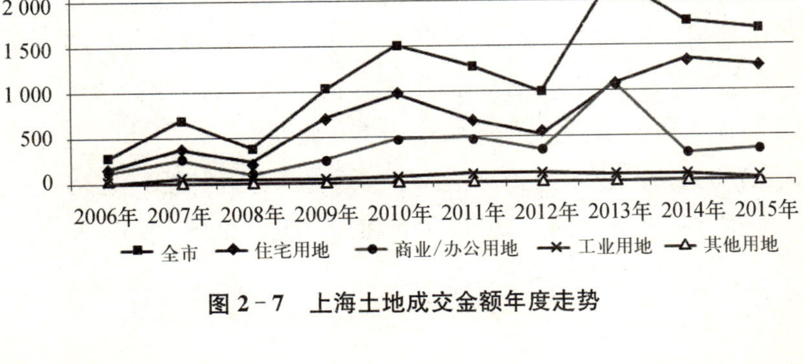

图 2-7　上海土地成交金额年度走势

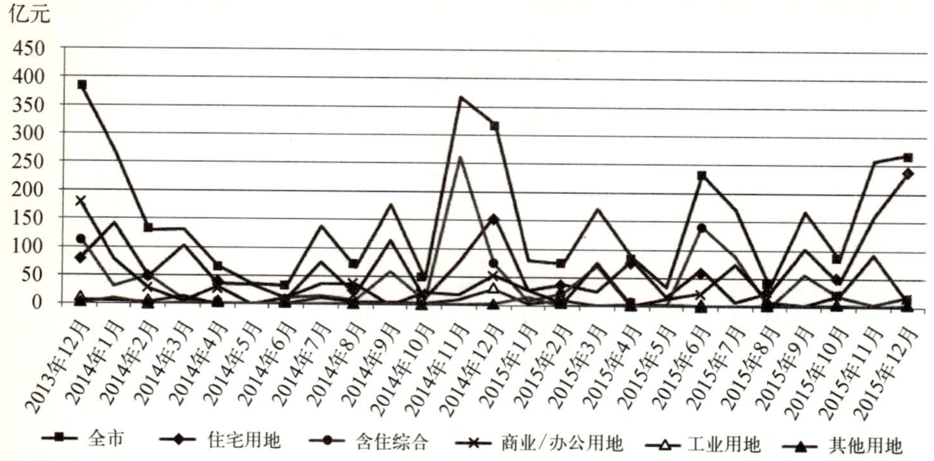

图 2-8　上海土地成交金额月度走势

五、楼面地价走势——平均楼面地价 8 938 元/平方米

同策咨询研究部数据显示,2015 年上海各类土地成交平均楼面地价为 8 938 元/平方米,较 2014 年同比涨幅达到 58%,同时也成为历史最高。分土地类型看,2015 年住宅用地(包含含住宅的综合性用地)成交楼面地价为 10 140 元/平方米,较 2014 年小幅下滑 2%。商办用地成交楼面地价为 12 839 元/平方米,较 2014 年上扬 62%,历史上仅次于 2013 年。

2015 年 12 月,上海各类土地成交楼面地价为 9 308 元/平方米,较上个月 11 068 元/平方米的价格下滑 16%。其中,住宅用地(包含含住宅的综合性用地)由于动迁安置性质地块占比较大,楼面地价环比下滑 20%到 9 390 元/平方米。普陀区长寿社区商办用地楼面地价 22 123 元/平方米,也拉升 12 月商办均价至 20 986 元/平方米。

当前上海土地市场竞争白热化,楼面地价"地王级"地块呈现井喷态势。2015 年住宅用地楼面地价突破 2 万元/平方米的地块有 19 幅,突破 3 万元/平方米的地块有 7 幅,突破 4 万元/平方米的地块也有 4 幅。剔除保障房之后,新江湾地王楼面地价达到惊人的 61 440 元/平方米。杨浦、闵行、闸北以及宝山成为地王的主要供应区域,但是包括松江、青浦、嘉定、奉贤这些传统的外郊环"刚需"板块也集中出现高价地块,甚至出现"面粉贵过面包"的现象。

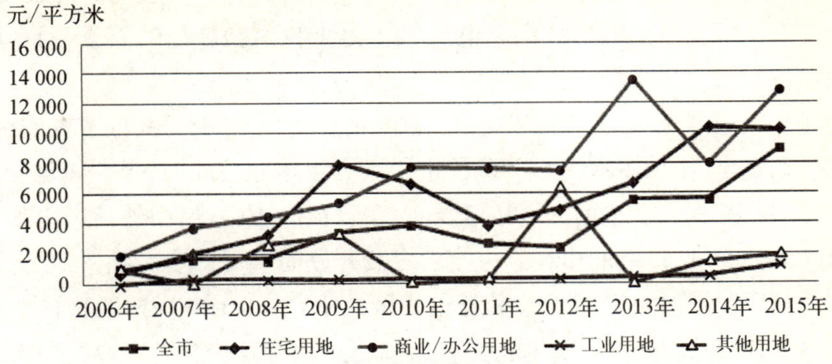

图 2-9　上海土地年度成交均价走势

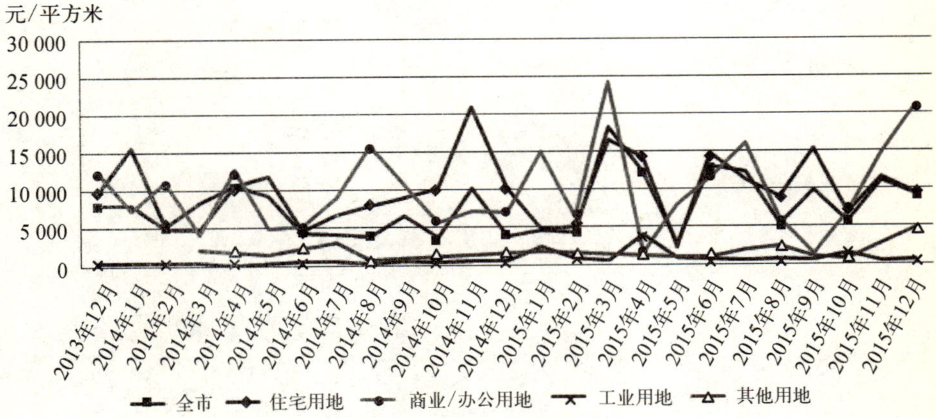

图 2-10　上海土地月度成交均价走势

六、溢价走势——2015 年累计 9 幅宅地溢价突破 100%

同策咨询研究部数据显示，2015 年各类地块平均溢价率为 30%，较 2014 年的 24%有所提升。其中，住宅(包含含住宅的综合性用地)溢价率为 41%，纯商办地块溢价率为 5%。从纯宅地的各月溢价走势看，纯宅地占比较高的 2 月和 9 月溢价率高达 93%、88%，其他月份基本都在 30%到 60%之间波动。

2015 年 12 月，各类地块平均溢价率为 57%。从 12 月份成交的 13 幅非动迁安置住宅用地来看，8 幅溢价率均在 50%以上，其中 4 幅溢价率超过 100%。中铁建拿下的奉贤区南桥镇 D-01-13 区域地块溢价率达到

219.6%,成为2015年成交溢价率最高的住宅用地。以底价或低溢价成交的5幅地块有4幅位于上海东南侧临港区域。由于轨交和区位的因素,目前临港区域仍是上海土地市场的价格洼地。

2015年成交的9幅溢价率超过100%的住宅用地中,5幅位于青浦区,奉贤、闵行、嘉定、宝山各有一幅。除了宝山区大场镇地块外,其余8幅均位于外郊环区域。品牌房企重返一线城市,导致竞争更加激励,然而外环以内甚至中环以内动辄30亿以上的出让总价让大多数开发商望而却步。相反,总价比较低的外郊环区域地块反而更容易卖出高价。不过,如果市场按照这样的逻辑持续进行,一线城市的进入门槛会持续提高,这也就意味着进入一线城市的开发企业未来的风险会越来越大。外来开发商不惜一切代价(包括以联合体形式)挺进包括上海在内的一线城市风险最大。

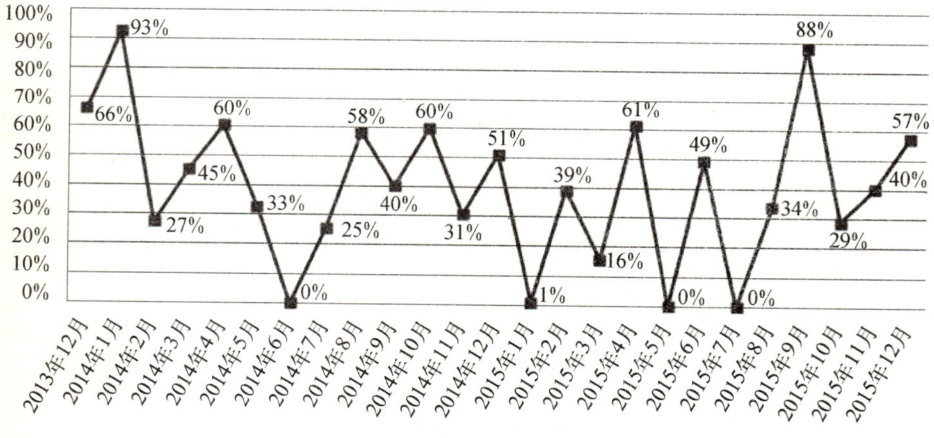

图2-11 上海土地成交溢价率走势

七、2015年房企拿地排名——上海地王年总收金1 677亿,华润华发领跑拿地金额榜

(一) 外郊环积极扩充土储,绿地61.1万平方米新增宅地居首

从房企增加住宅类用地土储(含纯宅地、包括宅地的综合用地)情况来看,上海本土开发商绿地为了保持在其在上海的地位,在奉贤、松江、青浦、嘉定四区累计拿地可建面积达61.1万平方米,4幅地块溢价率均不超过20%,仍保持相对理性。第二名的城投控股拿下松江区7幅动迁安置地块,累计拿地可建面积57.15万平方米。在其余的企业中,华润、华发等拿下大

面积总价地王的房企，并列第三；金地集团则继续在松江和嘉定扩张其版图，共斩获 4 幅地块，累计可建面积 40.22 万平方米，位居第四位；碧桂园作为上海的房企“新秀”，进入上海即拿下 4 幅住宅类地块，累计可建面积 33.12 万平方米，挤入前五席位，其中奉贤南桥新城两幅地块和嘉定徐行镇地块溢价率均超过 50%。

表 2－5 2015 年上海宅地（含综合性用地）拿地房企前十位（按可建面积）

排行	企业名称	宅地数量	可建面积（万平方米）	拿地总价（亿元）	平均楼面地价（元/平方米）
1	绿地控股	4	61	39	6 386
2	城投控股	7	57	21	3 646
3	华发股份/华润置地	2	43	158	36 572
4	金地集团	4	40	61	15 277
5	碧桂园	4	33	36	10 883
6	金融街	1	33	88	27 022
7	保利地产	2	30	67	22 238
8	禹洲地产	2	23	28	12 237
9	中国铁建地产	1	20	38	19 179
10	新城控股	11	19	19	9 984

注：华发、华润为联合拿地，因此并列第三。

（二）宅地“地王潮”涌现，华润华发联合体总价 158 亿元收闸北两个“地王”

2015 年上海住宅类用地市场（含纯宅地、包括宅地的综合用地）地王频现，可用“地王潮”来形容。上海住宅类用地市场地王现象从 2015 年 3 月一直延续到了年底，各路房企砸重金拿下优质地块。在 2015 年房企上海拿地总金额排名中，华润和华发由于联手拿下闸北区市北高新技术服务业园区 N070501 单元 09－03 地块和 10－03 地块，总成交金额 158.47 亿元而成为在上海出手拿地最阔绰的房企，排在它们身后的金融街和信达地产分别吞下上海 2015 年的总价地王（闸北区上海火车站北广场以北地块）和去保障房后的单价地王（杨浦区新江湾城 N091104 单元 C1－02（D7）地块），两家企业 2015 年拿地的花销分别为 88.15 亿元和 72.99 亿元。2015 年在宝山、青浦、松江包括奉贤这几个外郊环线区域频繁拿地的金地、绿地等房企排在其身后。总览这份榜单，其中国企或有国企背景的开发商达到 6 家，前三更是被国企和央企包揽。

表 2-6　2015 年上海宅地(含综合性用地)拿地房企前十位(按拿地金额)

排行	企业名称	宅地数量	可建面积(万平方米)	拿地总价(亿元)	平均楼面地价(元/平方米)
1	华发股份/华润置地	2	43	158	36 572
2	金融街	1	33	88	27 022
3	信达地产	1	15	73	49 152
4	保利地产	2	30	67	22 238
5	金地集团	4	40	61	15 277
6	大名城	2	18	51	28 646
7	龙湖地产	1	17	47	27 084
8	首创置业	2	14	46	31 562
9	绿地控股	4	61	39	6 386
10	中国铁建地产	1	20	38	19 179

注：华发、华润为联合拿地，因此并列第一。

(三) 2015 年绿地、万科拿地最多，低溢价和外郊环区域是其拿地特点

从 2015 年上海各类土地拿地房企排名来看，绿地仍把持头名，总计拿下 8 幅地块，建筑面积 89.66 万平方米，在其身后的万科与城投控股 2015 年扩充总土储建筑面积分别为 75.42 万平方米和 57.15 万平方米。值得注意的是，在宅地遭到哄抢的上海土地市场，这三家房企并未参与 2015 年“热门”地块的争抢，而主要在外郊环区域拿地或拿下动迁安置性质地块。在这三家房企年内拿下的地块中，溢价率最高的地块是嘉定区菊园新区地块，是被绿地以 16%溢价率拿下的，这一溢价率的远低于 2015 年上海各类土地成交的平均溢价率 30%。

表 2-7　2015 年上海各类土地拿地房企前十位(按可建面积)

排行	企业名称	宅地数量	可建面积(万平方米)	拿地总价(亿元)	平均楼面地价(元/平方米)
1	绿地控股	8	89.66	52.56	5 862
2	万科	2	75.42	15.66	2 076
3	城投控股	7	57.15	20.84	3 646
4	金地集团	5	44.76	71.49	15 972
5	华发股份/华润置地	2	43.33	158.47	36 572
6	旭辉集团	2	34.54	38.52	11 152
7	碧桂园	4	33.12	36.05	10 883
8	金融街	1	32.62	88.15	27 022
9	保利地产	2	30.20	67.16	22 238
10	宝龙地产	2	26.14	16.66	6 373

注：华发、华润为联合拿地，因此并列第五。

(四) 住宅类土地地价突出，拿地总金额榜与宅地金额榜基本一致

由于2015年成交的高价土地几乎全部是含住宅性质地块，房企上海住宅类用地成交金额和土地成交总金额排行基本一致。恒基兆业由于拿下大块商服用地进入上海各类土地拿地房企的前十榜，其中恒基兆业38.72亿拿下徐汇滨江西岸传媒港的最后一块地，280米的地标是仅次于徐家汇中心的徐汇第二高楼。

表2-8　2015年上海宅地（含综合性用地）拿地房企前十位（按拿地金额）

排行	企业名称	宅地数量	可建面积（万平方米）	拿地总价（亿元）	平均楼面地价（元/平方米）
1	华发股份/华润置地	2	43.33	158.47	36 572
2	金融街	1	32.62	88.15	27 022
3	信达地产	1	14.85	72.99	49 152
4	金地集团	5	44.76	71.49	15 972
5	保利地产	2	30.20	67.16	22 238
6	绿地控股	8	89.66	52.56	5 862
7	大名城	2	17.72	50.76	28 646
8	龙湖地产	1	17.17	46.50	27 084
9	首创置业	2	14.42	45.52	31 562
10	恒基兆业	1	18.62	38.72	20 793

注：华发、华润为联合拿地，因此并列第一。

第二节　2015年上海土地区域市场分析

一、青浦——最热的刚需地块成交区域

同策咨询研究部数据显示，2015年，青浦区成交经营性用地（不含动迁配套房用地）共13幅，合计77.63公顷，可建面积达140.96万平方米。无论从地块成交幅数，还是占地面积，抑或是可建面积上，青浦都荣登全市各区域榜首，占到全市经营性用地成交占地总量的19%，占到全市可建面积总量的18%。这13幅地块中有11幅都是纯宅地或者是含有住宅性质的综合性用地，该11幅地块合计72.86公顷，可建面积达140.96万平方米，也都占全市首位。

青浦区13幅经营性用地的平均楼面地价为8 188元/平方米，其中的住宅

类用地(包含含有住宅性质的综合性用地,下同)的平均楼面地价为 8 918 元/平方米,处于各区域的低位水平。

从 2006 年以来的走势来看,2014 年、2015 年两年青浦区的住宅类用地成交量持续保持高位,但平均楼面地价却较 2013 年 11 068 元/平方米的最高位出现了回调,2014 年和 2015 年青浦区住宅类用地平均楼面地价分别为 7 767 元/平方米和 8 918 元/平方米。

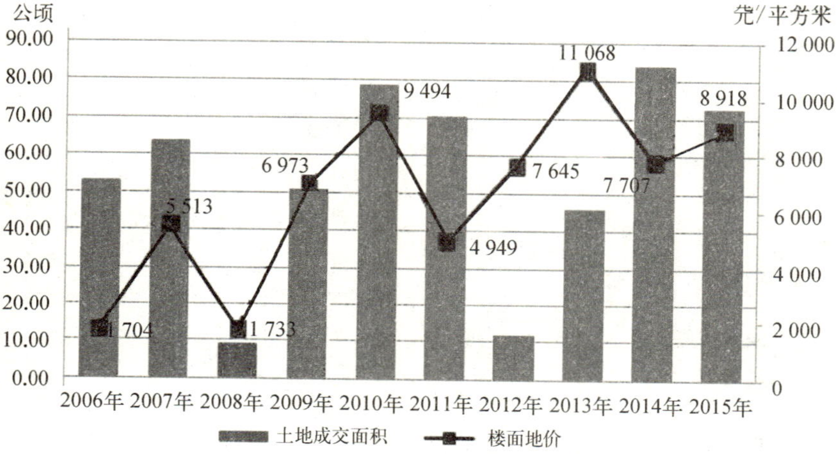

图 2-12　青浦区住宅类用地成交量价情况

从 2015 年松江区的具体成交地块看,住宅类地块分布于青浦新城、徐泾、赵巷、朱家角 4 个板块。其中,青浦新城成交住宅类地块 6 幅,但土地成交面积仅为 19.37 公顷,不及成交地块数仅 2 幅的徐泾板块。

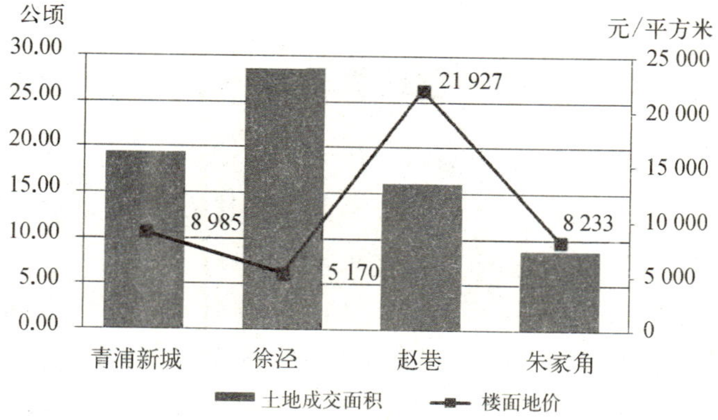

图 2-13　2015 年青浦区成交住宅类用地板块分布

同策咨询研究部数据显示，徐泾板块2幅宅地合计成交面积达28.54公顷，远超青浦新城，在青浦区各板块中成交面积最高，其可建面积达63.87万平方米，也居各板块之首。这主要是由于徐泾板块在2015年2月2日成交了一幅占地面积26公顷、商住办可建面积达44万平方米的大型地铁上盖综合体地块。该地块为青浦区徐泾镇徐盈路西侧地块，该地块出让面积创下近五年上海经营性用地出让面积的第二高，仅次于上海地产集团的海事大学地块，被申通地铁以21.98亿元几乎底价的价格拿下，由于地块中商办配比较高，成交楼面地价仅3 674元/平方米。该宗土地出让文件显示，地块集商住办、街巷、教育餐饮等功能于一身，综合体定位为以轨道交通为导向的综合社区中心。该地块今后的建成将为其南北两侧的徐泾镇特色居住区和徐泾被大型居住社区提供日常生活购物配套，满足周边居民的基本生活所需，缓解区域内居住社区配套设施缺乏的局面。

徐泾板块的另一幅成交宅地来为青浦区徐泾镇徐南路北侧08－02地块，该地块为一幅纯宅地。2015年6月4日，葛洲坝上海房地产开发有限公司以11.04亿元竞得，楼面地价27 309元/平方米，溢价率高达95%，从而，徐泾板块楼面地价被刷新。该地块周边别墅区环绕，而地块本身1.6的容积率，也预示着今后该地块将以别墅和公寓结合的方式推出。徐泾板块有较好的别墅群根基，且近年来借助大虹桥概念，房价迅速上扬，加上区域内17号线即将通车，未来该地块所建项目的售价超过5万元/平方米也非常有可能。

青浦新城共成交的6幅地块中有4幅为商住用地，另2幅为纯宅地。2幅纯宅地成交楼面地价分别为17 324元/平方米和18 134元/平方米，溢价率都超过100%，其中楼面地价为18 134元/平方米的青浦区盈浦街道胜利路西侧03－04地块，也刷新了板块楼面地价。在4幅商住地块中，也有两幅高溢价成交的地块，溢价率分别为191%和95%，成交楼面地价分别为13 882元/平方米和9 064元/平方米。2015年，青浦新城板块共成交10幅住宅类地块，土地总出让面积为64.30公顷，可建面积近150万平方米，累计吸金105亿元。受在建的轨交17号利好，房企近两年纷纷进驻青浦新城板块，该板块的楼面地价突破10 000元/平方米的地块累计达11幅。同策研究部数据显示，2015年青浦新城商品住宅成交均价已达22 514元/平方米，同比上扬16%，基本与全市房价的上扬幅度持平。根据2015年该板块纯宅地的成交楼面地价，今后，青浦新城板块项目的成交价或将突破2.7万元/平方米。

同策咨询研究部数据显示，2015年青浦区成交的11幅住宅类地块中有7幅地块的溢价率都超过90%，成为2015年最热的刚需土地成交区域。

表 2 - 9　**2015 年青浦区住宅类用地(包含含住宅性质的综合性用地)成交明细**

成交日期	地块名	板块	用途	土地面积(平方米)	规划面积(平方米)	容积率	成交总价(万元)	溢价率	成交楼板价(元/平方米)	开发商
2015/1/30	青浦区朱家角镇张家圩路南侧 a6 - 1,a6 - 4,a7 - 1,a7 - 2地块	朱家角	居住用地,商住	88 386.90	89 270.80	1.01	73 500	10.90%	8 233	上海逸景置业有限公司、兆赫(上海)投资有限公司
2015/2/2	青浦区徐泾镇徐盈路西侧地块	徐泾	商业用地、办公楼、街巷、教育用地、公共基础设施用地、居住用地	260 118.80	598 273.20	2.3	219 787	0.05%	3 674	上海申通地铁资产经营管理有限公司、上海轨道交通上盖物业股权投资基金合伙企业(有限合伙)
2015/6/4	青浦区徐泾镇徐南路北侧 08 - 02 地块	徐泾	居住用地	25 266.60	40 426.60	1.6	110 400	95.10%	27 309	葛洲坝(上海)房地产开发有限公司
2015/6/10	青浦区夏阳街道盈港路北侧地块	青浦新城	商办、餐饮旅馆业用地、居住用地	61 625.40	246 501.60	4	78 957	0.30%	3 203	绿地地产集团有限公司
2015/9/16	青浦区赵巷镇嘉松中路东侧 h3 - 02.h3 - 05 地块	赵巷	普通商品房	115 934.00	118 252.70	1.02	261 600	114.90%	22 122	上海建工房产有限公司、上海建工一建集团有限公司、上海友登实业有限公司

续表

成交日期	地块名	板块	用途	土地面积（平方米）	规划面积（平方米）	容积率	成交总价（万元）	溢价率	成交楼板价（元/平方米）	开发商
2015/9/16	青浦区盈浦街道淀山湖大道北侧 53－04 地块	青浦新城	普通商品房	31 690.30	63 380.60	2	109 800	103.90%	17 324	上海首创正恒置业有限公司
2015/10/10	青浦区盈浦街道城中南路东侧地块	青浦新城	商住	26 653.70	37 315.20	1.4	51 800	191.20%	13 882	上海创泽房地产开发有限公司
2015/11/4	青浦区盈浦街道胜利路西侧 03－04 地块	青浦新城	普通商品房	20 893.70	37 608.70	1.8	68 200	113.30%	18 134	上海新城万嘉房地产有限公司
2015/11/12	青浦区盈浦街道胜利路西侧 01c－03 地块	青浦新城	商住	25 323.70	55 712.10	2.2	50 500	6.60%	9 064	上海新城万嘉房地产有限公司
2015/12/2	青浦区夏阳街道秀泽路南侧 13a－01a 地块	青浦新城	商住	27 508.30	55 016.60	2	86 000	95.30%	15 632	上海凯暘投资有限公司
2015/12/9	青浦区赵巷镇佳迪路东侧 b5－01 地块	赵巷	居住用地	45 241.90	67 862.90	1.5	146 500	127.20%	21 588	北京新华联置地有限公司、新华联（上海）商业管理有限公司

二、奉贤——南桥新城带动区域地价大涨

同策咨询研究部数据显示，2015 年，奉贤区成交经营性用地(不含动迁配套房用地)共 13 幅，合计 63.60 公顷，可建面积达 110.5 万平方米，在土地市场上仅次于青浦区的表现。其合计土地成交面积占到全市经营性用地成交占地总量的 16%，从可建面积上看，则占到 13%。这 13 幅地块中有 10 幅都是纯宅地或者是含有住宅性质的综合性用地，该 10 幅地块合计 54.49 公顷，可建面积达 90.12 万平方米，均居全市第二位。

奉贤区 13 幅经营性用地的平均楼面地价为 10 546 元/平方米，其中的住宅类用地(包含含有住宅性质的综合性用地，下同)的平均楼面地价为 11 938 元/平方米，处于各区域的低位水平。

从 2006 年以来的走势来看，2015 年的宅地成交总量并不如 2011 年和 2013 年表现出色，但较 2014 年则大涨 2.18 倍。从楼面地价表现看，则出现了质的飞跃，2015 年奉贤区宅地平均楼面地价达 11 938 元/平方米，为上一年的 2.41 倍，创下历史新高。

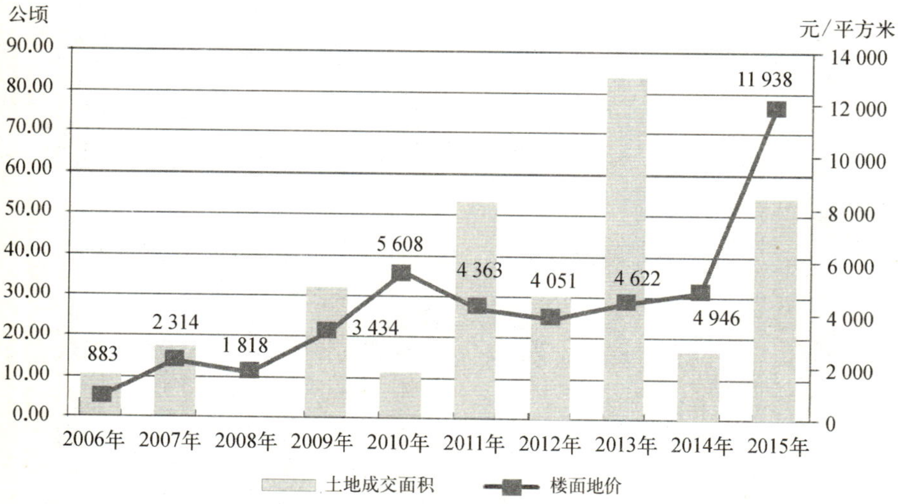

图 2-14 奉贤区住宅类用地成交量价情况

从 2015 年奉贤区的具体成交地块看，10 幅地块中 8 幅地块均为纯宅地，另外 2 幅为商住性质。这些地块分布于奉城、海湾和南桥新城 3 个板块，其中，奉城和海湾分别成交住宅类地块 2 幅，而南桥新城则成交有 4 幅地块，且 2015 年奉贤区地价的大涨也来自房企对南桥新城出让地块的追捧。

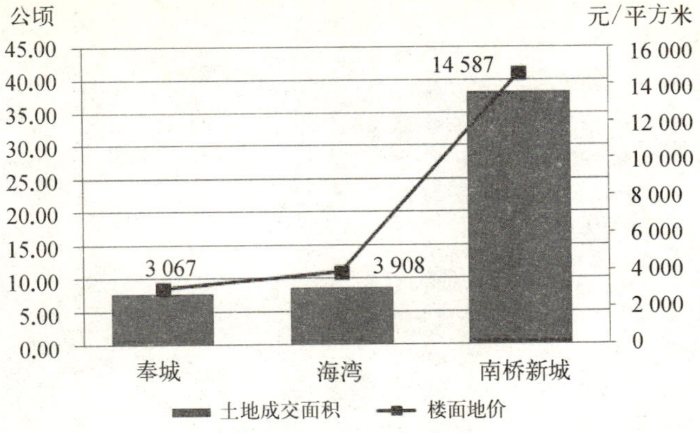

图 2-15　2015 年奉贤区成交住宅类用地板块分布

同策咨询研究部数据显示，南桥新城板块 4 幅宅地合计成交面积达 38.16 公顷，占全区 7 成份额。其可建面积也达 68.52 万平方米，占到全区 76%的份额，平均楼面地价为 14 587 元/平方米，远高于其他两个板块。南桥新城 6 幅宅地成交溢价率均在 40%以上，且奉贤区南桥镇 d-01-13 区域地块的溢价率达到 220%，为 2015 年溢价率最高的住宅类地块，楼面地价达 19 179 元/平方米。这幅 d-01-13 区域地块在 12 月 17 日被中铁建以 38 亿元的总价摘得。据悉，该地块自挂牌起，共有 36 家房企领取了申请表，最终参与现场竞拍的有 18 家，包括招商、金地、新城、中南、龙湖、建工、东原碧桂园联合体、宝龙、红星、保利、中电建、旭辉、苏宁、中铁建、禹洲、中骏、远洋、象屿。现场竞争激烈。

同策咨询研究部指出，南桥新城近几年发展迅速，上海之鱼、地铁 5 号线南延伸段、金海路越江隧道等诸多规划，将会大大改善这一区域当前尚不便利的交通条件。待这些项目建成并投入使用以后，奉贤也将在南上海区域内成为综合性服务型核心新城，也将是长三角南端以及大浦东地区的重要枢纽和门户。这也是吸引众多开发商角逐南桥新城宅地的重要因素。

三、松江——地价稳步上扬，泗泾已破 2 万元/平方米大关

同策咨询研究部数据显示，2015 年，松江区成交经营性用地（不含动迁配套房用地）共 6 幅，合计 44.50 公顷，可建面积达 80.86 万平方米，在土地成交面积方面挤入区域前三。其合计土地成交面积占到全市经营性用地成交占地总量的 11%，从可建面积上看，则占到 9%。这 6 幅地块中有 5 幅都是纯宅地或者是含有住宅性质的综合性用地。该 5 幅地块合计 36.16 公顷，可建面积

表 2－10　**2015 年奉贤区住宅类用地(包含含住宅性质的综合性用地)成交明细**

成交日期	地块名	板块	用途	土地面积(平方米)	规划面积(平方米)	容积率	成交总价(万元)	溢价率(%)	成交楼板价(元/平方米)	开发商
2015/1/22	奉贤区海湾镇 13－04 区域地块	海湾	居住用地	53 955.20	80 932.80	1.5	32 960	7.10	4 073	绿地
2015/2/6	奉贤区奉城镇 44－06 区域地块	海湾	普通商品房	32 682.20	39 218.60	1.2	13 995	18.90	3 568	上海泉山房地产开发有限公司
2015/2/6	奉贤区四团镇 27－05 区域地块	奉城	普通商品房	19 353.70	27 095.20	1.4	7 614	0	2 810	上海泉山房地产开发有限公司
2015/2/15	奉贤区南桥新城 12 单元 04a－04a 区域地块	南桥新城	居住用地	33 825.10	60 885.20	1.8	58 145	46.90	9 550	上海中环投资开发(集团)有限公司
2015/2/15	奉贤区奉城镇 44－10 区域地块	奉城	居住用地	57 293.90	68 752.70	1.2	21 781	5.60	3 168	上海新城万嘉房地产有限公司
2015/10/14	奉贤区南桥新城 12 单元 10a－01a 区域地块	南桥新城	商住	20 928.10	48 134.60	2.3	57 300	98.40	11 904	江苏中南建设集团股份有限公司
2015/11/6	奉贤区南桥新城 15 单元 05a－02a 区域地块	南桥新城	普通商品房	109 266.40	174 826.20	1.6	231 500	65.50	13 242	禹洲文化创意发展有限公司、厦门舜润贸易有限公司

续表

成交日期	地块名	板块	用途	土地面积（平方米）	规划面积（平方米）	容积率	成交总价（万元）	溢价率（%）	成交楼板价（元/平方米）	开发商
2015/12/17	奉贤区南桥新城13单元31a-04a区域地块	南桥新城	商住	19 567.90	45 006.20	2.3	41 600	54.10	9 243	上海碧荣投资管理有限公司
2015/12/17	奉贤区南桥镇d-01-13区域地块	南桥新城	居住用地	110 074.70	198 134.50	1.8	380 000	219.60	19 179	中铁房地产集团上海置业有限公司
2015/12/23	奉贤区南桥新城16单元32-04区域地块	南桥新城	居住用地	87 916.40	158 249.50	1.8	231 000	62.20	14 597	上海之方实业有限公司、深圳市平庆投资管理有限公司、上海碧荣投资管理有限公司

达 55.83 万平方米，占地面积居全市第三位，可建面积占全市第五位。

松江区 6 幅经营性用地的平均楼面地价为 10 821 元/平方米，其中的住宅类用地(包含含有住宅性质的综合性用地，下同)的平均楼面地价为 13 458 元/平方米，处于各区域的中游水平。

从 2006 年以来的走势来看，2015 年的宅地成交总量在各年表现中并不佳，同比跌幅也达 52%，但平均楼面地价却呈现稳步攀升态势，2015 年已达到 13 458 元/平方米，较 2014 年上扬 14%，创下历史新高。

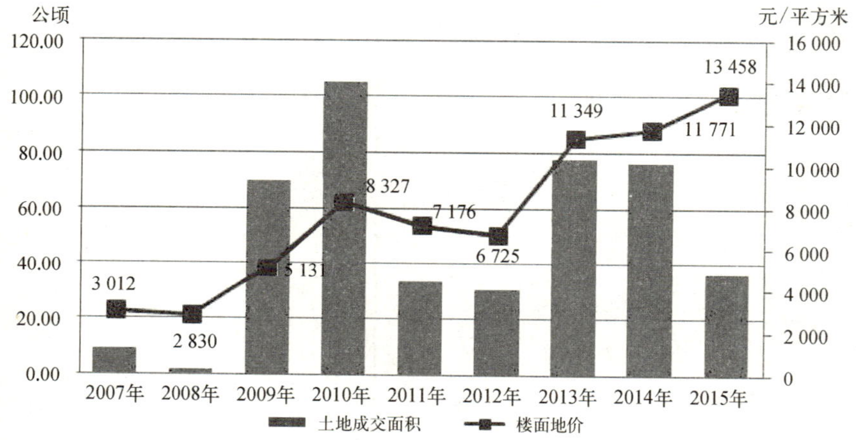

图 2-16　松江区住宅类用地成交量价情况

从 2015 年松江区的具体成交地块看，5 幅地块中有 2 幅为商住性质，3 幅地块均为纯宅地，商住性质的两幅地块均来自松江中部，而 3 幅纯宅地则分布于新桥、泗泾两个板块。

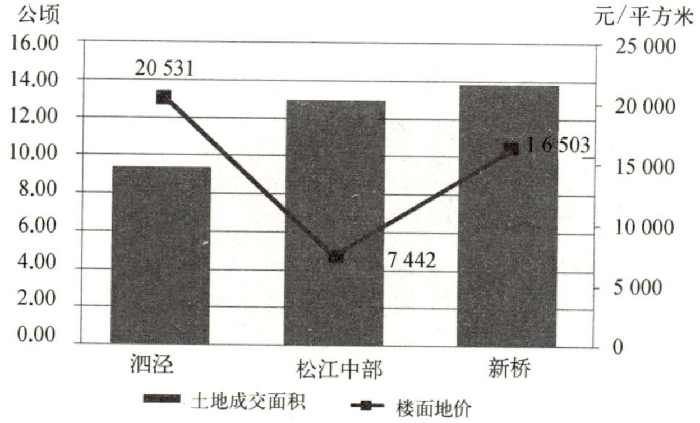

图 2-17　2015 年松江区成交住宅类用地板块分布

表 2-11　　2015 年松江区住宅类用地(包含含住宅性质的综合性用地)成交明细

成交日期	地块名	板块	用途	土地面积(平方米)	规划面积(平方米)	容积率	成交总价(万元)	溢价率(%)	成交楼板价(元/平方米)	开发商
2015/2/15	松江区新桥镇陈春路一号 a-1 地块	新桥	居住用地	72 998.00	116 796.80	1.6	201 200	72.30	17 226	金地、中国电建、平安不动产
2015/5/11	松江区中山街道国际生态商务区 12 号地块	松江中部	商住	75 687.30	151 374.60	2	107 300	0.30	7 088	绿地地产集团有限公司、上海锦段投资咨询有限公司
2015/8/31	松江区车墩镇 sjc10022 单元 17-02/17-03 号地块	松江中部	商业用地,居住用地	53 880.90	86 209.40	1.6	69 500	31.10	8 062	金地集团上海房地产发展有限公司、上海鑫眷昌投资管理有限公司
2015/10/10	松江区泗泾镇 sjsb0003 单元 05-04 号	泗泾	普通商品房	93 762.80	112 515.40	1.2	231 000	71.10	20 531	上海同久投资管理有限公司、同济大学建筑设计研究院(集团)有限公司
2015/11/17	松江区新桥镇陈春路一号 b-1/b-2 号地块	新桥	居住用地	65 295.50	91 413.70	1.4	142 400	0.30	15 578	深圳市新威标远投资有限公司

同策咨询研究部数据显示,2015 年泗泾板块纯宅地楼面地价受到松江区泗泾镇 sjsb0003 单元 05－04 号地块的带动,已突破 2 万元/平方米大关,达 20 531 元/平方米。10 月 10 日,同济以 23.10 亿元竞得松江区泗泾镇 SJSB0003 单元 05－04 号地块,溢价 71%,成交楼面价 20 531 元/平方米,刷新松江区宅地楼面单价地王。该地块之所有受到追捧,是由于相较上一次泗泾板块的纯宅地供应,已相隔一年零四个月。同策咨询研究部数据显示,泗泾板块 2015 年的商品住宅成交均价达 24 721 元/平方米,同比上扬幅度为 15%。该幅地块的"面粉"价就接近"面包"价,今后或将存在成本控制上的风险。

四、嘉定——2015 年量跌价涨,江桥"面粉"价远超"面包"价

同策咨询研究部数据显示,2015 年,嘉定区成交经营性用地(不含动迁配套房用地)共 10 幅,合计 42.73 公顷,可建面积达 78.42 万平方米,在土地成交面积方面位列区域第四。其合计土地成交面积占到全市经营性用地成交占地总量近 11%,从可建面积上看,则占到近 9%,这两个比重与松江区接近。从土地成交总价上看,嘉定区达 134.1 亿元,超过前述的青浦、奉贤、松江。在嘉定 2015 年成交的 10 幅经营性用地中,有 6 幅为纯宅地或者是含有住宅性质的综合性用地。该 6 幅地块合计 35.25 公顷,可建面积达 60.47 万平方米,均占全市第四位。

嘉定区 10 幅经营性用地的平均楼面地价为 17 100 元/平方米,其中的住宅类用地(包含含有住宅性质的综合性用地,下同)的平均楼面地价为 16 858 元/平方米,处于各区域的中游水平。

从 2006 年以来的走势来看,2015 年的宅地成交总量同比上年下滑 33%,并且在 2006 年以来表现最差,但平均楼面地价却呈现稳步攀升态势,2015 年已达到 16 858 元/平方米,为 2014 年地价的 3 倍之高,创下历史新高。同策咨询研究部指出,当前嘉定区开发已进入中后期,在宅地成交总量上出现大幅减少,正由于土地供应量的相对缩减,致使地价出现跃升。研究发现,2015 年嘉定区成交的 6 幅住宅类地块中有 2 幅地块刷新了所处板块的楼面地价,分别为嘉定区嘉定新城 e26－1 地块、嘉定区徐行镇 16－01 地块。另外,嘉定区江桥镇北社区 j1－01、j1－02、j1－03、j1－04 地块,则出现了"面粉贵过面包"的现象。

2015 年,嘉定区成交的 6 幅住宅类地块均为纯宅地,其中,3 幅位于嘉

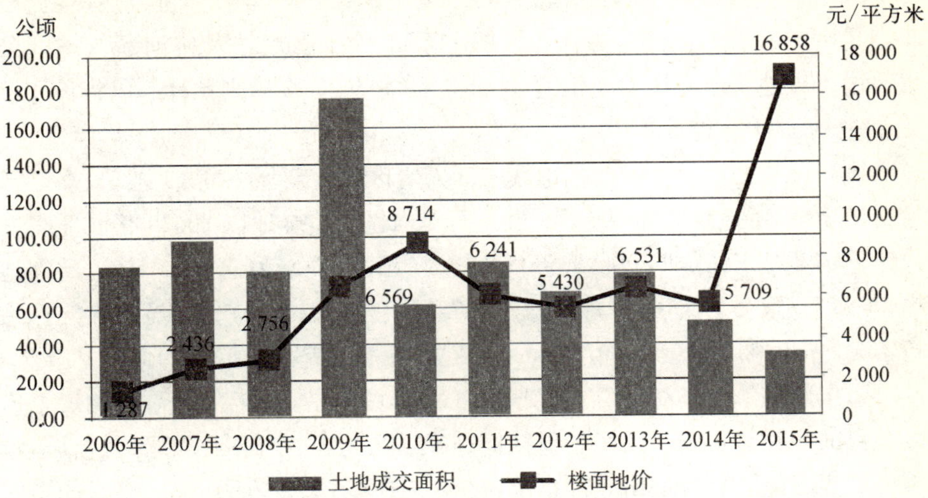

图 2-18　嘉定区住宅类用地成交量价情况

定主城区、2 幅位于嘉定北部、1 幅位于江桥。江桥板块的这幅地块楼面地价达 27 084 元/平方米，而板块商品住宅当年的成交均价仅为 17 414 元/平方米，地块溢价率超过 100%，“面粉”价远超“面包”价。另外 5 幅地块也都溢价成交，除了嘉定区菊园新区 43-07 地块溢价为 16%外，其余地块溢价都超过 60%。

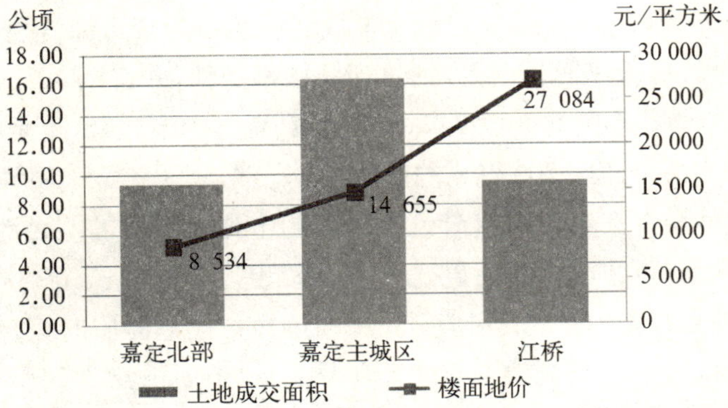

图 2-19　2015 年嘉定区成交住宅类用地板块分布

2015 年 12 月 10 日，龙湖以 46.5 亿元，溢价 108.3%摘得嘉定区江桥镇北社区 J1-01、J1-02、J1-03、J1-04 地块，这也是 2 个月来，龙湖频频在上海参与竞拍多次后，首度拿下的宅地。该地块位于江桥北部，是近几年该板块内唯一纯宅地。靠近南翔,坐拥南翔配套,地块南面 4 公里有江桥万达广场,能够满足生活所需。在交通方面,地块距离 11 号线南翔站及桃浦新村站 3 公里。由于该地块成交楼面地价达 27 084 元/平方米,今后则预计起码售价 4 万元/平方米以上才能保本。

刷新板块楼面地价的两幅地块——嘉定区嘉定新城 e26-1 地块、嘉定区徐行镇 16-01 地块为同一天出让。9 月 23 日上午,金地以 20.14 亿元竞得嘉定区嘉定新城 E26-1 地块,楼板价 18 680 元,溢价率为 97%。下午,禹洲地产(泉州)有限公司、上海舜洲房地产开发有限公司以 5.10 亿元竞得嘉定区徐行镇 16-01 地块,楼面地价 9 104 元/平方米,溢价率为 82%。

嘉定新城作为上海市重点规划的三大新城之一,近年来深受各大房企追捧。目前入驻嘉定新城的房企包括保利、旭辉、龙湖、中信泰富、绿地、新城、盘谷房产等。但同策咨询研究部指出,嘉定主城区接近 1.9 万元/平方米的楼面地价已经超过部分周边在售新房项目的价格,未来项目上市,售价或将达到 3 万元/平方米。这样的价格对嘉定新城这样一个存量较大的板块而言,可能客户接受程度会较差。

五、闸北——上海 2015 年总价地王三次被刷新,均落户于闸北

同策咨询研究部数据显示,2015 年,闸北区成交经营性用地(不含动迁配套房用地)共 3 幅,合计 24.08 公顷,可建面积达 82.66 万平方米,在土地成交面积方面位列区域第七位。其合计土地成交面积占到全市经营性用地成交占地总量近 6%,从可建面积上看,则位列区域第四位,并占到 10%。从土地成交总价上看,2015 年闸北区以 246.62 亿元夺得了全市之冠,也是唯一一个经营性用地成交总金额破 200 亿元的区域。

从地块性质上来看,3 幅经营性用地均为含住宅性质的综合性用地,且总价均超 50 亿元,可建面积都在 20 万平方米以上。

从 2006 年以来的闸北区住宅类地块(包含含住宅性质的综合性地块,下同)走势来看,2015 年的成交总量为历年最高,土地面积较 2014 年增幅达 1.5 倍,而可建面积的增幅更是达近 3 倍。从土地成交总价上看,也几乎达到了 2006 至 2014 年成交所有土地的总金额。

2015 年,闸北区成交的 3 幅经营性用地有 2 幅位于市北高新技术服务业园区,隶属于彭浦板块,另 1 幅位于为上海火车站北广场以北地块,隶属于不夜城板块。

表 2-12　**2015 年嘉定区住宅类用地(包含含住宅性质的综合性用地)成交明细**

成交日期	地块名	板块	用途	土地面积(平方米)	规划面积(平方米)	容积率	成交总价(万元)	溢价率(%)	成交楼板价(元/平方米)	开发商
2015/3/13	嘉定区菊园新区43-07地块	嘉定主城区	居住用地	77 578.30	155 156.60	2	171 015	16	11 022	绿地地产集团有限公司
2015/4/29	嘉定区徐行镇02-05地块	嘉定北部	普通商品房	62 443.40	74 932.10	1.2	60 755	62.20	8 108	佛山市顺德区宙华投资咨询有限公司
2015/9/23	嘉定区嘉定新城e26-1地块	嘉定主城区	普通商品房	61 589.60	107 781.80	1.75	201 336	96.60	18 680	深圳威新软件科技有限公司、深圳市新威时代投资有限公司
2015/9/23	嘉定区徐行镇16-01地块	嘉定北部	普通商品房	31 139.40	56 050.90	1.8	51 028	82.10	9 104	禹洲地产(泉州)有限公司、上海舜洲房地产开发有限公司
2015/12/2	嘉定区嘉定新城a03-5地块	嘉定主城区	普通商品房	24 400.90	39 041.40	1.6	70 200	79.80	17 981	上海西上海集团置业有限公司
2015/12/10	嘉定区江桥镇北社区j1-01、j1-02、j1-03、j1-04地块	江桥	居住用地	95 382.20	171 688.00	1.8	465 000	108.30	27 084	上海恒逸房地产有限公司
2015/3/13	嘉定区菊园新区43-07地块	嘉定主城区	居住用地	77 578.30	155 156.60	2	171 015	16	11 022	绿地地产集团有限公司

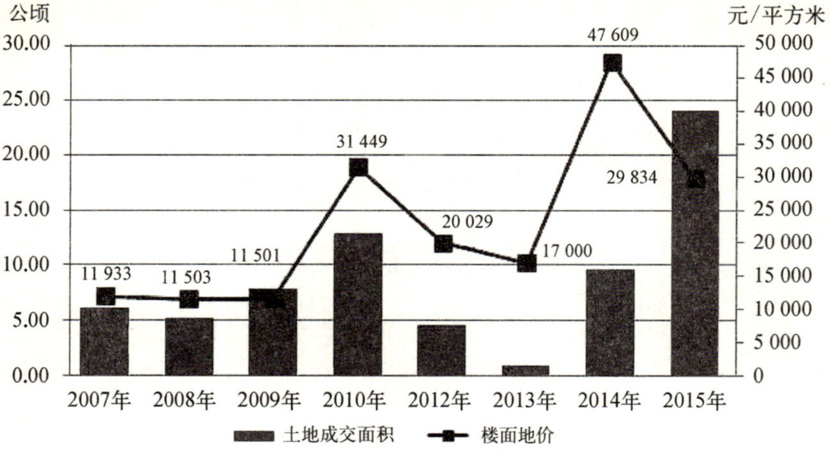

图 2-20　闸北区住宅类用地成交量价情况

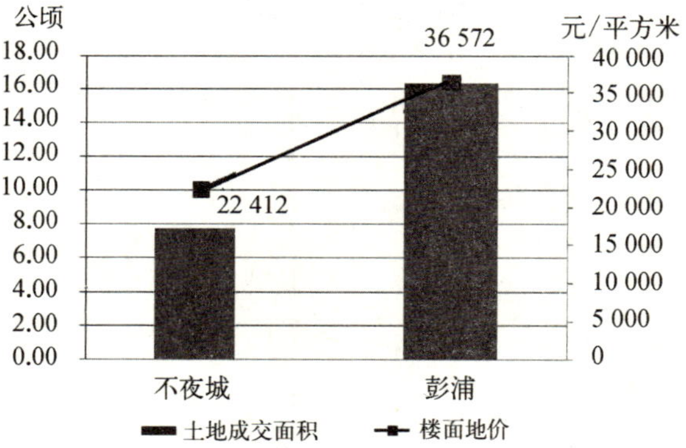

图 2-21　2015 年闸北区成交住宅类用地板块分布

闸北区在 2015 年三次刷新上海总价地王记录。2015 年 3 月 20 日，华润联合华发以 70.52 亿元竞得市北高新技术服务业园区 N070501 单元 10-03 地块，溢价 16%，楼板价 34 871 元/平方米。6 月 3 日，华润华发联合体再次以 87.95 亿夺上述地块边上的 09-03 地块，溢价 27%，楼面价为 38 062 万元/平方米，在楼面地价刷新的同时，总价地王也易主。在 7 月 15 日，上海 2015 年总价最贵地块纪录再度被刷新。金融街以 88.15 亿元夺下上海火车站北广场以北地块，溢价率为 50%，地块地上总建筑面积不超过 326 210.7 平方米，地下商业建筑面积不超过 24 000 平方米，地块成交楼面地价为 22 412 万元/平方米。公告显示，地块用途为办公楼、商业用地、居住用地、文体用地，未来将建设以商办功能为主的城市综合体，包括商务办公、商业购物、高端居住、文化休闲等功能。

2015年可以称得上是闸北区土地和房地产市场发生质变的一年。2015年11月4日上午，上海召开工作大会，宣布撤销闸北区、静安区建制，设立新的静安区，带来城市中心北移的利好刺激。此外，大宁金茂府这一2014年的"地王"项目入市，拉动区域房价大幅上扬。同时，上海火车站将会搬迁，搬迁后的火车站原址或将建成铁路博物馆，火车站、苏河湾地区将连片建设成为国际商务区，这将使闸北区实现"麻雀变凤凰"的完美蜕变。

六、宝山——大场板块独揽宝山土地市场

同策咨询研究部数据显示，2015年，宝山区成交经营性用地（不含动迁配套房用地）共6幅，合计27.17公顷，可建面积达69.51万平方米，在土地成交面积方面位列区域第六位。其合计土地成交面积占到全市经营性用地成交占地总量7%，从可建面积上看，则位列区域第七位，并占到8%。

从地块性质上来看，6幅经营性用地中有3幅为住宅类地块（包含含住宅性质的综合性用地，下同）。该3幅地块合计18.47公顷，可建面积达43.36万平方米，均占全市第六位。

从2006年以来的宝山区住宅类地块量价走势来看，2015年的成交总量较2014年下滑近半成，可建面积下滑幅度也达到35%，且为历年来最低，但从成交楼面地价看，2015年大幅跃升90%至24 391元/平方米。

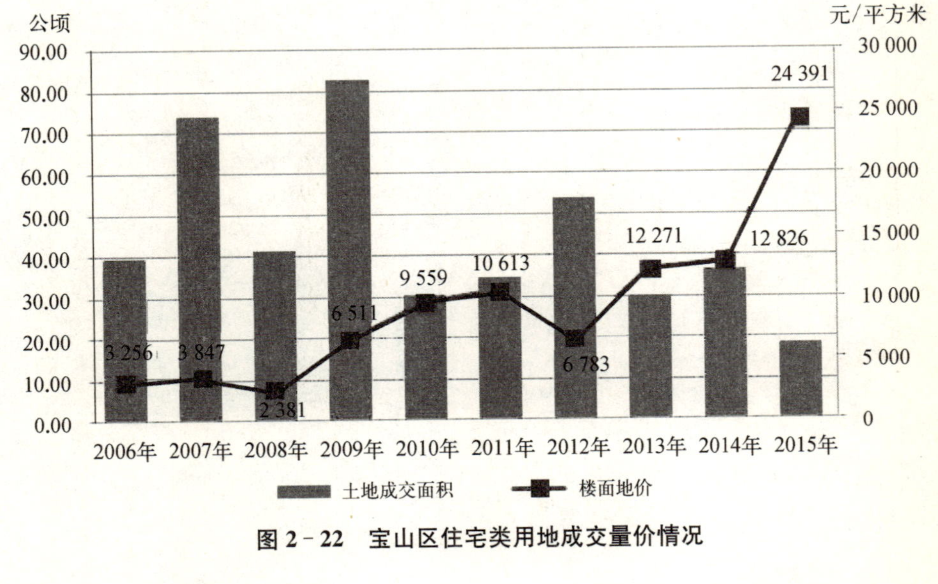

图2-22　宝山区住宅类用地成交量价情况

表 2－13　2015 年闸北区住宅类用地(包含含住宅性质的综合性用地)成交明细

成交日期	地块名	板块	用途	土地面积(平方米)	规划面积(平方米)	容积率	成交总价(万元)	溢价率(%)	成交楼板价(元/平方米)	开发商
2015/3/20	闸北区市北高新技术服务业园区 n070501 单元 10－03 地块	彭浦	住办	76 314.60	202 233.70	2.65	705 200	16.20	34 871	上海奔汇投资咨询有限公司、珠海华顺置业有限公司
2015/6/3	闸北区市北高新技术服务业园区 n070501 单元 09－03 地块	彭浦	住办	87 197.20	231 072.60	2.65	879 500	26.90	38 062	珠海华炜投资发展有限公司,超智资源有限公司
2015/7/15	闸北区上海火车站北广场以北地块	不夜城	办公楼、商业用地、居住用地、文体用地	77 273.70	393 323.10	5.09	881 500	50.10	22 412	金融街(上海)投资有限公司

2015 年，宝山区成交的 3 幅住宅类地块均位于大场板块，有 2 幅为纯宅地、1 幅为商住性质用地，3 幅地块均以 90%以上的溢价成交，24 391 元/平方米的平均楼面地价已接近板块当年 29 253 元/平方米的商品住宅成交均价。

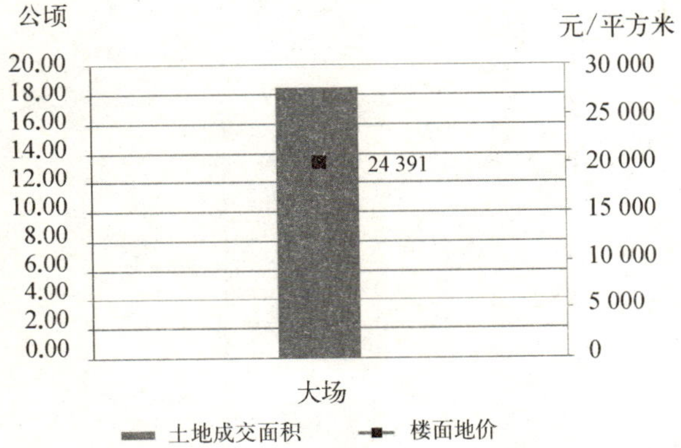

图 2-23　2015 年宝山区成交住宅类用地板块分布

2015 年 9 月 25 日，滨江、平安不动产联合体以 34.65 亿竞得宝山区大场镇祁连社区 121601 单元 B3-03 地块，溢价率高达 92%，楼面地价 28 755 元/平方米，刷新了大场板块地块单价。地块北侧为大场公园，向西距离轨交 7 号线不足 1 公里。东侧祁连山路地下有规划中 15 号线经过，预计于 2016 年底开工。北侧塘祁路已经开工，预计将于 2016 年完工。地块距离外环线、沪太路两公里范围内，可方便抵达五角场商圈。圈边有弘基休闲广场、沃尔玛超市及沿街餐饮等，生活配套齐全。地块所处的“大场镇祁连敏感区”受到市场极大关注。6 月 3 日，深圳招商平安联合体以 30.1 亿元竞得宝山区大场镇 W121301 单元 38-02 纯宅地，楼面地价为 23 277 元，溢价率 90%，一举刷新了板块内总价地王纪录。9 月 16 日，保利地产又以 41 亿将该记录刷新，强势竞得宝山区大场镇 W121301 单元 08-02 商住地块，楼面地价 22 314 元，溢价率高达 107%。可见，板块内开发商争夺之激烈。如今的宝山南大地区，早摒弃了曾经的皮革工厂林立、废弃污水不断的“城中村”形象，而是朝着“环境、交通协调发展的生态宜居城市综合功能区”迅速发展，新南大即将出炉。

表 2-14　**2015 年宝山区住宅类用地(包含含住宅性质的综合性用地)成交明细**

成交日期	地块名	板块	用途	土地面积(平方米)	规划面积(平方米)	容积率	成交总价(万元)	溢价率(%)	成交楼板价(元/平方米)	开发商
2015/6/3	宝山区大场镇w121301单元38-02地块	大场	居住用地	58 778.70	129 313.10	2.2	301 000	89.70	23 277	深圳招平瑞盛投资控股有限公司
2015/9/16	宝山区大场镇w121301单元08-02地块	大场	商住	65 623.30	183 745.20	2.8	410 000	107.20	22 314	上海保利建璀房地产有限公司
2015/9/25	宝山区大场镇祁连社区121601单元b3-03地块	大场	普通商品房	60 249.80	120 499.60	2	346 500	91.70	28 755	杭州滨江房产集团股份有限公司、深圳联新投资管理有限公司

第三节 2016年上海土地市场展望

一、与商品住宅市场背离,反而继续看好

总体来看,2016年上海土地市场继续被看好,不会像房产交易市场那样进入调整期。主要有以下几方面的因素:

新增建设用地有限。2014年以来土地市场实际市场成交量并非“零增长”,而是“负增长”;存量土地难盘活,市场供应跟不上市场需求节奏。总体来讲,上海住宅类用地市场仍然为供不应求,这个基调没有改变。

房企回归一二线城市,进上海开发商还是比较积极,比如闽系的房企、碧桂园、恒大、金融街等知名品牌房企还在继续关注上海土地市场。甚至上海业内有句这样的名言:本土的房企拼不过外来的,有钱的房企拼不过不要命的。这说明,房企仍然继续看好上海市场,未来上海土地市场不会降温。

当前上海土地市场的特征为:凡是纯宅地、宅地占比较高的综合用地,凡是位置地段看起来还勉强可以的优质地块,其成交楼板价基本与周边售价看齐,“面包”基本与“面粉”价格相同,甚至更高,未来上海土地市场很难改变这样的态势。

当前货币政策宽松,房企融资成本低,尤其是发债的成本非常低,并且发债的规模也相当大,企业由此势必会加大投资和拿地扩张的力度,这也将继续促使房企加大在上海这样的一线城市布局,进而继续导致2016年上海土地市场继续火热。

2014年楼市低迷期土地市场照样火爆,土地市场成交总金额仅次于2013年的最高峰值,为历史第二高,并没有受到房产交易低迷的影响。至此,我们可以认为,在2016年预期的楼市低迷期,土地市场也不会低迷,也会继续火爆。

二、未来无任何一家房企能独领风骚

由于上海土地市场“面粉贵过面包”,上海楼市的投资风险在累积。在激烈的市场竞争与投资风险累积的市场背景下,很难有任何一家开发商,包括品牌开发商在内可以在上海楼市持续独领风骚。主要有以下几点因素:

品牌房企重返或聚焦北上广深等一二线核心城市,竞争激烈导致风险

加大。

2013—2015年,土地市场热点主要还是一二线城市,尤其是一线城市,这和品牌房企重返或聚焦一二城市有密切关系。尤其是2013年以来,品牌房企或房企以联合体形式积极抢滩一二线城市优质地块,优势资源开始向品牌房企集中,突显出品牌房企布局战略的变化,一定程度上也进一步推升一线城市的投资价值。但是,品牌房企重返一线城市,导致市场竞争更加激烈,势必会推升土地成本,如果市场按照这样的逻辑持续进行,一线城市的进入门槛会持续提高,这也意味着进入一线城市的开发企业的未来风险也会越来越大,即使房企以联合体形式也很难完全规避市场风险,甚至还会出现品牌房企联合体退地的现象。

外来开发商不惜一切代价(包括以联合体形式)挺进包括上海在内的一线城市风险最大。

2013年以来,以闽系房企为代表的第三、第四梯队房企也在逆袭一线城市土地市场,以期短期内谋求上位,通过布局一线城市辐射带动周边整个区域市场开发,实现区域深耕或全国化布局。这样的直接结果就是不惜一切代价拿地,导致"地王"频现,地价成本陡升。

这些房企的永无止境的市场扩张战略导致开发企业在持续拿地、采购、开发、销售过程中需要更多的资金,因此,当企业的扩张的盲动性与市场调整期相遇时,或者房企未来再次遭遇不可预见的市场风险时,企业的资金面的需求与市场流动性趋紧的矛盾就日益突出。在上述市场环境下,在企业的层面就表现出了资金链危机的问题。甚至是大型品牌房企,也会被同行收购股权,面临命运的转折点。因此,不惜一切代价挺进一二线核心城市的战略并不可取,如果在未来开发节奏中没有踏准市场节拍,很有可能遭遇企业运营层面的最大风险,最终或面临破产或收购的风险。

三、竞争白热化,"被豪宅"的市场被扭曲,市场面临结构性风险

2015年以来,上海土地市场火热,张江板块、周康板块、赵巷板块、大宁板块、黄浦滨江、前滩板块、新江湾板块、莘庄板块等板块地价飙升,楼板价基本和周边在售楼盘均价看齐,甚至连顾村板块、临港新城、青浦新城、南桥新城这些"刚需"板块也出现"面粉贵过面包"的现象。

上海典型板块土地市场价格短期内猛涨,势必导致建造商品住宅的土地

成本上涨，房价不可能不上涨，于是，这些项目定价上会接着“向上冲”，以实现既定的投资回报目标。然而，即使在上海这样的需求差异化、多元化的一线城市，房价上涨的速度也是有“天花板”的，不可能无止境上涨。

针对这个问题，开发商的普遍做法就是营造产品差异化的机会。大多数营造产品差异化的背后其实就是“被改善”、“被豪宅”的过程，如此一来再加上未来在媒体上的营销炒作，区域楼市定位遭遇“拔苗助长”，然而，市场能否接受“被改善”、“被豪宅”的产品值得担心。因此，“被改善”、“被豪宅”的现象在一线城市并不是一件值得称道的事情。“被改善”、“被豪宅”引起市场供应结构发生变化，但市场真实的需求结构或许并非如此，这成为房企以联合体形式拿下“地王”之后的最大的隐藏风险。甚至当项目预期难以盈利之时，会出现上述品牌房企、联合体退地的现象。

四、对房企的建议：不要迷恋上海这样的一线城市需求总量较大和市场供不应求

2015 年上海商品住宅成交量已达 1 500 万平方米，明显高于上海商品住宅市场需求总量（2010—2014 年年均销售量）987 万平方米，这代表着未来上海市场空间还会继续放大吗？

显然，答案是否定的。2015 年上半年，在“330 新政”等“救市”政策刺激之下，上海楼市将去年积压需求进行集中释放，市场基本回归平衡状态。到了下半年，上海楼市已经没有库存压力，但是，由于宏观经济、股市等诸多方面的压力，央行仍然有三次“双降”政策（对于上海楼市来讲没有必要），再加上房企冲刺销售业绩指标等因素，导致上海商品住宅市场在下半年继续集中放量，市场需求被透支。同时，从历史经验来看，历年商品住宅成交高峰后必然调整，比如 2009 年、2013 年之后的上海商品住宅市场，均出现 2011 年、2014 年的调整，2015 年市场成交量高峰之后也是如此，2016 年调整势在必然。因此，从这个角度来看，房企在上海积极拿地制造“地王”，如果再遭遇 2016 年不可预见的市场风险，即使房企以联合体形式拿下“地王”也并不是一件好事，仍极有可能因此而陷入资金链断链的风险。

此外，表面上来看，以上海为代表的一线城市似乎市场空间很大，市场并不存在什么问题，进入上海的房企还有比较大的发展机会。但是，关心上海的房企也应该冷静的思考：上海楼市是大牌房企云集的地方，想进入上海的房企或者已经在进入上海的房企各自在上海分到了几杯羹？上海真正获益的始

终还是少数几个房企大佬，比如绿地、万科、融创、保利等，大多数已经进入上海的房企仍然是业绩平平，仍然是“小弟弟”的姿态，难以在这个市场有显眼的出路。进一步讲，由于楼市投资风险的累积，房企拿地越来越谨慎，绿地、万科、融创、保利等品牌房企也无法保证自己一直在上海楼市独领风骚(事实上，已经有部分品牌房企不得不逐步淡出上海楼市)。

因此，对于关心上海楼市的房企来讲，还是应该重新思考自己的发展战略，选择好城市进入战略，做好深耕，做好自己熟悉市场的“老大”，而不是一味迷恋上海这样的一线城市市场需求总量较大和市场供不应求。

第三章　上海房地产二级市场分析

第一节　2015年上海商品房市场总体分析

一、总商品房市场概述

受到2015年房地产利好政策刺激不断，上海商品房市场走势喜人。同策咨询研究部数据显示，2015年全年上海商品房市场成交面积达2 936.09万平方米，同比上扬39%，为2010年以来新高，从历史上看，仅低于2007年和2009年。2015年上海商品房成交总金额达6 825.22亿元，同比大幅上扬71%，创下历史新高，商品住宅在2015年"出乎意料"的表现致使整个商品房市场大获丰收。从成交均价看，2006年以来呈现逐步攀升态势，2015年全市商品房成交均价已破2万元/平方米大关，达到23 246元/平方米，同比上扬23%，上扬幅度为2010年以来的最高，仅次于2009年的24%。2015年商品房预售面积达3 036.61万平方米，与2014年持平，市场供求比为1∶0.97，呈现供略大于求的态势，并且供求差距为2010年以来最小；而从商品住宅市场看，供大于求的格局早已逆转，供求比仅为1∶1.25。

从近两年以来的月度走势看，2015年二季度以来受到商品住宅市场的拉动，市场攀升态势强劲，供小于求的情况时常出现，哪怕是7、8月份的传统淡季，商品房成交量也分别达到270.90万平方米和237.33万平方米，分别同比上扬59%和57%，而到了12月份，成交量则达到了344.39万平方米，环比上扬20%，同比上扬15%，实现翘尾，也创下了2007年9月以来的新高。

从2015年上海商品房的供应结构来看，公寓达1 050.25万平方米，占到35%的份额，在各物业类型中居首，主导着整个商品房市场的市场走势；动迁配套房供应达852.73万平方米，占比28%；而住宅中别墅供应量占比仅为

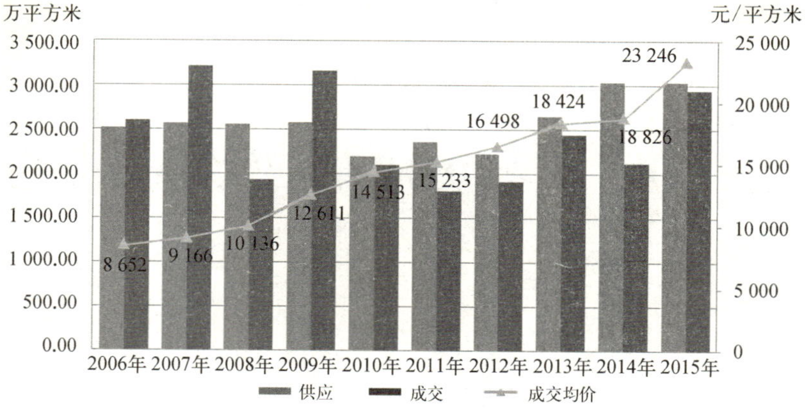

图 3-1 上海市商品房年度供求及均价走势

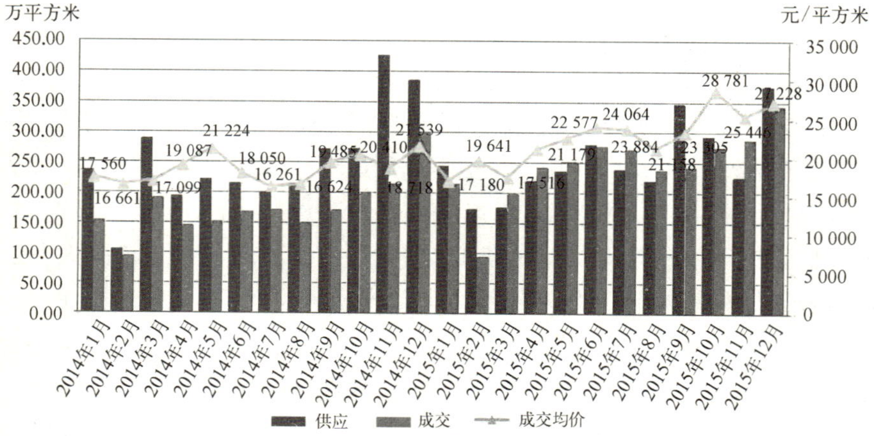

图 3-2 上海市商品房每月供求及均价走势

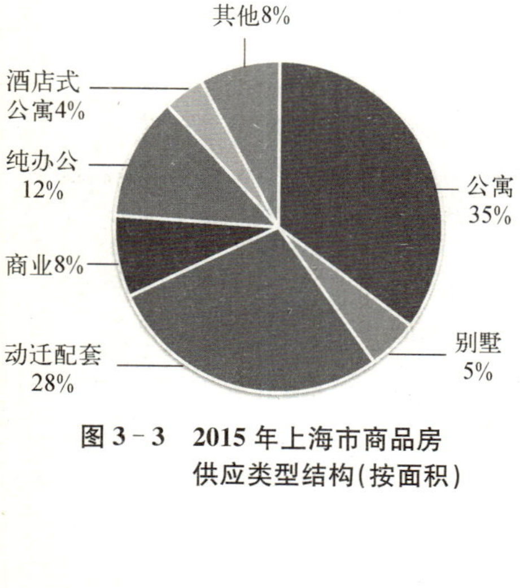

图 3-3 2015 年上海市商品房供应类型结构(按面积)

5%。从办公房地产市场看,供应量合计达 500.36 万平方米,占全市商品房供应的 16%,其中纯办公占 12%,酒店式公寓占 4%。从商业市场看,供应量不及办公房地产市场,全年推出房源 246.87 万平方米,占比 8%。

从 2015 年上海商品房的成交结构来看,公寓达 1 313.62 万平方米,占到 45%的份额,在各物业类型中居首，并高于其供应占比，主导着整个商品房市场的市场走势；动迁配套房成交达 777.08 万平方米，占比 26%；而住宅中别墅成交量占比依然很小，仅为 6%。从办公房地产市场看，成交量合计达 318.57 万平方米，占全市商品房成交量的 11%。其中纯办公占 7%，低于其供应占比；酒店式公寓占 4%，与其供应占比持平。从商业市场看，同样表现一般，成交量为 136.95 万平方米，占比仅 5%。

同策咨询研究部指出，2015 年宽松的货币政策和频繁的房地产利好政策小幅刺激，以及中高端购房者集中入市，拉动了全市商品住宅市场表现，使其一夜回到了 2009 年的市场高峰期，也成为拉动全市商品房供求价走势的主要因素。但从商办市场看，表现依旧不尽如人意，供大于求的态势明显。电商平台对于实体商业的冲击力度不断加大，同时，外环外办公房地产市场只能依靠建造大量的酒店式公寓来迅速回笼资金，而中心城区由于土地稀缺，纯写字楼又呈现供不应求的尴尬局面，结构失衡情况严重。从政策角度看，2016 年上海官方政策措施开始转向，收紧的可能性很大。当前上海高端预售许可证及备案已经开始收紧，商业地产由于存量较大，今后这类性质土地将减少供应，以免商办市场“雪上加霜”。

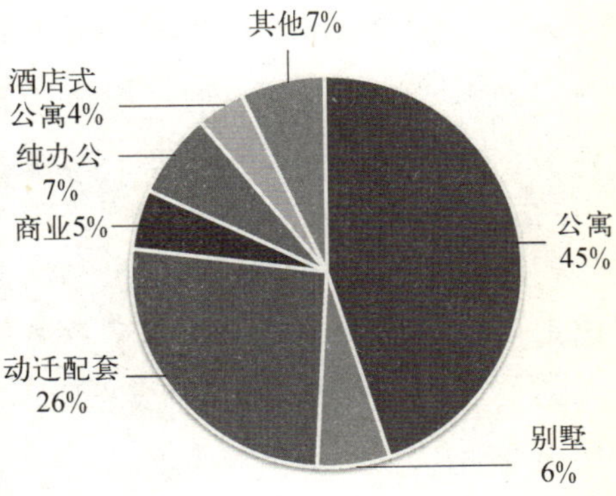

图 3-4　2015 年上海市商品房成交类型结构(按面积)

二、商品住宅市场

在经历“330 新政”、央行累计六次降息五次全面降准等“救市”政策之后，2015 年上海商品住宅销售价格为 32 174 元/平方米，同比上涨 18%，成交量为 1 500.22 万平方米，同比上涨 55%，上海楼市出现量价齐升的状态。

(一) 商品住宅市场概述——2015 年全年销量 1 500 万平方米，仅次于 2009 年

2015 年市场表现可谓“出乎意料”，成交量在“330 新政”出台后，二季度市场基本面逐步回暖并呈现快速上扬态势，再现 2009 年热度，成交均价也从 2015 年 5 月份开始破“三”并屡创新高，中高端市场表现更是热度非凡。同策咨询研究部数据显示，2015 年全年，上海商品住宅成交面积达 1 500.22 万平

表 3-1　2015 年上海市商品住宅市场概况

物业类型	2015 年供应面积			2015 年成交面积			2015 年成交均价		
	(万平方米)	环比	同比	(万平方米)	环比	同比	(元/平方米)	环比	同比
商品房	3 037	—	—	2 936	—	+39%	23 245	—	+23%
商品住宅	1 195	—	−4%	1 500	—	+55%	32 174	—	+18%
公　寓	1 050	—	−6%	1 314	—	+54%	31 806	—	+19%
别　墅	145	—	+12%	187	—	+63%	34 766	—	+12%

方米,同比大涨 55%,成交面积仅次于 2009 年,2015 年成交均价达 32 174 元/平方米,保持上扬态势,并且上扬幅度达 18%,为 2011 年以来最高。但 2015 年市场供应力度有限,环比 2014 年小幅下滑了 4%,至 1 195.44 万平方米。需求量的爆发和供应量止步不前,使得市场供不应求态势明显,存量迅速下滑,存销比回落到合理范围值内甚至以下。

同策咨询研究部数据显示,2015 年 12 月上海商品住宅市场成交水平再次出现大幅上扬,达 188.65 万平方米,环比、同比分别上扬 26%和 38%,创下 2009 年 7 月以来新高,同时成交均价保持在 33 562 元/平方米的高位,同比上扬幅度达 12%。从供应角度看,由于时值年末,多数房企为冲刺年度目标,以消化项目库存为主,新增预售面积持续低位徘徊,12 月份共有 95.90 万平方米的新房源入市,同比下滑 36%。

2015 年市场热度爆棚得益于中高端项目的大幅放量,对市场均价起到了

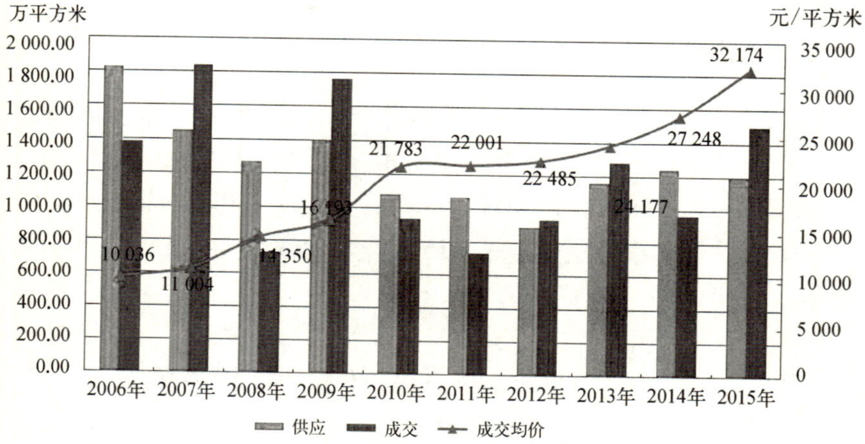

图 3-5　上海市商品住宅年度供求及均价走势

一定的拉动作用，同时，“地王”频出，以及刚需板块也出现了“面粉贵过面包”的情况，使得房企对项目的价格更有信心，加之上海存量消化速度加快，市场基本面已呈现出快速反弹，因此除了成交结构拉动均价因素外，上海各项目本身的价格提升也起到举足轻重的作用。需要指出的是，2015 年市场的热销其实是需求量的提前透支，并且根据历史经验，市场大涨后必然面临调整，因此 2016 年成交量必会出现回调，而价格增幅也会趋缓或持平。

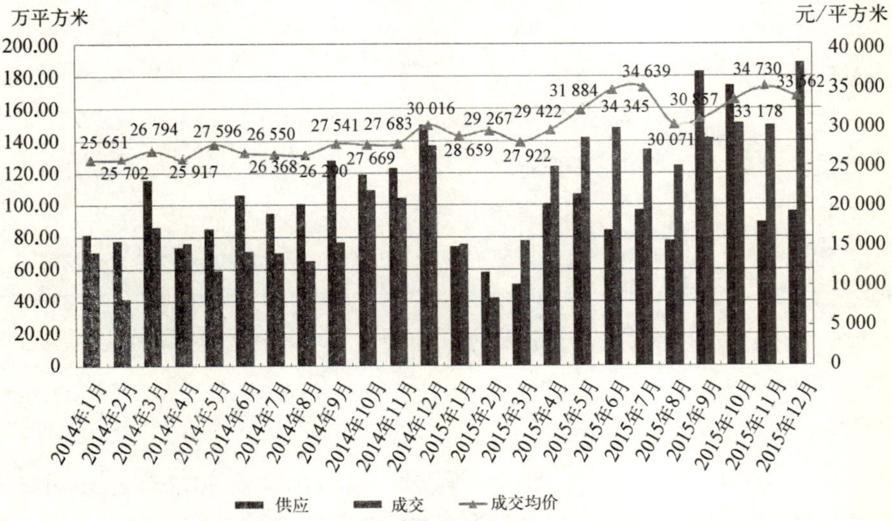

图 3－6　上海市商品住宅每月供求及均价走势

表 3－2　　2015 年上海市商品住宅供应面积前十位

楼盘名称	板块	套数	面积(平方米)
宜浩绿园	临港新城	3 168	262 929
泷湾苑	赵巷	496	147 290
恒盛豪庭	淞南高境	1 240	137 135
陆家嘴梧桐公寓	花木	1 106	131 093
云锦东方锦园	龙华	258	116 303
浦发华庭	唐镇	1 174	115 026
绿地风清苑	奉城	1 412	105 671
海棠名苑	周康	762	97 173
张江兴科苑	张江	757	95 108
仁恒东邑雅苑	唐镇	642	90 473

表 3-3　　2015 年上海市商品住宅成交面积前十位

楼盘名称	板块	套数	面积(平方米)
经纬城市绿洲家园	大场	1 781	169 371
海棠名苑	周康	1 078	159 897
恒盛豪庭	淞南高境	1 190	131 601
陆家嘴梧桐公寓	花木	1 125	130 834
上河湾名邸	长征	637	123 400
宜浩绿园	临港新城	1 422	117 536
金地褐石苑	泗泾	1 171	101 845
中海寰宇名邸	梅陇春申	810	97 789
保利叶轩	大场	708	88 099
松江悦都	松江新城东区	853	85 128

(二) 价格结构——中高价房源成交比重扩大

1. 均价结构——3 万元/平方米以上房源成交占比 33%,较同期增长 10 个百分点

从均价结构上看,2015 年,各均价段成交结构比重较 2014 年出现明显变化,尤其是 2 万元/平方米以下的房源成交量出现显著缩减。同策咨询研究部数据显示,2015 年 2 万元/平方米均价段以下的房源成交 39 906 套,占比 33%,较上年跌幅达 15 个百分点。相应的,高价房源成交比重上扬,其中,3 万—5 万元/平方米和 5 万—10 万元/平方米均价段的房源成交占比分别为 22%和 10%,均较上一年上扬 5 个百分点。而当前 2 万—3 万元/平方米仍是主力均价段,占比在 34%。

从 2015 年占比降幅最大的 2 万元/平方米以下的成交居前项目来看,临港新城的宜浩绿园占据较大比重,全年成交房源 1 422 套,11.75 万平方米。据查,该项目为限价商品房,若剔除该项目低价成交因素的影响,2015 年其他均价段的比重将进一步提升。2015 年,大场板块的经纬城市绿洲、泗泾板块的金地自在城(金地褐石苑)、周康板块的中金海棠苑(海棠名苑)表现抢眼,成为本年度刚需项目的代表。上述项目所处板块成熟,项目套均总价在 200 万—400 万元之间,符合刚需和首改购房者的需求和能力范围。

从中高端项目看，2015 年长征板块的上河湾，以 604 套、11.81 万平方米的销量夺得了 3 万—5 万元/平方米均价段项目成交排名的首位。由于该项目比邻长风生态商务区，且周边在售项目较少，一手供应稀缺，该项目的大平层设计也是区域内唯一的高端产品，有利于吸引区域改善客。从 5 万—10 万元/平方米的均价段成交居前的项目看，成交首位的是花木板块的陆家嘴锦绣前城（陆家嘴梧桐公寓），国际社区板块的定位是支撑项目快速去化主要因素。位于第二位的大宁金茂雅苑是方兴地产在 2014 年拿下的地王项目，在 2015 年 4 月 18 日全新开盘，在年内另有三次开盘，每次开盘当月都有较好的市场去化，全年完成销售金额 60.79 亿元，成交均价达 73 202 元/平方米，成为大宁板块以及周边的彭浦板块房价拉动的"功臣"。

同时，2015 年单价 10 万元/平方米天价豪宅累计成交 594 套，为 2014 年的 4.13 倍，且大幅超出近 5 年 120 套的年均数。火爆程度可以说是"亮瞎眼"。从天价豪宅市场翻红的原因来看，预售许可证管制放开、"330 新政"等政策面的利好，股市获利资金转投楼市，富豪阶层频频入市，部分富二代、海归人士投资豪宅等成为 2015 年天价豪宅市场表现"亮瞎眼"的主要因素。正是由于这些富豪阶层频出，使得全国各地的一些资金流向上海最为尊贵优越的顶级豪宅，未来上海天价豪宅项目的前景可期，仍然有较大的市场需求及增值空间。

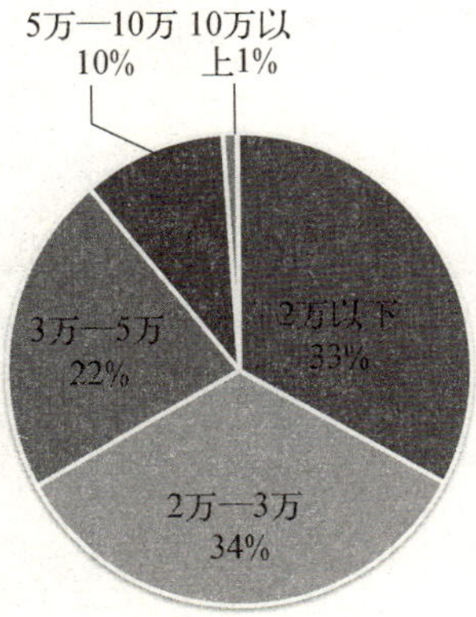

图 3-7　2015 年上海市商品住宅成交均价结构（按套数）

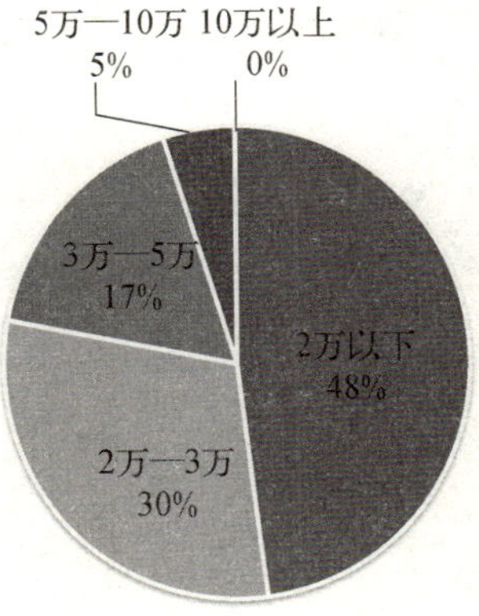

图 3-8　2014 年上海市商品住宅成交均价结构（按套数）

表 3 - 4　2015 年上海市商品住宅成交均价结构前三位(按面积)

均价段	楼 盘 名 称	板　块	套数	面积（平方米）	均价（元/平方米）
2 万元/平方米以下	宜浩绿园	临港新城	1 422	117 536	8 548
	宝业华庭	惠南	761	80 797	16 880
	雅居乐星晖苑	松江中部	623	80 592	15 885
2 万—3 万元/平方米	经纬城市绿洲家园	大场	1 743	165 780	24 791
	金地褐石苑	泗泾	1 166	101 427	23 470
	海棠名苑	周康	525	86 159	24 033
3 万—5 万元/平方米	上河湾名邸	长征	604	118 054	44 416
	中海寰宇名邸	梅陇春申	809	97 638	42 272
	仁恒东邑雅苑	唐镇	587	79 914	42 394
5 万—10 万元/平方米	陆家嘴梧桐公寓	花木	1 077	125 424	55 582
	金茂雅苑	大宁	657	82 820	73 074
	绿洲雅宾利花园三期(B 地块)	不夜城	346	61 831	63 204
10 万元/平方米以上	茂名公馆	淮海中路	70	20 669	127 357
	嘉天汇御苑	南京西路	68	15 780	105 424
	凯旋滨江园	陆家嘴滨江	40	11 499	132 026

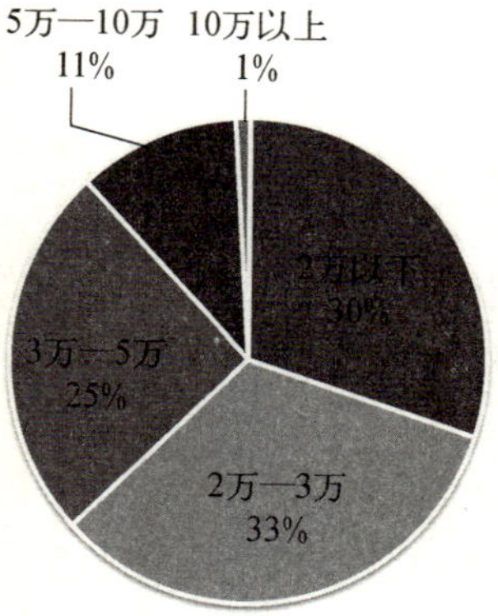

图 3 - 9　2015 年 12 月上海市商品住宅成交均价结构(按套数)

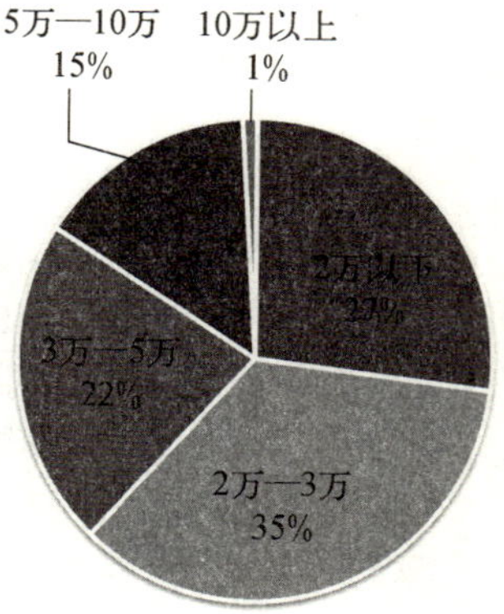

图 3 - 10　2015 年 11 月上海市商品住宅成交均价结构(按套数)

表3-5　2015年12月上海市商品住宅成交均价结构前三位(按面积)

均价段	楼盘名称	板块	套数	面积(平方米)	均价(元/平方米)
2万元/平方米以下	中星海上名豪苑	江桥	504	44 932	15 536
	嘉定萃庭	安亭汽车城	232	32 631	9 779
	金域华庭	金汇	332	26 458	18 377
2万—3万元/平方米	金地褐石苑(扩大范围)	泗泾	193	17 099	25 216
	海棠名苑	周康	118	16 736	25 324
	嘉宝梦之缘景庭	嘉定主城区	158	16 107	23 383
3万—5万元/平方米	恒盛豪庭	淞南高境	372	41 062	34 782
	康桥锦庭	周康	305	32 652	33 477
	宝悦华庭	杨行	301	26 327	32 854
5万—10万元/平方米	陆家嘴梧桐公寓	花木	244	27 027	58 466
	翠璟名庭	洋泾	42	9 438	84 115
	虹桥尚嘉苑	金虹桥	23	9 379	88 561
10万元/平方米以上	旭泾清水雅庭	洋泾	19	4 250	123 922
	翠湖天地隽荟都	淮海中路	16	3 023	125 835
	茂名公馆	淮海中路	8	2 581	137 984

2. 总价结构——800万以上高端房源成交扩大3个百分点

从总价段来看,2015年低总价房源成交量出现明显缩减,200万元以下的房源仅成交22 573套,占比27%,较上一年大幅下探12个百分点。相应的,200万元以上的各总价段房源成交占比均有上扬。其中,200万—300万元总价段的房源成交29 688套,占比24%,较上一年上扬3个百分点;300万—500万元总价段的房源成交26 440套,占比22%,上扬6个百分点,为各总价段中成交占比上扬幅度最大的一个区段;800万元以上的高端房源占比也上扬3个百分点。

从具体成交项目上看,大场板块的经纬城市绿洲成为本年度200万—300万元总价段的主力项目;而从300万—500万元总价段成交居前的项目看,地理区别并没有出现实质性的内移,仅是户型面积更为宽敞舒适。同策咨询研究部数据显示,该总价段成交居前的三个项目分别为淞南高境板块的恒盛豪庭、大场板块的保利叶之林(保利叶轩)以及松江新城东区的誉品谷水湾豪庭二期,套均面积分别为116平方米、124平方米和179平方米,均主打改善型购房者。800万元总价段以上的成交居前的三个项目分别分布于中外环、内环内、内中环，项目均为大平层户型，套均面积均价在200平方米左右。

同策咨询研究部指出，由于限购政策明确不会取消，2015年积压已久的改善型购房者入市踊跃，积极拉动了当年大户型的成交量。

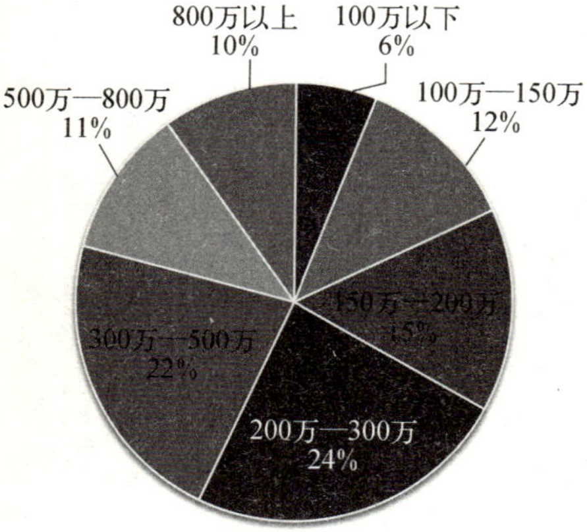

图3-11 2015年上海市商品住宅成交总价结构(按套数)

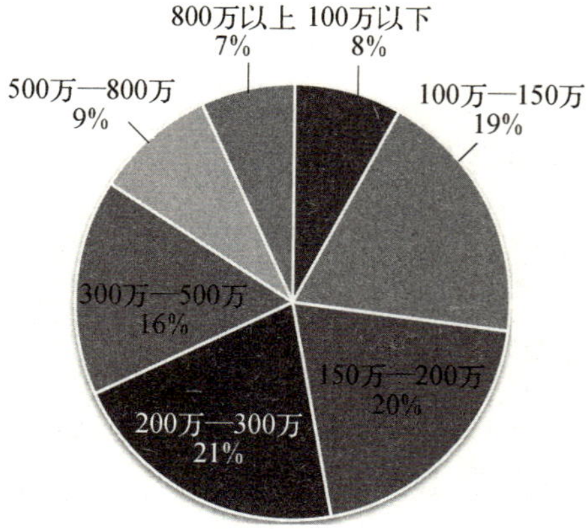

图3-12 2014年上海市商品住宅成交总价结构(按套数)

表3-6 2015年上海市商品住宅成交总价结构前三位(按面积)

均价段	楼盘名称	板块	套数	面积(平方米)	均价(元/平方米)
100万元以下	宜浩绿园	临港新城	1 407	115 703	8 547
	绿地风清苑	奉城	763	46 141	12 407
	旭新华庭(四)	金山新城	392	32 065	10 668
100万—150万元	香颂丽景园	金山新城	495	63 244	9 861
	天和幸福里	金汇	695	58 284	15 968
	朗诗绿色华庭	金汇	602	47 049	16 665
150万—200万元	金地褐石苑	泗泾	635	51 656	22 851
	宝业华庭	惠南	478	49 755	16 711
	花香澜庭	安亭汽车城	463	40 125	19 102
200万—300万元	经纬城市绿洲家园	大场	1 461	135 096	24 846
	海棠名苑	周康	594	79 519	19 305
	松江悦都	松江新城东区	690	67 501	23 352
300万—500万元	恒盛豪庭	淞南高境	821	94 992	31 903
	保利叶轩	大场	667	83 026	31 867
	誉品谷水湾豪庭二期	松江新城东区	289	51 875	20 994

续表

均价段	楼盘名称	板块	套数	面积（平方米）	均价（元/平方米）
500 万—800 万元	中海寰宇名邸	梅陇春申	462	62 893	42 499
	陆家嘴梧桐公寓	花木	458	57 720	54 396
	仁恒西郊雅苑	徐泾	275	46 283	37 081
800 万元以上	上河湾名邸	长征	356	79 696	44 821
	仁恒森兰雅苑	外高桥	264	64 766	44 489
	中信君廷名邸	龙华	294	52 187	71 058

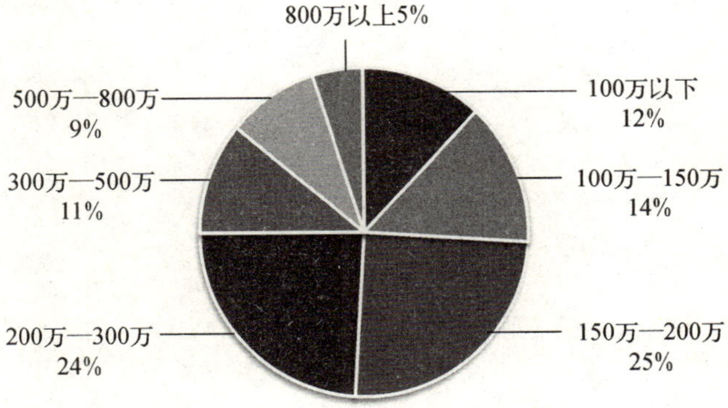

图 3－13　2015 年 12 月上海市商品住宅成交总价结构(按套数)

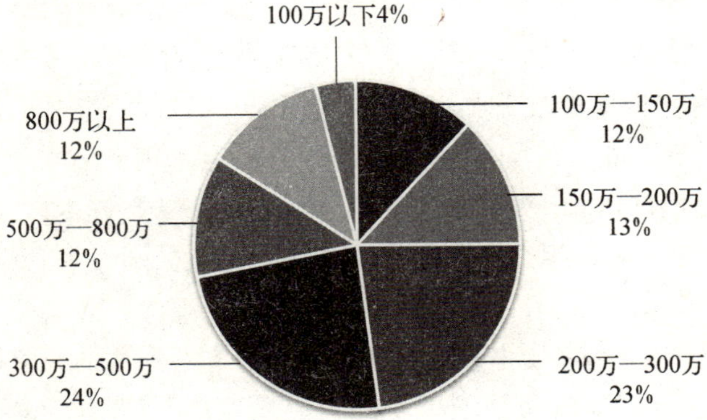

图 3－14　2015 年 11 月上海市商品住宅成交总价结构(按套数)

表 3-7 2015 年 12 月上海市商品住宅成交总价结构前三位(按面积)

总价段	楼盘名称	板块	套数	面积(平方米)	均价(元/平方米)
100 万元以下	嘉定萃庭	安亭汽车城	108	10 397	7 805
	合生财富海景公馆	金山新城	52	4 730	9 900
	花屿新筑	奉城	62	4 570	12 426
100 万—150 万元	中星海上名豪苑	江桥	235	20 772	12 876
	金域华庭	金汇	151	10 916	18 325
	嘉定萃庭	安亭汽车城	62	8 902	7 864
150 万—200 万元	中星海上名豪苑	江桥	217	20 241	18 850
	金域华庭	金汇	181	15 542	18 413
	东亚威尼斯公馆	崇明新城	126	13 623	16 727
200 万—300 万元	宝悦华庭	杨行	215	17 089	32 743
	金地褐石苑	泗泾	170	15 210	25 364
	恒荣府邸(二期)	安亭汽车城	97	12 639	20 614
300 万—500 万元	恒盛豪庭	淞南高境	337	35 866	34 782
	金地云锦苑	顾村	167	20 881	30 971
	康桥锦庭	周康	160	19 508	33 852
500 万—800 万元	陆家嘴梧桐公寓	花木	121	14 866	58 633
	湖畔名邸	南翔	75	14 183	28 046
	中海寰宇名邸	梅陇春申	79	11 302	44 446
800 万元以上	上河湾名邸	长征	55	12 280	46 172
	翠璟名庭	洋泾	42	9 438	84 115
	虹桥尚嘉苑	金虹桥	23	9 379	88 561

(三) 户型结构——利好板块大户型去化热度较高

2015 年大户型房源成交占比有所扩大。同策咨询研究部数据显示，90—120 平方米的户型成交 17 059 套，占比 34%，较上一年上扬 1 个百分点，依然占到市场主力地位；120—140 平方米的户型以及 140 平方米以上的户型均较上一年有所上扬，2015 年占比分别为 14%和 23%，分别较上一年增长 1 个百分点和 2 个百分点。

从项目排名看，占市场主力段的 90—120 平方米户型的成交居前项目，均来自刚需板块，分别是淞南高境板块的恒盛豪庭、松江新城东区的首创锦悦(松江悦都)和马桥板块的万科城(马桥景城品雅苑)，三个项目均以为 100 平方米左右的小户型三房为主打，来吸引首次置业的刚需客群达到一步到位的购房目的。从 2015 年 140 平方米以上的大户型成交居前项目看，除了前述提到的长征板块的上河湾、外高桥板块的仁恒森兰雅苑外，还有周康板块的中金海棠苑(海棠名苑)。有别于前两个项目，中金海棠湾(海棠名苑)的项目户型更为多样，有 145 平方米的三房公寓，有 128—160 平方米花园洋房，还有 278—300 平方米院墅，为改善型客群提供了多种选择。同时，项目毗邻轨交 16 号线、步行可达 18 号线(规划中)，也是项目热销的一大因素。

截至 2016 年 1 月 3 日，140 平方米以上的大户型可售 29 827 套，面积 716.48 万平方米，其中，在自然资源禀赋较高、别墅项目居多的赵巷、佘山板块该类大户型存量面积居首。嘉定主城区作为刚需板块，其 140 平方米以上的大户型存量达 26.74 万平方米，居全市第三位。安亭汽车城板块也位列第六位，外高桥、唐镇、长风等高端社区板块的大户型存量则在三十位以后。显然，大户型去化速度的好坏，与整个板块规划，项目分布结构、土地资源稀缺度密切相关。

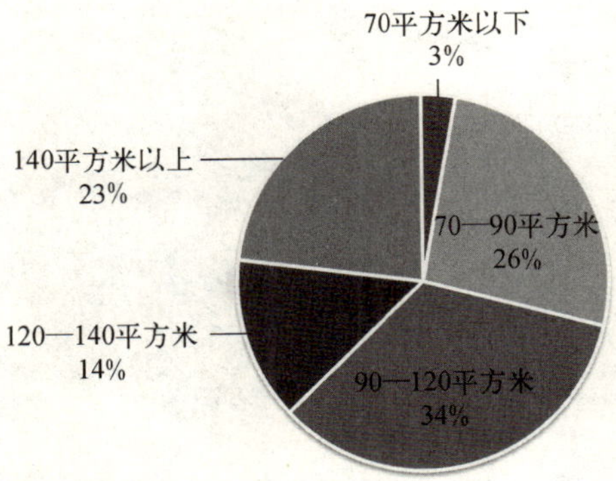

图 3 - 15　2015 年上海市商品住宅成交户型结构(按套数)

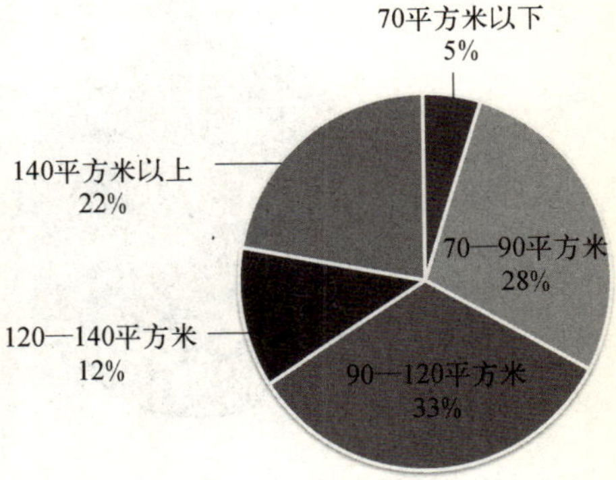

图 3 - 16　2014 年上海市商品住宅成交户型结构(按套数)

表 3 - 8　2015 年上海市商品住宅成交户型结构前三位(按面积)

户型段	楼盘名称	板　块	套数	面积(平方米)	均价(元/平方米)
70 平方米以下	绿地风清苑	奉城	743	44 730	12 428
	宜浩绿园	临港新城	239	13 760	8 485
	绿地时代名邸	青浦北部	162	10 085	12 327
70—90 平方米	经纬城市绿洲家园	大场	1 126	99 496	24 867
	金地褐石苑	泗泾	925	76 516	23 362
	天和幸福里	金汇	799	67 235	16 256

续表

户型段	楼盘名称	板块	套数	面积(平方米)	均价(元/平方米)
90—120 平方米	恒盛豪庭	淞南高境	742	74 219	31 483
	松江悦都	松江新城东区	723	68 776	23 188
	马桥景城品雅苑	马桥	535	52 771	27 415
120—140 平方米	香颂丽景园	金山新城	400	51 332	9 833
	陆家嘴梧桐公寓	花木	391	48 052	55 134
	中海寰宇名邸	梅陇春申	346	45 314	42 049
140 平方米以上	上河湾名邸	长征	611	119 979	44 588
	海棠名苑	周康	488	88 784	21 923
	仁恒森兰雅苑	外高桥	341	78 411	44 104

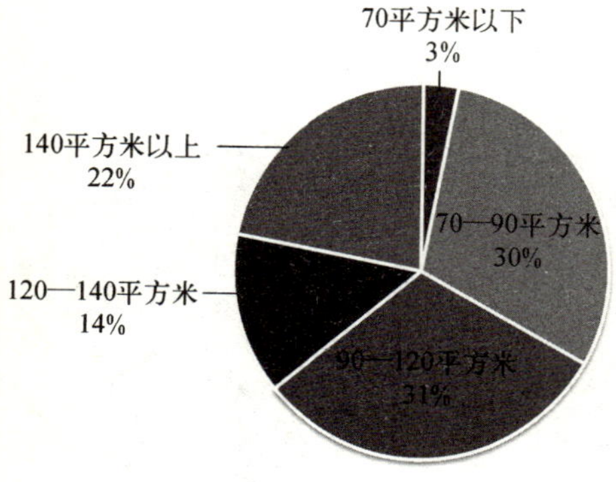

图 3-17　2015 年 12 月上海市商品住宅成交户型结构(按套数)

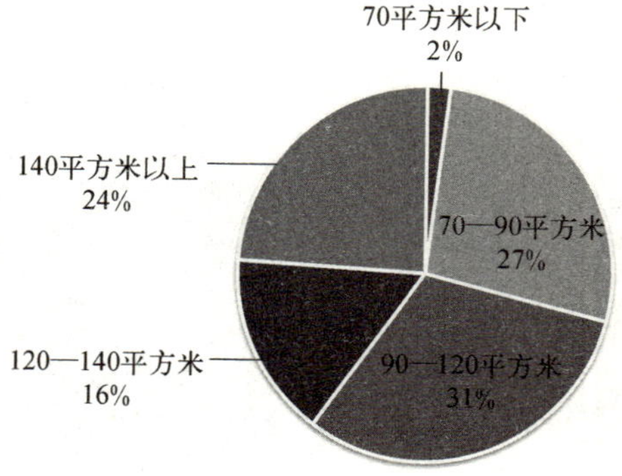

图 3-18　2015 年 11 月上海市商品住宅成交户型结构(按套数)

表 3-9　2015 年 12 月上海市商品住宅成交户型结构前三位(按面积)

户型段	楼盘名称	板块	套数	面积(平方米)	均价(元/平方米)
70 平方米以下	绿地风清苑	奉城	77	4 593	12 941
	浦发华庭	唐镇	52	3 529	43 636
	绿地佘山名苑	佘山	21	1 437	21 933
70—90 平方米	中星海上名豪苑	江桥	488	42 736	15 706
	金域华庭	金汇	332	26 458	18 377
	康桥锦庭	周康	156	13 867	32 879

续表

户型段	楼盘名称	板块	套数	面积（平方米）	均价（元/平方米）
90—120平方米	恒盛豪庭	淞南高境	238	23 461	34 789
	中骏柏景苑	周康	179	18 096	35 369
	东亚威尼斯公馆	崇明新城	138	15 061	16 745
120—140平方米	金地云锦苑	顾村	124	15 736	30 748
	陆家嘴梧桐公寓	花木	121	14 855	58 742
	恒盛豪庭	淞南高境	99	12 404	34 768
140平方米以上	嘉定萃庭	安亭汽车城	115	21 450	10 452
	上河湾名邸	长征	84	16 640	46 313
	湖畔名邸	南翔	75	14 183	28 046

（四）位置分布结构——中高端项目的热销带动商品住宅成交环线的内移

1. 环线结构——内环内板块房源成交占比上扬，增值潜力巨大

同策咨询研究部数据显示，2015年，商品住宅成交出现内移。持续占市场主力地位的外郊环间区域本年度成交67 358套房源，占比55%，较上一年缩减2个百分点；郊环外区域成交占比20%，较上一年更是缩减4个百分点。中高端项目的热销带动商品住宅成交环线的内移。其中，中外环去化房源16 963元/平方米，占比14%，较上一年增长4个百分点；内环内区域成交房源套数达7 336套，占比6%，增长2个百分点。

从具体项目看，中外环成交项目居前的项目既有刚需型，也有改善型，本年度成交量最大的经纬城市绿洲、淞南高境板块的恒盛豪庭、长征板块的大平层项目上河湾，分列中外环成交项目的前三位。内环内成交居前的项目中，浦东新区项目占到两位，分别是花木板块的陆家嘴锦绣前城（陆家嘴梧桐公寓），以及洋泾板块的万科翡翠滨江（翠璟名庭），另外还有不夜城板块的绿洲雅宾利花园。

随着陆家嘴滨江板块一手房资源的日益减少，其周边辐射板块价值随之提升，尤其是尚处于开发初期的北滨江板块，凭借临江优势，当前房价已突破10万元/平方米。不夜城作为闸北区唯一一个内环内板块，无论从今后规划，还是交通、商业成熟度上，都具有很大潜力。同时，闸北并入静安，带来城市中心北移的利好刺激；上海火车站即将搬迁也给不夜城板块带来品质上的大幅

提升。2015 年 7 月,金融街拿下“闸北区上海火车站北广场以北地块”,成交总价达 88.15 亿元,荣获当年总价地王。同时,闸北区天目社区将于 2016 年 1 月 20 日出让一幅起拍总价达 69.28 亿元的综合性用地,推出楼面地价 3.80 万元/平方米。苏河湾东部地区未来将建设成产城融合,将重点发展金融服务、人才服务、高端商务和文化休闲等产业,该地块要求在商业部分设置一栋 200 米高的地标建筑。届时,不夜城板块将迎来质的飞跃。

从可售量上看,截至 2016 年 1 月 3 日,内环内商品住宅可售套数 6 305 套,115.32 万平方米。按照近三个月 16.34 万平方米的月均去化速度,内环内商品住宅存销比为 7 个月,低于 8 个月的合理去化周期,加之市中心土地稀缺、资源紧张等因素影响,内环内区域的房价增值潜力相对于其他环线而言更大。

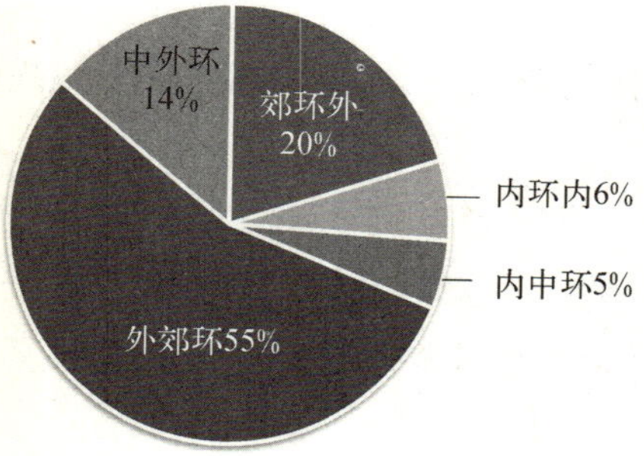

图 3-19 2015 年上海市商品住宅环线成交结构(按套数)

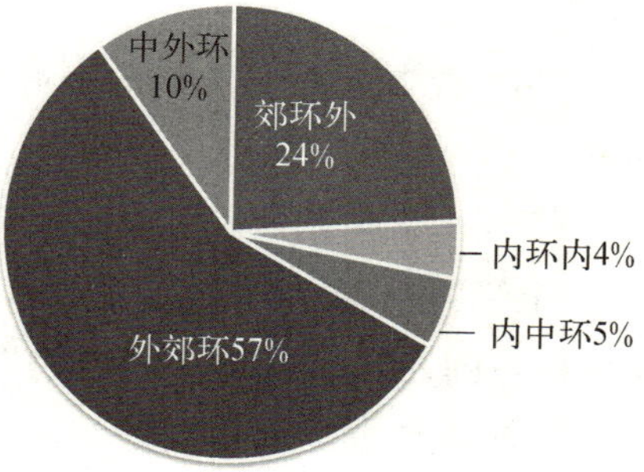

图 3-20 2014 年上海市商品住宅环线成交结构(按套数)

表 3-10 2015 年上海市商品住宅环线成交结构前三位(按面积)

环 区	楼 盘 名 称	板 块	套数	面积(平方米)	均价(元/平方米)
内环内	陆家嘴梧桐公寓	花木	1 125	130 834	55 279
	绿洲雅宾利花园三期(B 地块)	不夜城	346	61 831	63 204
	翠璟名庭	洋泾	208	46 413	79 555
内中环	金茂雅苑	大宁	658	83 042	73 166
	张江兴科苑	张江	641	77 116	48 579
	中信君廷名邸	龙华	294	52 187	71 058
中外环	经纬城市绿洲家园	大场	1 781	169 371	24 872
	恒盛豪庭	淞南高境	1 190	131 601	31 322
	上河湾名邸	长征	637	123 400	44 716

续表

环　区	楼 盘 名 称	板　块	套数	面积（平方米）	均价（元/平方米）
外郊环	海棠名苑	周康	1 078	159 897	21 472
	金地褐石苑	泗泾	1 171	101 845	23 454
	中海寰宇名邸	梅陇春申	810	97 789	42 286
郊环外	宜浩绿园	临港新城	1 422	117 536	8 548
	香颂丽景园	金山新城	555	68 657	9 849
	上海金山万达广场	金山新城	591	59 997	11 698

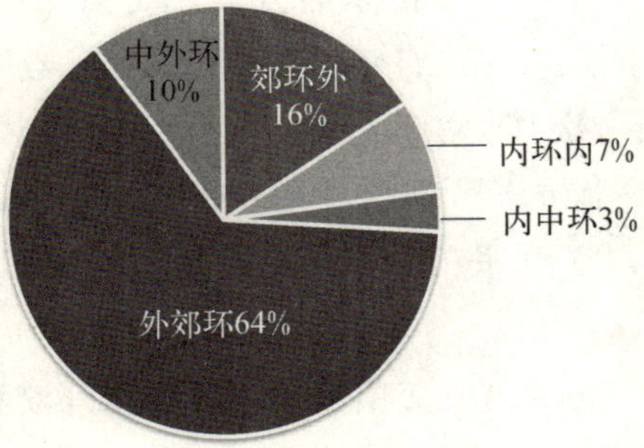

图 3－21　2015 年 12 月上海市商品住宅环线成交结构(按套数)

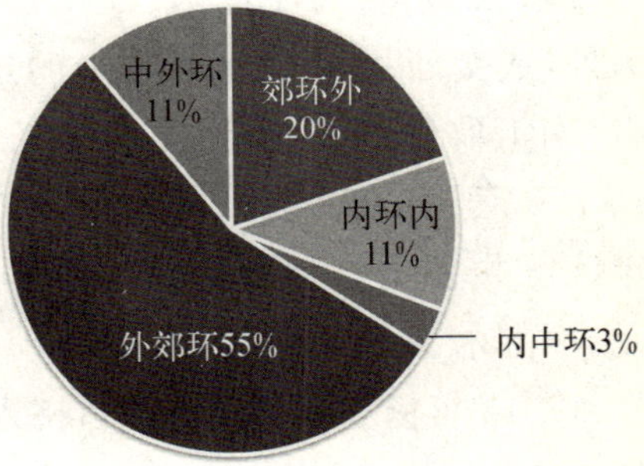

图 3－22　2015 年 11 月上海市商品住宅环线成交结构(按套数)

表 3－11　2015 年 12 月上海市商品住宅环线成交结构前三位(按面积)

环　区	楼 盘 名 称	板　块	套数	面积（平方米）	均价（元/平方米）
内环内	陆家嘴梧桐公寓	花木	244	27 027	58 466
	翠璟名庭	洋泾	42	9 438	84 115
	宝地东花园	东外滩	79	8 779	65 435
内中环	虹桥尚嘉苑	金虹桥	23	9 379	88 561
	云锦东方锦园	龙华	18	8 002	79 320
	金茂雅苑	大宁	45	7 405	77 830
中外环	恒盛豪庭	淞南高境	372	41 062	34 782
	上河湾名邸	长征	94	17 946	46 469
	晶珑坊	古美罗阳	106	10 187	41 844
外郊环	中星海上名豪苑	江桥	507	45 235	15 576
	嘉定萃庭	安亭汽车城	245	34 128	10 291
	康桥锦庭	周康	305	32 652	33 477

续表

环　区	楼盘名称	板　块	套数	面积（平方米）	均价（元/平方米）
郊环外	东亚威尼斯公馆	崇明新城	254	26 145	16 690
	恒荣府邸(二期)	安亭汽车城	118	15 618	21 059
	正荣美兰观庭	罗店	66	10 595	28 410

2. 区域板块结构——杨浦挤入区域榜单前十，周康房价上扬 22%

同策咨询研究部数据显示，2015 年，嘉定、松江，浦东分别以 202.19 万平方米、180.01 万平方米、174.58 万平方米的成交面积居区县成交前三位。另外，成交面积过百万平方米的还有南汇、宝山、青浦和闵行。从套数上看，南汇取代浦东位置挤入前三，嘉定、松江、南汇分别去化 18 396 套、15 773 套、14 011 套。杨浦成为唯一一个挤入区域榜单的中心城区，2015 年该区共去化房源 2 948 套、面积 48.80 万平方米，成交均价达 48 410 元/平方米。

2015 年杨浦区并没有项目挤入前十，区域内成交项目多集中在东外滩和新江湾城板块，当前杨浦区也仅有这两个板块今后有潜在供应。2015 年 11 月 26 日，新江湾城再造地王，一幅纯宅地以 73 亿元的总价成交，楼板价 49 152 元/平方米，溢价率 81.7%，未来可能要卖到 8 万元/平方米以上才能保本。2015 年底新江湾城房价在 5 万元/平方米左右，如此高的地价，项目开发难度较大，以后销售压力也会很大。

从板块成交排名上看，嘉定主城区、周康、安亭汽车城板块分别以 77.25 万平方米、71.20 万平方米、66.14 万平方米居板块前三位。这三个板块是当前市场中绝对的刚需板块，从轨交和商业配套上都能基本满足住户的日常所需。尤其是周康板块，2015 年均价已达 29 980 元/平方米，较去年涨了 22%，高于全市增幅。

2015 年底，出现较多高溢价水平的嘉定主城区板块已连续多月占据板块成交冠军，住宅均价为 20 852 元/平方米，同比涨幅在 14%左右。嘉定主城区虽供销两旺，但存量面积(剔除临港新城限价商品房因素外)也居全市首位，加之板块内大量二手房在售，因此今后板块内冲破 3 万元/平方米均价的项目会有一定去化难度。

表 3－12　　2015 年上海市商品住宅成交区域前十位(按面积)

排名	区　域	套　数	面积(平方米)	均价(元/平方米)
1	嘉定	18 396	2 021 857	20 192
2	松江	15 773	1 800 116	24 034
3	浦东	12 050	1 745 752	49 044
4	南汇	14 011	1 644 985	22 599
5	宝山	12 105	1 358 346	27 605
6	青浦	9 624	1 189 075	25 221
7	闵行	8 329	1 170 894	38 386
8	奉贤	8 483	842 417	19 015
9	金山	7 481	810 089	11 242
10	杨浦	2 948	487 992	48 410

表 3－13　　2015 年上海市商品住宅成交板块前十位(按面积)

排名	板　块	套　数	面积(平方米)	均价(元/平方米)
1	嘉定主城区	7 150	772 497	20 852
2	周康	5 819	711 960	29 980
3	安亭汽车城	6 020	661 402	16 654
4	金山新城	5 452	592 621	10 808
5	泗泾	5 034	544 045	24 735
6	大场	4 442	467 551	29 086
7	松江新城东区	3 719	454 064	24 233
8	南翔	3 509	416 729	26 052
9	惠南	3 284	397 813	18 041
10	新江湾城	2 117	394 471	46 883

表 3－14　　2015 年 12 月上海市商品住宅成交区域前十位(按面积)

排名	区　域	套　数	面积(平方米)	均价(元/平方米)
1	嘉定	2 736	302 108	19 637
2	南汇	1 981	236 495	27 009
3	松江	2 032	228 354	25 248
4	浦东	1 398	193 258	53 378
5	宝山	1 598	182 050	30 745
6	青浦	1 044	135 102	26 376

续表

排名	区 域	套 数	面积(平方米)	均价(元/平方米)
7	闵行	886	132 408	41 521
8	奉贤	1 417	130 262	18 554
9	金山	545	59 456	11 491
10	杨浦	309	52 179	55 669

表 3-15　2015 年 12 月上海市商品住宅成交板块前十位(按面积)

排名	板 块	套 数	面积(平方米)	均价(元/平方米)
1	周康	1 045	117 288	33 257
2	安亭汽车城	813	101 563	16 476
3	嘉定主城区	877	93 555	22 127
4	泗泾	753	81 459	26 379
5	金汇	652	57 033	19 234
6	惠南	487	56 311	21 813
7	唐镇	460	52 283	37 630
8	松江中部	456	48 029	20 631
9	江桥	513	45 969	15 707
10	淞南高境	397	43 674	35 297

(五) 物业类型结构——别墅市场成交量同比涨 6 成

1. 公寓市场——大户型市场供销两旺,价格坚挺助全年楼市

从全市公寓市场看,2015 年新增公寓房源 1 050.25 万平方米,同比小幅下滑 6%,并占商品住宅总量的 88%,较上一年缩减两个百分点。成交量则同比大幅上扬 54%至 1 313.62 万平方米,仅次于市场高峰时的 2009 年 1 359.46 万平方米的市场去化量。同时,公寓成交均价首破 3 万,达 31 806 元/平方米,环比上扬 19%,为 2011 年以来房价增幅最大的年份。2015 年全年上海公寓市场供求比为 1∶1.25,呈现供不应求态势。从 2015 年 12 月份情况看,受房企冲刺年报因素影响,公寓市场成交量达到 2009 年 6 月以来新高。

从 2015 年的热销公寓项目看,套均面积出现偏大趋势。排名前十位项目中,套均面积在 110 平方米以上的项目占到 6 个,套均总价 300 万元以上的项目占到半壁江山。套均总价 866 万元的大平层项目——上河湾,以骄人的战

绩位列榜单第五位。

从 2015 年度供应榜单上看，大户型供应量也表现居前，如龙华板块的云锦东方、周康板块的中金海棠湾（海棠名苑）等，套均面积超过 110 平方米的项目推出达 6 个之多。

大户型、改善型商品房在 2015 年大行其道，主要是由于全年央行五次降准降息，“330 新政”等政策面的利好、股市获利资金转投楼市等因素，积压已久的改善型需求包括豪宅购房者蜂拥投入楼市。由于需求的集中释放而带来的市场需求的透支，2016 年下半年在此轮热度过后，必将迎来调整。

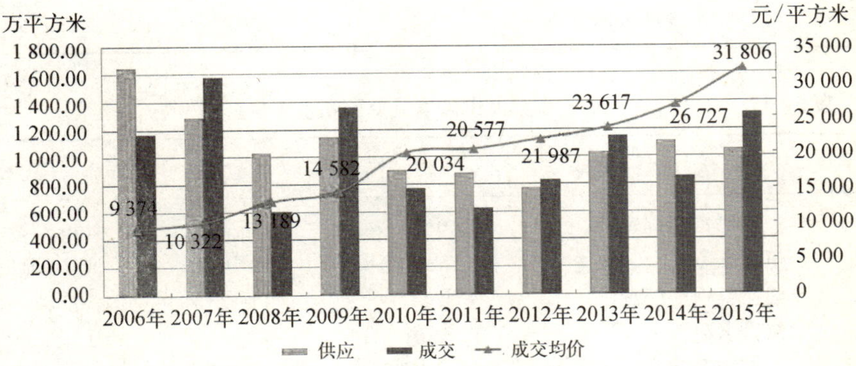

图 3－23　上海市公寓年度供求及均价走势

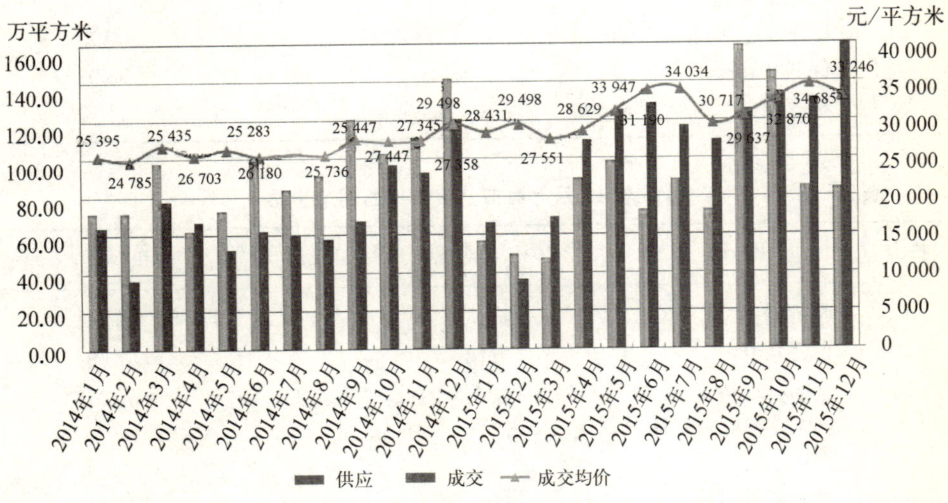

图 3－24　上海市公寓每月供求及均价走势

表 3-16　　2015 年上海市公寓供应面积前十位

排名	楼 盘 名 称	板　块	套　数	面积(平方米)
1	宜浩绿园	临港新城	3 168	262 929
2	恒盛豪庭	淞南高境	1 240	137 135
3	陆家嘴梧桐公寓	花木	1 106	131 093
4	云锦东方锦园	龙华	258	116 303
5	浦发华庭	唐镇	1 174	115 026
6	绿地风清苑	奉城	1 412	105 671
7	海棠名苑	周康	762	97 173
8	张江兴科苑	张江	757	95 108
9	仁恒东邑雅苑	唐镇	642	90 473
10	经纬城市绿洲家园	大场	958	88 792

表 3-17　　2015 年上海市公寓成交面积前十位

排名	楼 盘 名 称	板　块	套　数	面积(平方米)
1	经纬城市绿洲家园	大场	1 781	169 371
2	恒盛豪庭	淞南高境	1 190	131 601
3	陆家嘴梧桐公寓	花木	1 125	130 834
4	海棠名苑	周康	975	127 984
5	上河湾名邸	长征	637	123 400
6	宜浩绿园	临港新城	1 422	117 536
7	金地褐石苑	泗泾	1 171	101 845
8	中海寰宇名邸	梅陇春申	810	97 789
9	保利叶轩	大场	708	88 099
10	松江悦都	松江新城	853	85 128

表 3-18　　2015 年 12 月上海市公寓供应面积前十位

排名	楼 盘 名 称	板　块	套　数	面积(平方米)
1	康桥锦庭	周康	571	63 841
2	恒盛豪庭	淞南高境	524	57 796
3	崇明县城桥镇 04、05 单元 0508D-05 地块商品住宅项目	崇明新城	566	55 273
4	尚海郦景名苑	洋泾	236	39 574

续表

排名	楼盘名称	板块	套数	面积(平方米)
5	海赋尚品苑	江川路	400	38 665
6	玲珑坊(西苑)	嘉定主城区	494	37 579
7	宝悦华庭	杨行	427	36 987
8	万源城(C街坊)	古美罗阳	130	35 204
9	东原逸庭	惠南	340	33 969
10	长风名苑	长风	189	33 784

表 3-19　2015 年 12 月上海市公寓成交面积前十位

楼盘名称	板块	套数	面积(平方米)	均价(元/平方米)
中星海上名豪苑	江桥	507	45 235	15 576
恒盛豪庭	淞南高境	372	41 062	34 782
康桥锦庭	周康	305	32 652	33 477
陆家嘴梧桐公寓	花木	244	27 027	58 466
金域华庭	金汇	332	26 458	18 377
宝悦华庭	杨行	301	26 327	32 854
东亚威尼斯公馆	崇明新城	254	26 145	16 690
嘉定萃庭	安亭汽车城	195	22 081	9 443
金地云锦苑	顾村	167	20 881	30 971

2. 别墅市场——全年成交量创 2009 年以来新高，中高端别墅产品走俏

同公寓市场一样，上海别墅市场也借着市场基本面的大幅提升，迎来了春天，2015 年全年去化别墅房源 8 453 套，面积 186.6 万平方米，成交套数和面积均同比上扬 6 成，并创下 2009 年以来新高。其中，独栋别墅成交 959 套，占 11%，较上一年缩减 2 个百分点，而联排别墅去化 7 494 套，占比相应扩大。

从区域分布看，松江、南汇、青浦分别以 31.4 万平方米、24.52 万平方米、24.34 万平方米荣获 2015 年别墅成交面积前三区域。从成交套数上看，嘉定则取代青浦，挤入前三，松江、南汇、嘉定三区的别墅成交套数分别为 1 748 套、1 114 套、1 080 套。

从 2015 年 12 月别墅市场看，同样实现翘尾，当月去化别墅房源 27.11 万平方米，环比、同比分别大幅上扬 48%和 62%，也创下 2011 年以来月度成交量新高。

从成交居前的项目看，套均面积 200 平方米左右的小户型别墅仍表现居前，浦江板块的陆家嘴红醍半岛(涵云雅庭)、周康板块的御沁园，本年度销售套数都在 200 套以上。从套均总价看，两项目分别为 802 万元和 696 万元，而本年度销售季军的宝华源墅，套均总价更是达到了 1 043 万元，与以往 500 万元总价以下的经济型别墅占上风形成差别。

多次降息以及楼市利好政策使得 2015 年为一线城市楼市“大年”，同时，上半年股市涨跌起伏不断，多数获利者将股市资金转移到风险较小的楼市中，尤其是中高端别墅产品上，使得去化一直较为缓慢的别墅市场也保持了同比大幅上扬的态势。

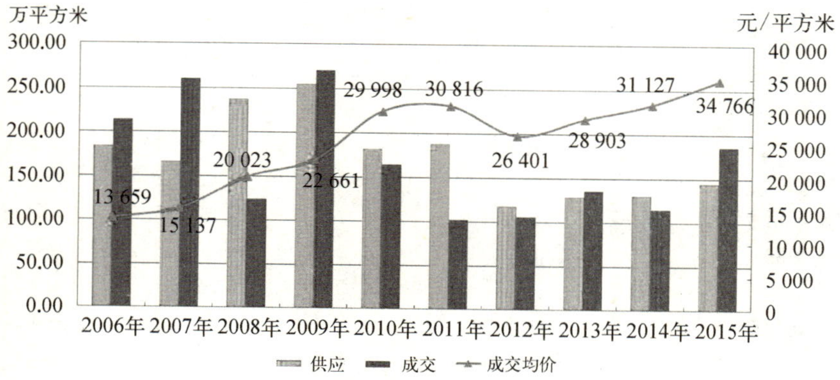

图 3-25 上海市别墅年度供求及均价走势

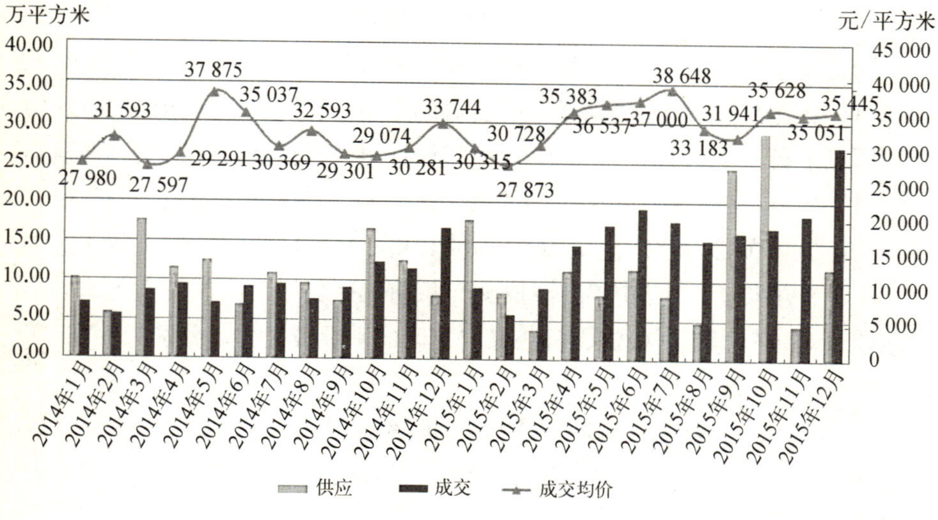

图 3-26 上海市别墅每月供求及均价走势

表 3-20　　2015 年上海市别墅供应面积前十位

排名	楼盘名称	板块	套数	面积(平方米)
1	泷湾苑	赵巷	496	147 290
2	臻水岸苑	赵巷	250	74 318
3	中信泰富朱家角新城	朱家角	268	59 389
4	颐湾丽庭	朱家角	197	47 602
5	上海紫园	佘山	66	41 601
6	宝华源墅	浦江	193	41 129
7	水湾雅庭	徐泾	160	39 834
8	御沁园	周康	190	37 730
9	朱家角古北香堤艺墅	朱家角	136	37 066
10	大华锦绣华城	北蔡	138	32 807

表 3-21　　2015 年上海市别墅成交面积前十位

楼盘名称	板块	套数	面积(平方米)	均价(元/平方米)
涵云雅庭	浦江	215	49 816	34 605
御沁园	周康	236	47 753	34 411
宝华源墅	浦江	170	35 724	49 642
招商海湾别墅	柘林	185	32 590	17 905
湖畔名邸	南翔	172	32 538	27 808
海棠名苑	周康	103	31 912	25 875
雅居乐星晖苑	松江中部	170	31 122	18 084
路劲海尚苑	安亭汽车城	154	29 853	17 409
长泰东郊御园	航头	140	28 754	23 808
远洋博悦花园	罗店	118	25 405	33 240

表 3-22　　2015 年 12 月上海市别墅供应面积前十位

楼盘名称	板块	套数	面积(平方米)
恒荣府邸(二期)	安亭汽车城	180	23 880
贝尚湾园二期	九亭	119	23 394
嘉定萃庭	安亭汽车城	62	15 176
中海紫御豪庭	长风	34	12 616
长泰东郊御园	航头	64	12 523

续表

楼盘名称	板块	套数	面积(平方米)
正荣美兰观庭	罗店	80	11 797
安亭高尔夫别墅	安亭汽车城	40	8 900
东原逸庭	惠南	67	8 289
旭辉江湾墅	新江湾城	2	533
海湾艺墅	海湾	1	243

表 3-23　　2015 年 12 月上海市别墅成交面积前十位

楼盘名称	板块	套数	面积(平方米)	均价(元/平方米)
恒荣府邸(二期)	安亭汽车城	118	15 618	21 059
湖畔名邸	南翔	75	14 183	28 046
嘉定萃庭	安亭汽车城	50	12 047	11 845
长泰东郊御园	航头	40	8 044	24 598
涵云雅庭	浦江	32	7 649	36 427
中建府邸	新江湾城	24	7 357	59 918
正荣美兰观庭	罗店	41	6 870	29 706
丝庐雅苑	新场	25	6 219	19 059
贝尚湾园二期	九亭	32	5 751	39 852
坤辉尚景苑	泗泾	51	5 485	41 103

(六) 存量情况——商品住宅存销比跌至 6.57 个月，达年内新低

1. 商品住宅存量概述

截至 2015 年 12 月底，上海商品住宅可售余量面积为 1 071.23 万平方米，较前一个月大幅下滑 7%，较上一年同期下滑近 20%，并跌至 2014 年 6 月以来最低。

同策咨询研究部指出，11 月、12 月由于临近年末，市场供应量急降，加之成交方面依旧保持火热态势，致使存量出现较大幅度的下滑。

2015 年市场热度爆棚得益于中高端项目的大幅放量，对市场成交量和均价都起到了一定的拉动作用，按照 2015 年 8 月、9 月、10 月的平均去化速度，市场去化周期已经缩短至 6.57 个月。这说明，短期内上海商品住宅基本面已经呈现快速反弹态势，完全摆脱了去库存的压力。需要指出的是，2015 年市场的热销其实是需求量的提前透支，并且根据历史经验，市场大涨后必然面临调

整，因此2016年成交量必会出现回调，届时存销比将出现上扬。

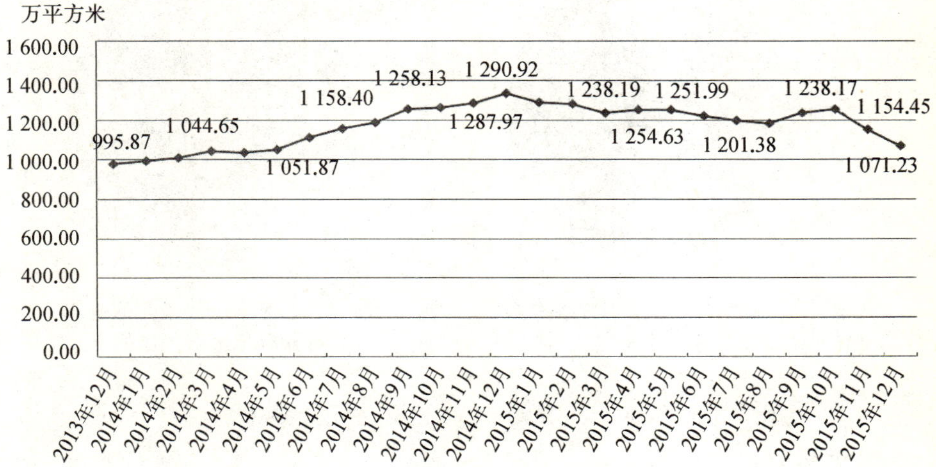

图3-27 上海市商品住宅各环线可售余量走势

数据来源：同策咨询研究部，网上房地产。

2. 环线结构——内环内存量占比上扬2个百分点

从环线情况看，上海商品住宅存量出现内环内上扬的现象，但外郊环依旧保持存量居首的主力地位。

同策咨询研究部数据显示，2015年第四季度末，上海市内环内可售商品住宅余量面积为115.32万平方米，占全市9%的份额，较三季度末上扬2个百分点，从内环内可售余量面积的绝对值上看，较三季度末上扬幅度达21%。内中环、中外环截至2015年末的可售余量面积也分别达92.19万平方米、99.36万平方米，均占全市存量面积的8%，较三季度末下滑1个百分点。外郊环可售余量面积为584.33万平方米，占全市48%的份额，较三季度末下滑1个百分点。

内环内由于2015年豪宅市场走势上扬，带动房企推盘势头火热，如12月推出的洋泾板块的地产尚海郦景、11月推出的新天地板块的翠湖天地等项目均位列当月供应榜单的前十位项目中，致使供应量持续稀缺的内环内区域项目新上市项目增多。但按照8月、9月、10月内环内的月均去化速度来计算，内环内存销比为7个月，低于8个月的合理去化周期，加之市中心土地稀缺、资源紧张等因素影响，内环内区域的房价增值潜力相对于其他环线而言更大。

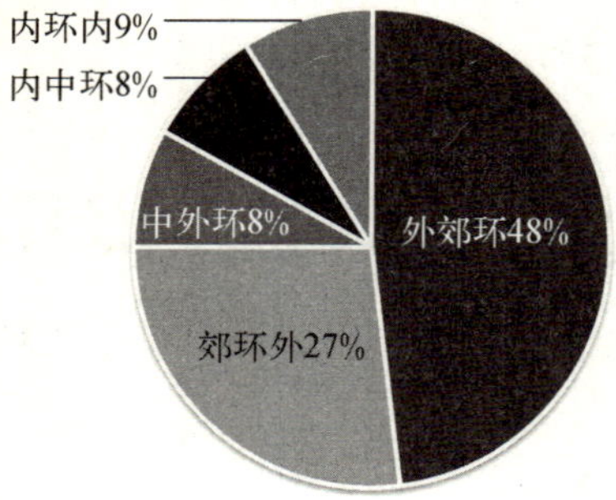

图3-28 四季度末上海市商品住宅存量分环线面积结构

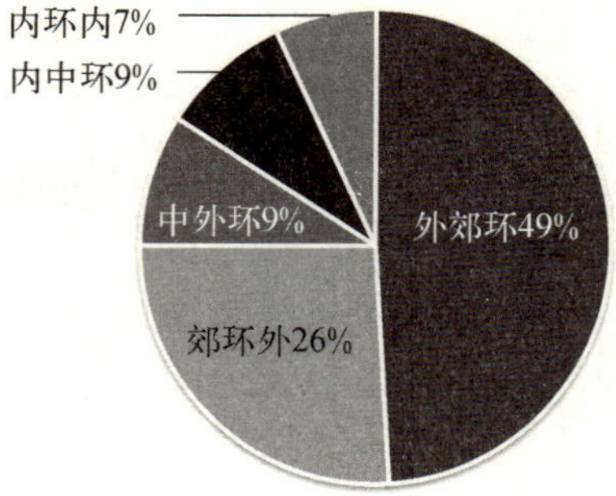

图3-29 三季度末上海市商品住宅存量分环线面积结构

3. 区域分布——松江赶超嘉定、中心城区存量上扬

从区域分布看,南汇、松江、嘉定分列存量区县的前三位,存量面积分别为156.83万平方米、143.81万平方米、129.91万平方米,存量套数分别为14 521套、8 885套、9 513套。其中,南汇区将青浦区挤出存量榜单前三位置,从存量套数看,南汇区也是全市唯一一个超过10 000套的区县。从具体存量项目看,南汇临港新城有42.45万平方米的限价商品房项目——宜浩绿园位居存量榜首。若剔除该项目,南汇区实际商品住宅存量面积为114.38万平方米,落到浦东之后的第五位。

剔除限价商品房因素后,松江以143.81万平方米的存量稳居榜首,替代了三季度嘉定的榜首位置。嘉定作为刚需供应大户,随同市场基本面走势第四季度市场销量继续走高,商品住宅成交面积达71.15万平方米,环比三季度上扬53%,而供应面积仅为15.38万平方米,远低于三季度的42.09万平方米,四季度对区内存量进行了迅速消化,其存量较三季度的下滑幅度达24%。因而截至2015年年末,长期处于存量首位的嘉定区的商品住宅出现了低于松江区的情况。

从其他区县截至年末的存量变化情况看,除了南汇、宝山、普陀、黄浦、卢湾、长宁这6个区县外,其他区县均出现不同程度的下滑,下滑幅度在2%到24%。上扬的区县中,南汇区是由于限价商品房宜浩绿园的大量入市导致,而宝山区、普陀、黄浦、卢湾、长宁,也均为在四季度大量上市房源所致。其中,宝山区四季度上市13个项目,合计35.35万平方米,为三季度的4.53倍,但该区市场成交力度更加强劲,致使截至年末宝山区存量仅较三季度末微幅上扬 0.05 个百分点。在剩余的中心城区中，卢湾区存量上扬幅度最大，达 1.13 倍有余，该区寸土寸金，市场供应量始终稀少，随着高端市场的走俏，一批豪宅也再次问世，打浦桥板块的绿城盛世滨江、淡水湾花园，新天地板块的翠湖天地隽荟，都有新房源入市。在目前的经济形势下，房地产仍是最优的投资品。

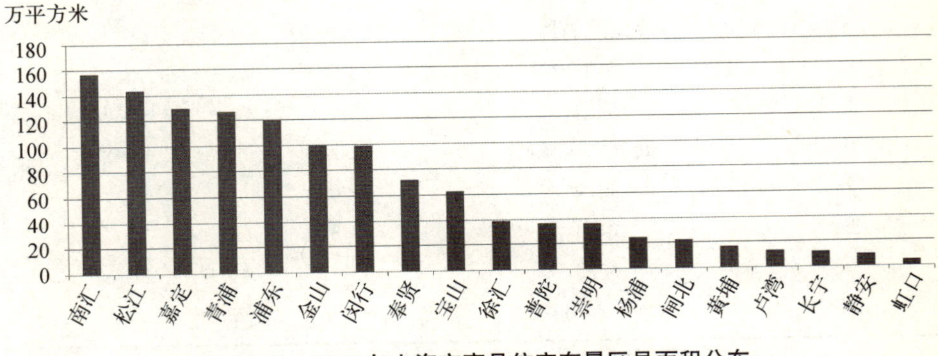

图 3-30 2015 年上海市商品住宅存量区县面积分布

数据来源：同策咨询研究部，佑威系统。

从板块存量看，临港新城、金山新城、嘉定主城区分别以 67.12 万平方米、53.23 万平方米、52.80 万平方米的存量居板块前列。其中，临港新城板块中绝大部分存量由限价商品房宜浩绿园所占据，若剔除该盘，该板块存量仅 24.67 万平方米，跌出前十位置，赵巷板块以 49.08 万平方米的存量能挤入前三，取代三季度末的安亭汽车城板块。三板块存量房源多为刚需大盘中的改善户型为主，存量套均面积分别为 120 平方米、133 平方米和 251 平方米。

从存量居前的十个板块的存量套均面积看，除临港新城板块外，其余板块套均面积都在 120 平方米以上，其中青浦赵巷板块和佘山板块的存量套均面积均分别达 251 平方米和 249 平方米。

青浦赵巷板块内以国际化别墅区为主，板块拥有质量优良的水系生态资源，并属于大虹桥辐射区域，在土地市场上受到开发商的追捧，9 月 16 日，青浦区赵巷镇嘉松中路东侧纯宅地由旭辉建工 26.16 亿元联合摘得，溢价率 114.9%，楼板价 22 122 元/平方米，单价首破 2 万元/平方米，创下历年来新高度。赵巷板块虽然环境宜人，以低密度项目为主，但按照该板块近三个月的平均去化速度计算，板块目前存销比仍然在 24 个月，高于 15 个月的压力范围值,因此,对今后项目的去化仍是一个考验。

表 3-24　　2015 年四季度末商品住宅存量板块前十位(按面积)

排　名	板　块	套　数	面积(平方米)
1	临港新城	7 533	67.12
2	金山新城	4 450	53.23
3	嘉定主城区	3 966	52.8
4	赵巷	1 954	49.08
5	周康	3 373	40.64
6	安亭汽车城	2 748	40.27
7	泗泾	2 690	35.75
8	佘山	1 386	34.46
9	徐泾	1 623	28.37
10	朱家角	1 349	27.58

数据来源:同策咨询研究部,佑威系统。

4. 户型结构排名——170 平方米以上房源仍占存量四分之一

从面积段结构看,四季度末 170 平方米以上的房源存量套数达 21 461 套,占全市比重高达四分之一,远超其他住宅面积段,而其中又以别墅房源为主。

70—90 平方米、90—110 平方米也是存量较高的户型,存量套数分别为 16 864 套和 16 068 套,均占全市 20%份额。总体上看,四季度末各面积段占比较上季度末变化不大。

从存量房型结构上看,一房存量套数 6 784 套,从三季度末 6.9%的比重上扬至目前的 8.27%,在各个房型中上扬幅度最大。二房存量套数为 22 172 套,占比 27.03%,较三季度末下滑近 2 个百分点。另外,三房存量套数占比也有小幅下滑。别墅类房型截至 2015 年年末存量套数达 20 524 套,占全市比重 25.02%,较三季度末小幅上扬 0.62 个百分点。

70—90 平方米、90—110 平方米,是市场最受欢迎的房源面积段,二房房型也多汇集在这两个面积区间。四季度末二房、三房房型比重略有减少,而一房和别墅类房型套数占比相应小幅增加,可见,符合基本居住需求的二房、三房房型依然是市场主力。

同策咨询研究部认为,改善型购房将成为今后一大购房主力,今后三房户型去化速度将加快,存量结构或将改变。

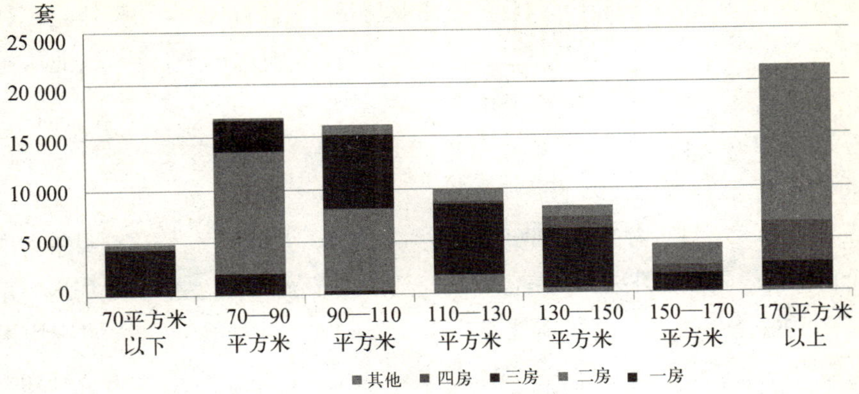

图 3-31　上海市商品住宅存量面积段结构(按套数)

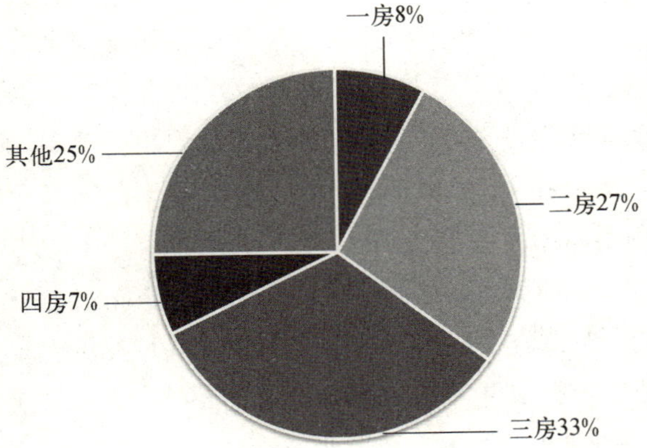

图 3-32　上海市商品住宅存量房型结构(按套数)

数据来源：同策咨询研究部，佑威系统。

三、商业房地产市场

(一) 量价走势——2015 年供应量高位不减，市场成交量上扬乏力

表 3-25　　2015 年上海市商业房地产市场情况

物业类型	2015 年供应面积			2015 年成交面积			2015 年成交均价		
	(万平方米)	环比	同比	(万平方米)	环比	同比	(元/平方米)	环比	同比
商　业	246.87	—	—	136.95	—	+4%	22 695	—	+5%

从2015年整体情况来看,上海市商业房地产市场相比以往整体呈现稳步上扬趋势。2015年全年供应量246.87万平方米,同比持平;全年商业房源成交量为136.95万平方米,同比上扬4%,供需比为1∶0.55,与2014年基本持平。不过,2014年和2015年成交量仍处于近五年内较低水平;从价格上看,均价同比上扬5%,至22 695元/平方米。

2015年12月,上海商业房地产市场供应量出现小幅下滑,优质项目带动成交均价也出现较大幅度升高。同策咨询研究部数据显示,12月上海商业房地产市场有35个项目新获预售许可,新增供应量为23.90万平方米,环比、同比均下滑13%。而成交方面,年尾两个月的高供应量对成交端的提振明显,12月成交面积共20.39万平方米,是2015年单月最高成交量,环比上扬77%,同比仍下滑20%。从价格方面看,12月均价为24 898元/平方米,环比下滑21%,同比小幅上扬3%。

2015年上海商业房地产市场最大的事件就是静安与闸北两区的合并,经历传言、官方否认、再次传出合并,到11月被最终坐实。随着两区合并,将呈现出一个区内两个市级商圈、多个区级商圈并存现象。其中,原静安区未来开业项目的主要着力点在大中里项目上,原闸北区由于此前商业建设进程较慢,未来2年商业项目将纷纷集体亮相。

另一方面,近两年上海商业房地产市场整体成交量相比以往回落明显,在供应量不断推高的同时造成了相当大的去化压力。某种程度上来讲,现今商业地产颓势相比其他物业类型更为明显,购物中心的整体营业水平普遍的面临下滑,电商冲击之下,商业地产的过剩危机已经成为事实。面对当前严峻的市场形势,2015年上海万达广场动作频繁,宝山万达、松江万达、江桥万达百货先后调整,大歌星全撤。万达关百货,在传统商业地产界看来无异于"流血"事件。

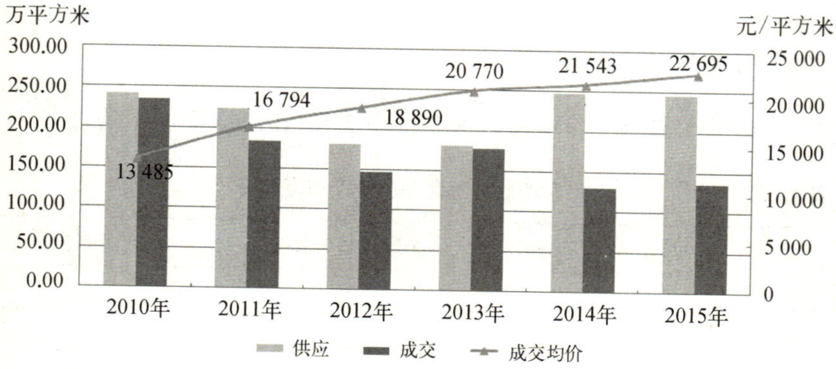

图3-33 上海市商业房地产年度供求及均价走势

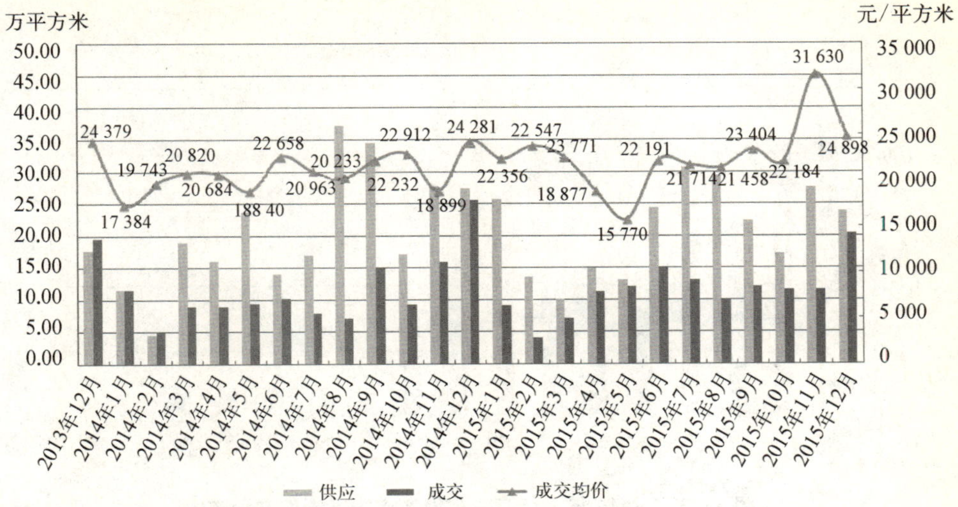

图 3－34　上海市商业房地产月度供求及均价走势

(二) 区域分布——外郊环占比扩大明显，大浦东商业房地产市场尤热

2015 年商业房地产市场成交环线结构出现较大变化，外环线以外区域成交占比较 2014 年出现大幅度扩大，外郊环扩大 11 个百分点至 58%，郊环外成交占比扩大 4 个百分点至 19%。中外环占比缩减最明显，从 2014 年 19%的占比缩减至 2015 年的 8%。

从区县成交分布来看，伴随着自贸区、迪士尼等一系列利好，大浦东商业房地产市场尤热，原浦东和原南汇两区 2015 年累计成交面积分别达 22.28 万平方米和 20.20 万平方米，占据区县前二。全年商业房地产市场的主力仍集中在外郊环，排在大浦东两区之后的分别为青浦、嘉定、闵行和松江。

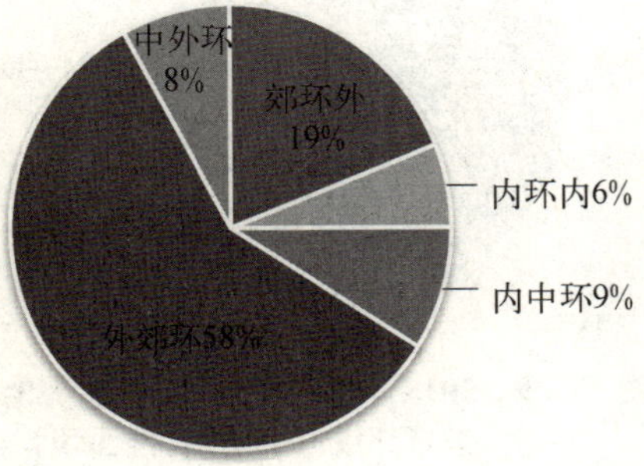

图 3－35　2015 年上海商业房地产市场环线成交结构(按面积)

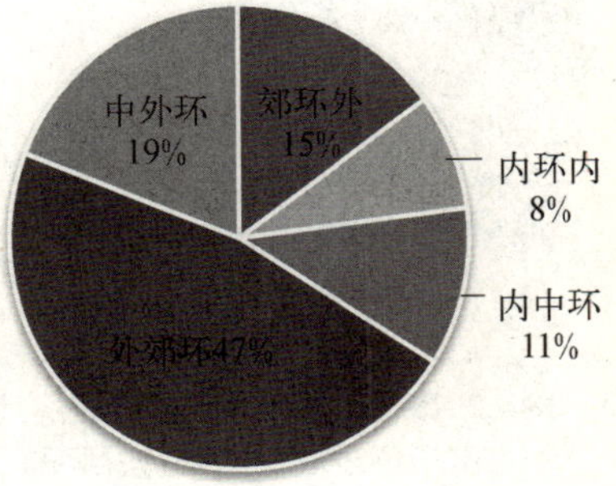

图 3－36　2014 年上海商业房地产市场环线成交结构(按面积)

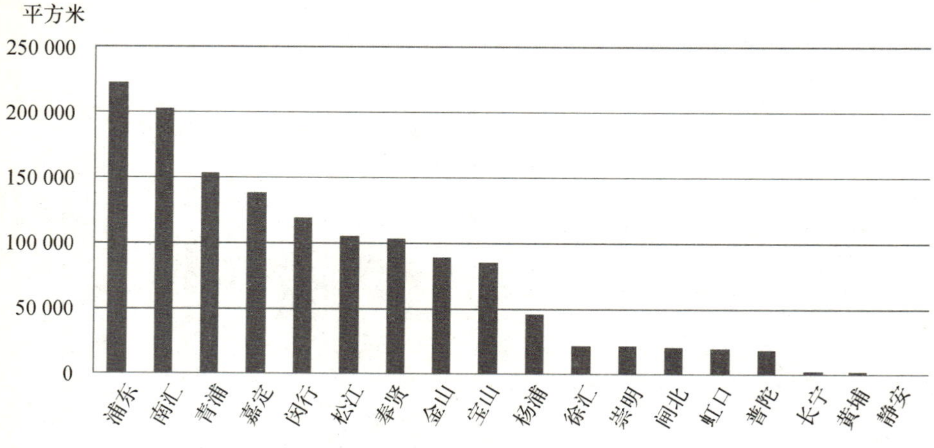

图 3 - 37　2015 年上海商业房地产市场区域成交分布

2015 年 12 月上海市商业房地产市场成交环线结构也出现较大变化。主力区域外郊环间成交占比较上个月出现大幅度缩减,下滑 13 个百分点至 44%,成交商业房源 9.05 万平方米。中外环和郊环外区域成交占比则出现相对扩大。中外环成交 2.36 万平方米,占全市 12%,较上个月扩大 6 个百分点;郊环外内本月成交 4.92 万平方米,占比 24%,较上个月扩大 6 个百分点。均价方面来看,内环内和外郊环均价变动较大,内环内成交均价上扬 29%至 47 265 元/平方米,外郊环环比下滑幅度达到 28%。

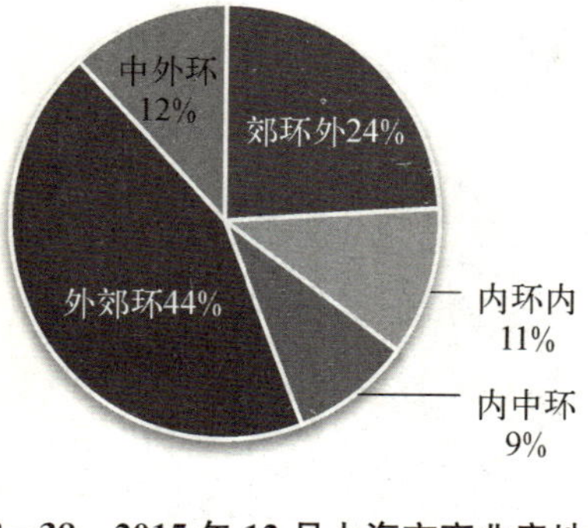

图 3 - 38　2015 年 12 月上海市商业房地产市场环线成交结构(按面积)

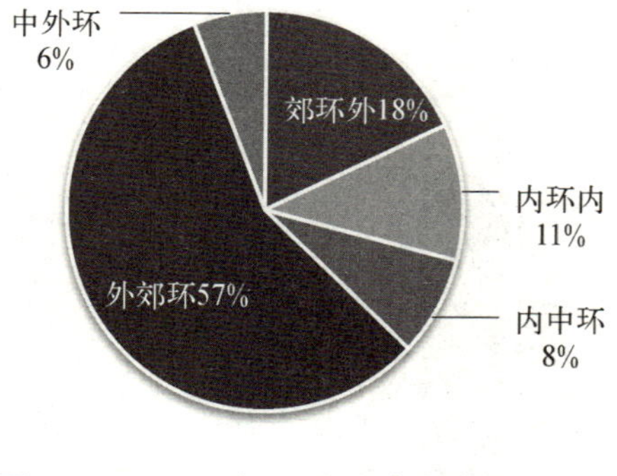

图 3 - 39　2015 年 11 月上海市商业房地产市场环线成交结构(按面积)

(三) 项目排名——祝桥小面积商铺年成交超 2 000 套

2015 年内环内有两个大体量项目集中入市,即陆家嘴板块东方汇广场和

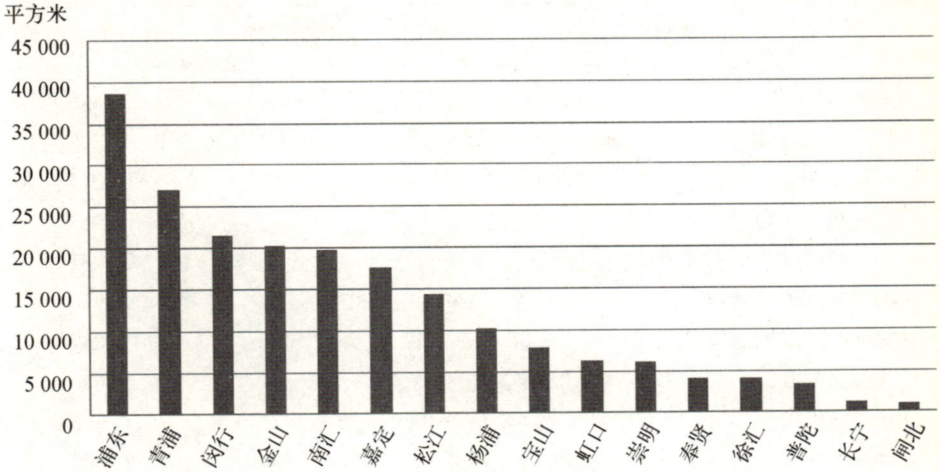

图 3 - 40　2015 年 12 月上海市商业房地产市场区域成交分布

四川北路板块瑞虹新城三号地块超过 6 万平方米商业房源。其他大型入市项目基本处于外环线以外的区域。出于体量的原因，2015 年入市量较大的项目基本以商业广场和专业型商铺为主。成交方面，祝桥板块套均面积 18 平方米的小面积商铺凭借四季度的强势表现，年内累计成交 4 万平方米房源占据销冠位置。

表 3 - 26　　2015 年商业供应面积前十位

楼盘名称	板块	套数	面积(平方米)
新明六一广场	南翔	1 631	107 823
百联崇明综合体	崇明新城	211	65 625
东方汇广场	陆家嘴滨江	59	64 214
瑞虹新城三号地块	四川北路	1	63 058
金山红星国际广场(1＃—2＃)	金山新城	633	50 031
七宝中闻商务广场(东区)	七宝	1	49 992
真如时代生活中心(B2 南块项目)	真如	122	46 287
宝龙商业中心	嘉定主城区	390	45 670
宝龙生活广场	临港新城	473	42 768
嘉定好世商业广场	嘉定主城区	149	39 965

表 3-27　　2015 年商业供应面积前十位

楼盘名称	板块	套数	面积(平方米)
新明六一广场	南翔	1 631	107 823
百联崇明综合体	崇明新城	211	65 625
东方汇广场	陆家嘴滨江	59	64 214
瑞虹新城三号地块	四川北路	1	63 058
金山红星国际广场(1＃—2＃)	金山新城	633	50 031
七宝中闻商务广场(东区)	七宝	1	49 992
真如时代生活中心(B2 南块项目)	真如	122	46 287
宝龙商业中心	嘉定主城区	390	45 670
宝龙生活广场	临港新城	473	42 768
嘉定好世商业广场	嘉定主城区	149	39 965

表 3-28　　2015 年商业成交面积前十位

楼盘名称	板块	套数	面积(平方米)
百业旺商业城	祝桥	2 134	40 069
金碧汇虹苑	金汇	139	39 290
东郊商办中心	张江	27	34 520
奉贤农产品交易市场	南桥新城	362	29 340
硕和商务大厦	黄兴	16	24 861
阳光商业中心	唐镇	284	21 077
九间堂玲珑坊	朱家角	146	20 287
地杰商业大厦	北蔡	134	19 758
大黄馨园	杨行	12	19 405
龙湖郦城	安亭汽车城	2	18 861

从 2015 年 12 月新上市的项目看,大中型商业广场占据主力,金虹桥板块的新华红星国际广场新推整栋商业房源,合计上市面积达到 3.35 万平方米,占据供应榜首位,而第二位和第三位的项目分别为柘林板块的柘林佳源广场、莘庄板块的诺德国际广场,新增供应面积均在 2 万平方米以上。其中,莘庄板块的诺德国际广场 81 套房源共计 2.04 万平方米获批,项目紧靠莘庄交通枢纽,中铁诺德国际广场由 3 大立体交通枢纽覆盖,有 5 个产业园区支撑,5 条轨

交环伺，8 种交通出行，8 条高速道路通往长三角，多个亿元企业总部聚集周边，12 月 10 日开盘。供应前五的项目中闵行区占据五席，分别分布在金虹桥板块、莘庄板块和浦江板块。

12 月住宅配套商铺和商业广场类项目成交表现居前，位列前两位的北蔡板块的莲康苑和金虹桥板块的新华红星国际广场，两项目成交面积分别为 9 729 平方米、7 338 平方米，金山中部板块和赵巷板块成交单套超过 5 000 平方米商铺。

表 3 - 29　　2015 年上海市商业成交面积前十位

楼盘名称	板块	套数	面积(平方米)
百业旺商业城	祝桥	2 134	40 069
金碧汇虹苑	金汇	139	39 290
东郊商办中心	张江	27	34 520
奉贤农产品交易市场	南桥新城	362	29 340
硕和商务大厦	黄兴	16	24 861
阳光商业中心	唐镇	284	21 077
九间堂玲珑坊	朱家角	146	20 287
地杰商业大厦	北蔡	134	19 758
大黄馨园	杨行	12	19 405
龙湖郦城	安亭汽车城	2	18 861

表 3 - 30　　2015 年上海市商业供应面积前十位

楼盘名称	板块	套数	面积(平方米)
新华红星国际广场	金虹桥	392	33 565
柘林佳源广场	柘林	133	28 626
诺德国际广场	莘庄	81	20 400
一品漫城五期	浦江	193	15 431
虹桥搜候商务广场	西郊	1	13 922
万和广场	九亭	136	12 492
云间新天地广场	松江中部	149	9 077
阳光华庭	临港新城	125	8 309
宝悦华庭	杨行	46	7 520
菁英悦都(商业办公项目)	南翔	124	7 434

表 3-31　　2015 年 12 月上海市商业成交面积前十位

楼盘名称	板块	套数	面积（平方米）	均价（元/平方米）
莲康苑	北蔡	29	9 729	9 600
新华红星国际广场	金虹桥	96	7 338	44 886
世茂天马假日城	佘山	99	6 705	18 865
张堰镇配套商品房工程	金山中部	1	6 500	1 922
上海北竿山国际艺术中心	赵巷	1	5 050	14 211
紫迪兰庭	金山中部	7	4 826	11 683
东庭悦江苑	唐镇	4	4 011	15 903
宝龙生活广场	临港新城	50	3 909	21 673
金海商业广场	金桥	10	3 854	17 661
上海国际建材家居品牌中心	青浦北部	89	3 672	24 648

(四) 存量情况——连续 15 个月上扬,商业房地产存量达 1 030.60 万平方米

从商业房地产市场来看,2015 年 12 月底可售余量继续抬升,达 1 030.60万平方米,连续 15 个月小幅环比上扬,12 月环比上扬 1 个百分点,较 2014 年同期来看上扬幅度则达到 15%。从存量结构上看,内环内商业房地产可售余量为 139.67 万平方米,环比持平,同比上扬 17%,占全市 14%的比重;内外环商业房地产可售余量为 196.68 万平方米,环比上扬 2%,同比上扬 6%,占全市 19%的比重;外环外商业房地产可售余量为 694.25 万平方米,环比上扬 1%,同比上扬 18%,占比超过全市的三分之二。从板块分布上看,存量前 10 的板块均位于外环以外,其中嘉定主城区存量 55.35 万平方米,比第二的惠南板块多出 10 万平方米。外郊环区域整体去化比较困难,2015 年的主力成交项目除了定位明确的专业型商铺外,主要集中在人口聚集的成熟老城。

同策咨询研究部指出,商业房地产市场持续呈现供大于求的态势,致使存量一再上扬,按照近 3 个月的平均去化速度,当前商业房地产存销比高达 71 个月,虽然较 2015 年 11 月下滑了 15 个月之多,但仍处于高位。目前外环外区域库存仍偏高,在 2014 年 7—9 月和 2015 年 6 月以后区域存量有两次明显的抬升,也是上海商业房源市场库存量居高不下的主因。

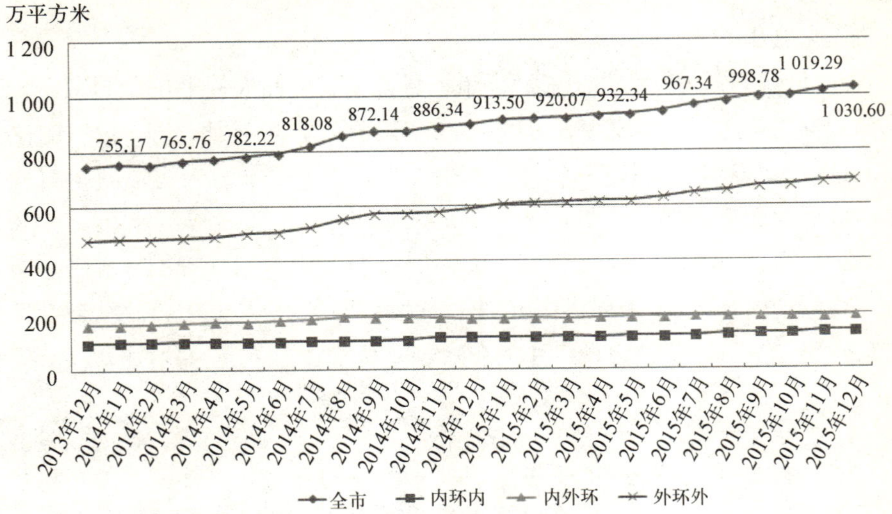

图 3-41 上海市商业房地产各环线可售余量走势

四、办公房地产市场

(一) 量价走势——写字楼整购与酒店式公寓两头热，全年办公房地产市场供、求、价三方面均达到历史峰值

表 3-32 2015 年上海市办公房地产市场概况

物业类型	2015 年供应面积			2015 年成交面积			2015 年成交均价		
	（万平方米）	环比	同比	（万平方米）	环比	同比	（元/平方米）	环比	同比
办公	374.89	—	+77%	318.57	—	+68%	30 318	—	+18%
其中：酒店式公寓	125.47	—	+39%	112.12	—	+55%	21 065	—	+13%

2015 年上海有累计新增供应量 374.89 万平方米的办公物业上市，同比上扬 77%；成交面积 318.57 万平方米，同比上扬 68%；均价同比也实现上扬 18%，至 30 318 元/平方米。供、求、价三方面均达到历史峰值。同策咨询研究部指出，在大体量写字楼整购带动下，2015 年全年上海办公房地产市场成交量价均达历史峰值，全年供求比为 1∶0.85，较 2014 年全年的 1∶0.89 基本持平，不过，中央商务区与新兴商务区写字楼的成交与空置率仍呈现明显两极分

化的情况，并且未来新增供应集中在新兴商务区，区域内的项目同质性较高，竞争压力会更加大。

2015年12月，上海办公房地产市场量价呈现全面大幅上扬。同策咨询研究部数据显示，12月共成交办公物业53.63万平方米，环比上扬63%，同比大幅上扬1.17倍，当月超过50万平方米的成交量也刷出了近两年的新高。成交均价环比大幅上扬40%，至35 717元/平方米。

2015年12月办公房地产市场被中心城区“高大上”的项目承包，成交前三项目均位于内环内，前十项目中五个位于中环以内，12月去化的冠军和榜眼尚悦东广场和上海国际航运服务中心(东块)单价都在6万元/平方米以上。

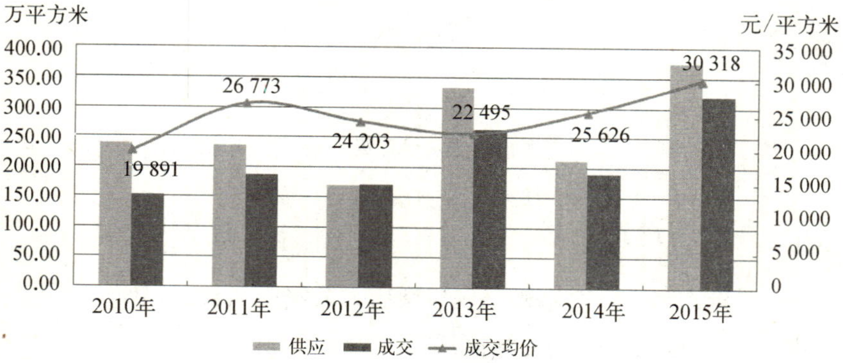

图3-42 上海市办公年度供求及均价走势

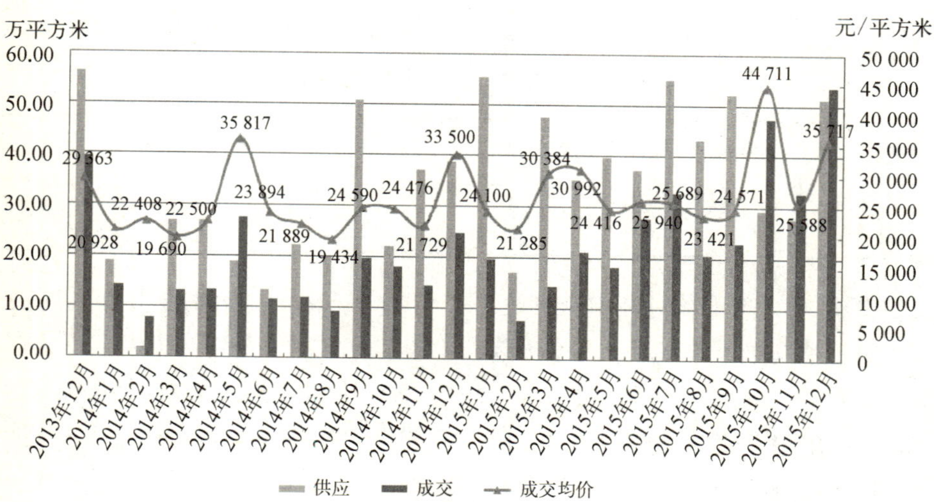

图3-43 上海市办公月度供求及均价走势

在下半年强势的市场带动下，2015 年全年酒店式公寓成交 112.12 万平方米，同比实现 55%的大幅上扬，均价也上扬 13%，至 21 065 元/平方米，上扬幅度稍逊于商品住宅市场。

从酒店式公寓情况看，12 月供应量和成交量分别为 11.79 万平方米、20.37 万平方米，环比分别上扬 472%和上扬 76%，与 2014 年 12 月相比，也分别实现 36%和 276%的上扬。下半年上海市酒店式公寓市场保持火热，12 月更是创出天量。当月酒店式公寓成交面积占整体办公房地产市场成交面积为 38%，较上个月小幅提升 3 个百分点。12 月酒店式公寓成交均价为 24 988 元/平方米，环比上扬 15%，同比上扬 25%。

由于上海商品住宅市场均价持续走高，而酒店式公寓产品无论在总价还是在均价上，与 70 年产权住宅差距进一步拉大，对于未交满社保期限的新上海人来说，低总价、出行方便的酒店式公寓成为他们的购房首选。

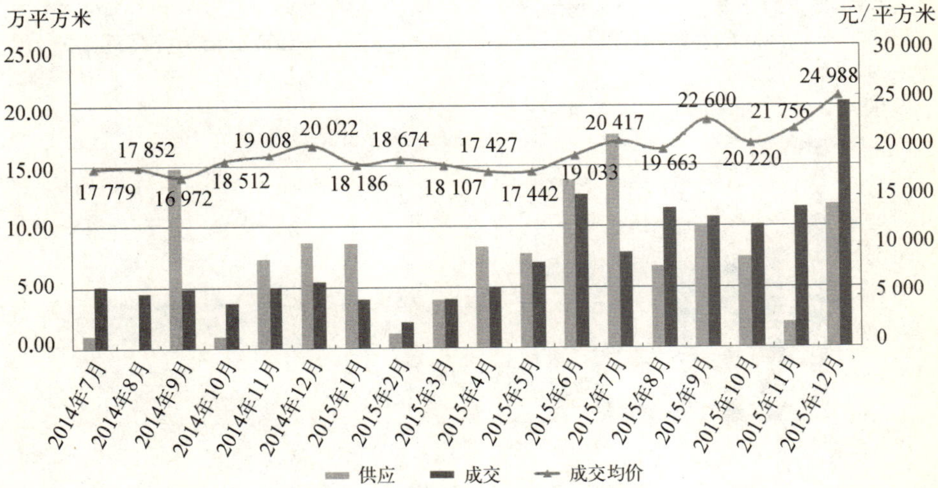

图 3-44　上海市酒店式公寓月度供求及均价走势

(二) 区域分布——浦东闵行成交领先，全年内环内结构占比 1/4

2015 年上海内环内区域办公房地产成交占比同样呈现明显扩大的态势，全年成交 73.59 万平方米，占比 23%，相比 2014 年扩大 13 个百分点。陆家嘴滨江、外高桥、北外滩、彭浦、华漕、金虹桥这些板块办公房地产市场持续火热，2015 年以来出现多出现写字楼整购交易。浦东新区为例，受“自贸区＋科创中心”双驱动利好影响，浦东办公需求前景被一致看好，浦东陆家嘴滨江板块内的尚悦中心和银城商务广场分别以 66.59 亿元和 89.52 亿元占据2015年整购项目成交金额榜首。未来浦东将成为上海科技创新中心的核心功能区,将发展大量的一流企业、一流研发机构,全面推进上海经济建设。必然会带动企业、人才、资源等的快速导入,势必进一步促进浦东写字楼需求上升。

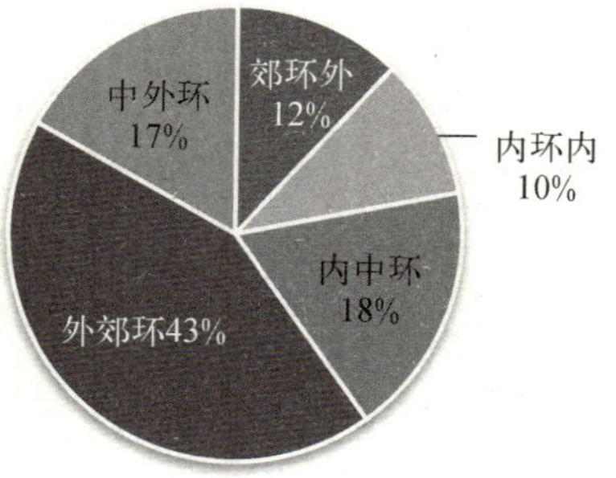

图3-45　2015年上海市办公房地产市场环线成交结构(按面积)

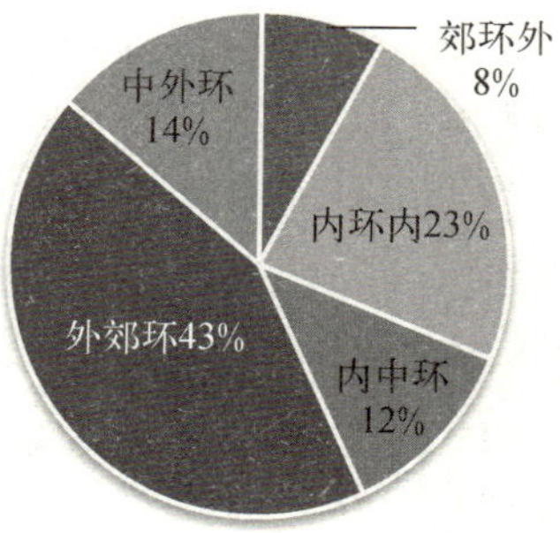

图3-46　2014年上海市办公房地产市场环线成交结构(按面积)

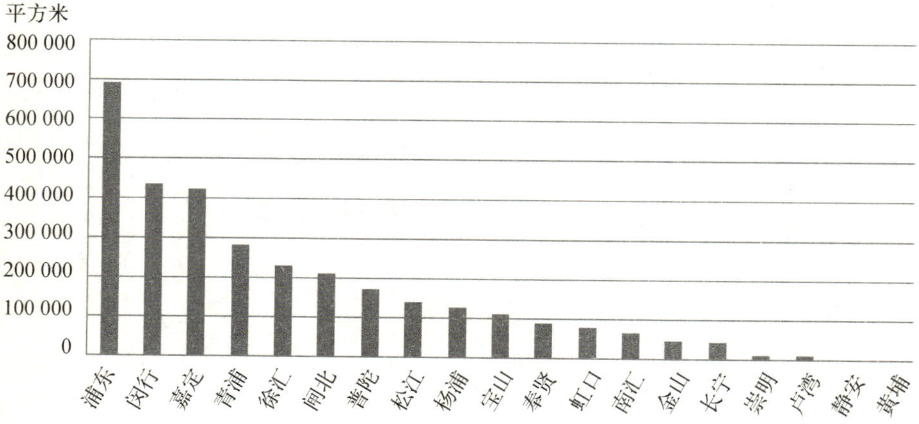

图3-47　2015年上海市办公房地产市场区域成交分布

2015年12月上海市办公房源内环内占比明显扩大,成交16.17万平方米,占全市30%,较11月大幅扩大23个百分点,由于内环内占比的明显扩大,其他各环线成交占比均出现不同程度的下滑。全市各区县中原浦东表现最为杰出,全区共成交办公物业12.06万平方米。位于第二、第三位的分别为闵行区和嘉定区,嘉定区酒店式公寓仍是助力该区成交居前的主要因素。而浦东和闵行均由区域内写字楼集中成交带动。

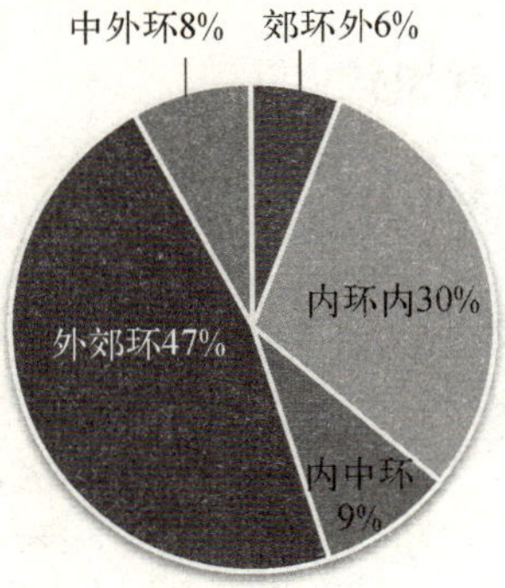

图 3-48　2015 年 12 月上海市办公房地产市场环线成交结构(按面积)

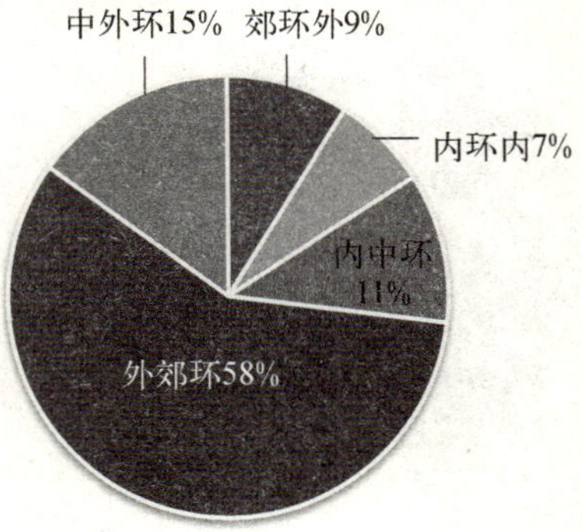

图 3-49　2015 年 11 月上海市办公房地产市场环线成交结构(按面积)

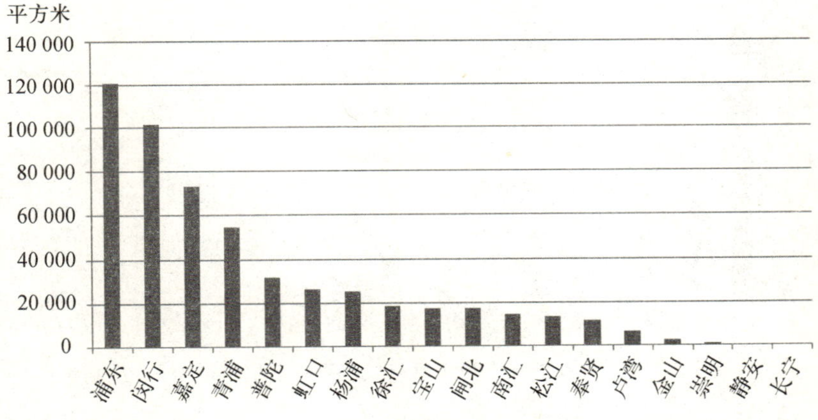

图 3-50　2015 年 12 月上海市办公房地产市场区域成交分布

2015 年上海市各环线酒店式公寓成交的占比与 2014 年基本一致，成交主力依然在外郊环，各区域成交占比也没有太大变化。嘉定区全年成交酒店式公寓 5 883 套、30.80 万平方米，超出身后的青浦、原浦东区两倍多。

嘉定区酒店式公寓房源在供应和成交两端均占据上海主角地位，但是供应大于需求的状况还将在一段时期内维持，去库存仍然面临的比较大的问题。

从酒店式公寓市场表现看，2015 年 12 月酒店式公寓的成交主力依然是外郊环区域。同策咨询研究部数据显示，2015 年 12 月外郊环酒店式公寓去化 2 194 套、11.54 万平方米，占全市 57%，较上个月基本持平。嘉定区以 730 套、4.33 平方米的销量遥遥领先于其他区县。

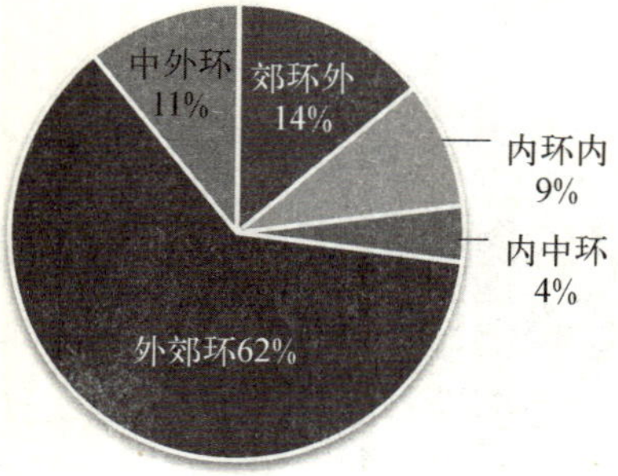

图 3-51　2015 年上海市酒店式公寓市场环线成交结构(按面积)

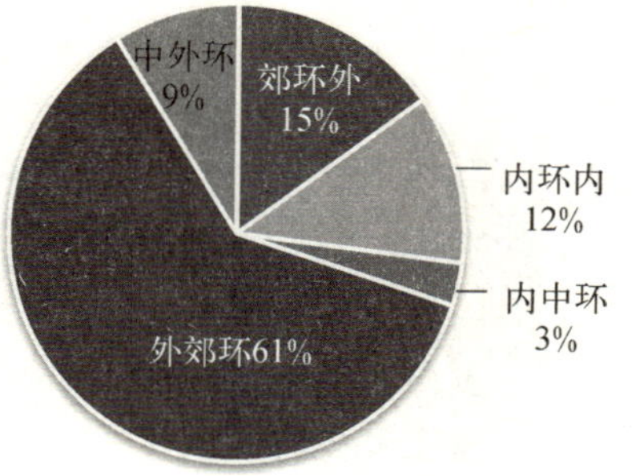

图 3-52　2014 年上海市酒店式公寓市场环线成交结构(按面积)

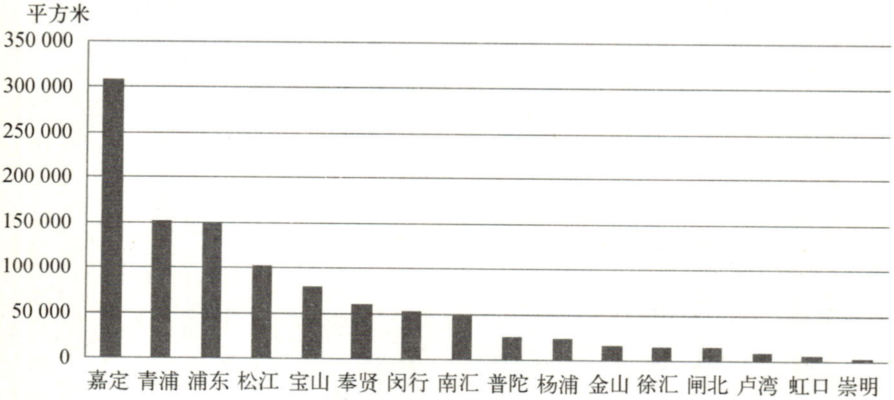

图 3-53　2015 年上海市酒店式公寓市场区域成交分布

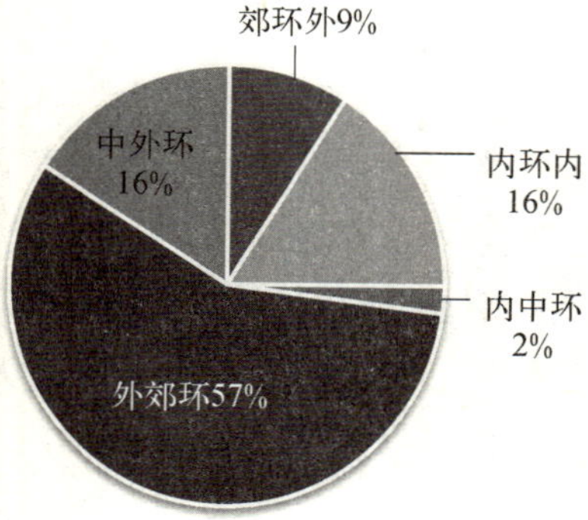

图 3-54　2015 年 12 月上海市酒店式公寓市场环线成交结构(按面积)

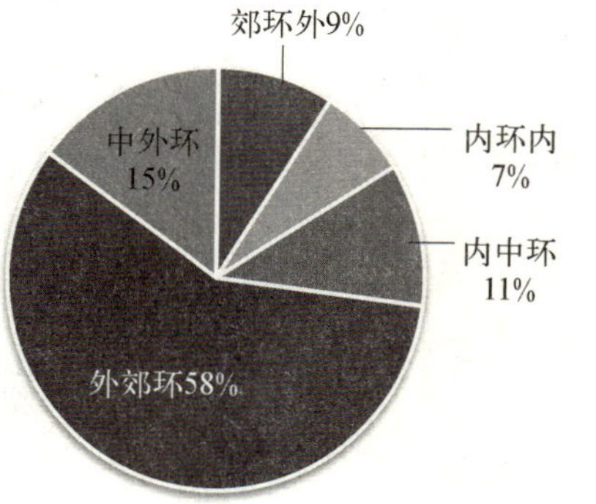

图 3-55　2015 年 11 月上海市酒店式公寓市场环线成交结构(按面积)

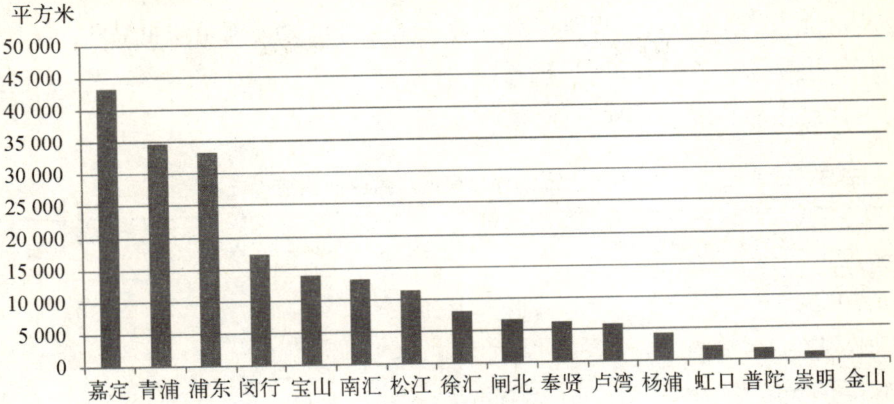

图 3-56　2015 年 12 月上海市酒店式公寓市场区域成交分布

(三) 项目排名——2015 年内环内高端写字楼整购热

2015 年上海市入市体量最大的项目是浦东陆家嘴板块的尚悦中心，累计入市房源 25.87 万平方米。2015 年 12 月办公项目供应的最大主力来自华漕板块的中骏广场(03 地块)，推出 279 套房源，共计 8.48 万平方米，遥遥领先于其他项目。陆家嘴、黄浦滨江这些上海的商务中心是一直以来写字楼供应的主力板块。随着虹桥、莘庄等城市副中心建设的推进，华漕、莘庄等外郊环板块也成为 2015 年写字楼的供应的主力区域。

从成交层面看，排行前三位的项目由内环内承包，分别为陆家嘴滨江板块的尚悦东广场和北外滩板块的上海国际航运服务中心(东块)以及东外滩板块上粮大厦。两个酒店式公寓项目入榜，分别是青浦北部板块宝龙城和南翔板块爱 ME 城市(新影商务中心)。2015 年多次出现整购的尚悦中心成交 25.83 万平方米远超身后的其他项目。排在第二的是南站板块的徐汇万科中心，成交 165 套、9.55 万平方米房源。龙湖北城天街(宝山龙湖天街商业中心)2015 年 7 月开盘以来成交酒店式公寓 1 222 套、4.84 万平方米，在成为 2015 年最热销的酒店式公寓的同时也进入了办公房源总成交前十。除该项目外，新城金郡 M11 金座(新城金郡园)、宝龙城、MAX 未来(陶乐生活广场)也进入前十榜。大宗写字楼整购和酒店式公寓成交的“两头热”成为 2015 年办公房源的主要特征。

顾村板块的龙湖北城天街(宝山龙湖天街商业中心)和嘉定主城区板块的新城金郡园等酒店式公寓项目均遭遇开盘即遭抢的火热行情。在住宅市场大热的2015年,类住宅也受到热捧,酒店式公寓项目为购房条件尚受限制,或者是购房能力不足的群体,提供了另一种选择。酒店式公寓由于低总价,易出租的特性也是不少人青睐的投资方式。面对非住宅用地的高库存问题,这是此类房地产去库存的另一种路径。

表3-33　　2015年上海市办公房地产供应面积前十位

楼盘名称	板块	套数	面积(平方米)
尚悦中心	陆家嘴滨江	99	258 742
绿地融信商业中心	徐泾	1 058	190 290
外滩国际金融服务中心	黄浦滨江	74	155 682
新江湾城科技广场	新江湾城	279	154 695
中骏广场(03地块)	华漕	433	135 690
虹桥绿谷广场	华漕	181	133 552
莘庄丰树中心	莘庄	42	99 921
徐汇万科中心	南站	168	96 397
外滩搜候广场(黄浦区204地块项目)	黄浦滨江	145	87 248
虹桥万科中心	华漕	154	82 742

表3-34　　2015年上海市办公房地产成交面积前十位

楼盘名称	板块	套数	面积(平方米)	均价(元/平方米)
尚悦中心	陆家嘴滨江	96	258 277	60 444
徐汇万科中心	南站	165	95 529	35 314
中环协信中心	彭浦	91	59 363	23 306
虹桥协信中心	华漕	143	59 317	29 583
尚悦东广场	陆家嘴滨江	19	58 565	62 270
宝山龙湖天街商业中心	顾村	1 222	48 405	18 064
新城金郡园	嘉定主城区	899	44 292	13 377
宝龙城	青浦北部	771	42 631	11 948
陶乐生活广场	江桥	888	42 036	15 596
恒基旭辉中心	华漕	185	41 876	35 047

表 3－35　　2015 年 12 月上海市办公房地产供应面积前十位

楼盘名称	板　块	套　数	面积(平方米)
中骏广场(03 地块)	华漕	279	84 780
尚悦东广场	陆家嘴滨江	19	58 565
新华红星国际广场	金虹桥	522	39 165
崧泽华城宝龙商业广场	青浦新城	511	33 575
新影商务中心(一期)	南翔	564	33 047
金融街融汇广场(梅村地块)	曹家渡	87	32 684
鑫品商务广场	嘉定主城区	565	28 263
阳光商业中心	唐镇	626	28 071
上海国际航运服务中心(东块)	北外滩	21	23 221
保利绿地广场	东外滩	62	20 500

表 3－36　　2015 年 12 月上海市办公房地产成交面积前十位

楼盘名称	板　块	套　数	面积(平方米)
尚悦东广场	陆家嘴滨江	19	58 565
上海国际航运服务中心(东块)	北外滩	21	23 221
上粮大厦	东外滩	15	18 991
浙铁绿城长风企业中心	长风	27	18 150
虹桥绿谷广场	华漕	9	17 860
中骏广场(03 地块)	华漕	58	17 378
宝龙城	青浦北部	379	17 104
新影商务中心(一期)	南翔	266	16 036
恒基旭辉中心	华漕	64	14 887
海航大厦	陆家嘴滨江	6	14 012

(四) 存量情况——存量平稳下滑，存销比仅 20 个月

上海市办公房地产市场方面，可售余量延续上月走势小幅下滑。同策咨询研究部数据显示，截至 2015 年 12 月底，上海办公房地产市场可售余量环比下滑 0.07 个百分点，至 927.75 万平方米，但与 2014 年同期相比，上扬幅度仍然达到 31%。

其中，内环内办公可售余量为 255.72 万平方米，环比下滑 0.17%，同比上扬18%;内外环办公可售余量为261.78万平方米,环比下滑1.66%,同比上扬24%;外环外办公可售余量410.26万平方米,环比上扬1.04%,但同比上扬幅度在各环区中居首位,达46%,并占到全市44%的份额。

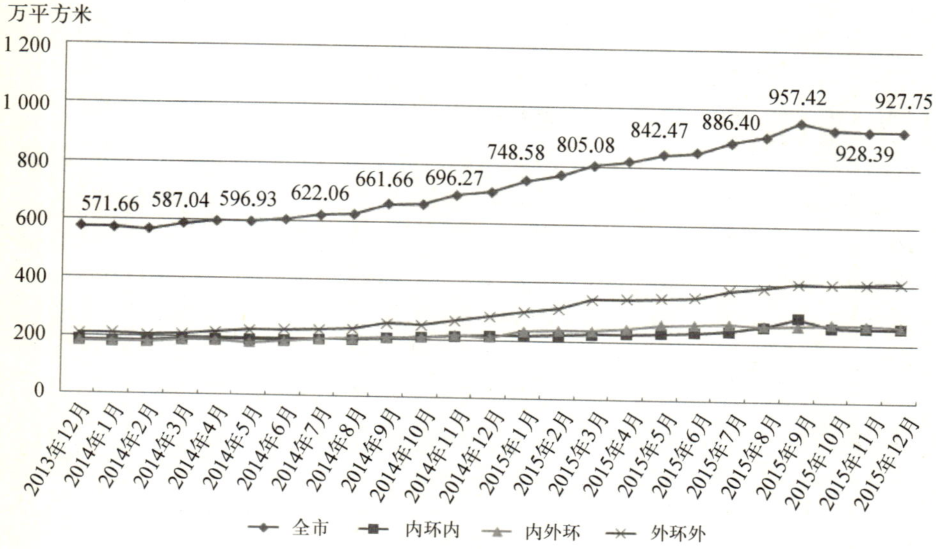

图3-57 上海市办公房地产各环线可售余量走势

五、2015房企商品房、商品住宅销售排名

2015年楼市是上海房地产历史上的"大年"。在经历第一季度低迷之后,"330新政"出台,央行累计六次降息、五次全面降准,"救市"政策频发。无疑,对上海这样的一线城市来说,就像打了一剂强心针。从销售表现来看,2015年5月份上海市商品住宅成交总量高达142.57万平方米,成为2010年以来"最强"5月。下半年以来市场热度继续提升,10月份全市商品住宅去化151万平方米,环比、同比分别上扬7%和38%,并创下2013年4月以来成交量的新高。从2015年12月情况看,全市商品住宅成交量达188.65万平方米,创下2009年8月以来的新高,而全年销售面积达1 500.22万平方米,成交均价达32 174元/平方米,成交量同比上扬55%,成交面积的表现仅次于2007年和2009年。

那么,从房企排名来看,2015年全年发生了哪些变化呢?高端楼盘开发商是否真正如其项目表现,逐渐走强呢?2015年上海楼市谁主沉浮?

(一)"老大"地位终于易主,多家房企新入前十位榜

从2015年全年上海房企商品房销售金额来看,"老大"地王终于易主。

万科2015年抢眼的表现，使其以279.80亿元的销售业绩荣登榜首位置，而之前持续霸占首席的本土房企绿地集团，则以261.15亿元的销售金额甘拜下风。

同策咨询研究部数据显示，万科、绿地、中信泰富分列全年销售金额的冠亚季军。融创和绿城的融绿平台解体后，2015年融创上海完成商品房销售金额121.22亿元，融创上海的销售金额暂时被挤出前三甲，跌至第五位。

从商品房销售金额榜单看，2015年第三位的中信泰富、第七位的仁恒、第八位的宝华，以及第九位的上海地产(集团)，都在2015年新入前十位榜，其销售金额同比去年出现暴增。其中，中兴泰富增幅达到10倍以上，仁恒达2.19倍，宝华达4.62倍，中信泰富凭借嘉定主城区的中信泰富又一城综合体项目、朱家角新城，以及陆家嘴板块的浦江双辉大厦，在2015年销售表现杰出。上海地产(集团)在2015年的多个中高端项目，包括毗邻长风生态商务区的上河湾、陆家嘴北滨江板块的地产尚海郦景，以及南站商圈的徐汇公园壹号，纷纷上马，并取得较好的销售业绩，直接拉动这家国资背景的企业挤入前十位。

表3-37　　2015年上海房企商品房销售金额前十位

房　企	销售套数	销售面积(平方米)	销售金额(亿元)
万科	6 086	759 288	280
绿地控股	9 412	993 365	261
中信泰富	1 038	448 139	229
保利地产	2 095	302 851	144
融创上海	1 292	239 703	121
上海大华	1 958	270 506	119
仁恒置地	1 530	256 089	112
宝华集团	1 120	186 152	105
上海地产(集团)有限公司	1 475	235 610	98
中海地产	2 052	253 331	97

(二) 万科荣膺商品住宅市场头把交椅，销售金额同比增幅52%

从上海商品住宅市场销售金额来看，绿地"老大"地位已经被万科取代，万科全年以225.99亿元的销售金额荣膺商品住宅头把交椅，而绿地则落后其68

亿元,失去了上海商品住宅市场之前持续保持的“老大位置”,位列第二。上海大华表现抢眼,从2014年的第六位跃升至2015年的第四位。

值得注意的是,各房企之间的差距开始拉大,尤其是位于首位的万科,2015年商品住宅销售金额同比增幅达52%,销售金额远远领先与其他房企。同时,由于2015年成为上海房地产历史上的“大年”,各家房企利用政策和市场给予的放量“窗口期”积极跑量,导致7家房企进军百亿军团,而去年只有4家。

此外,融创和绿城(融绿平台)“分手”后,融创上海以104.59亿元的销售金额,位列商品住宅市场销售金额的第七位置。而2014年融绿平台为上海商品住宅的销售冠军,相比之下,融创上海在2015年上海楼市的表现不如之前。

表3-38　2015年上海房企商品住宅销售金额前十位

房　　企	销售套数	销售面积(平方米)	销售金额(亿元)
万科	5 244	595 037	226
绿地控股	6 458	654 695	158
保利地产	1 921	265 111	115
上海大华	1 778	247 939	115
仁恒置地	1 496	252 167	110
宝华集团	1 112	184 858	105
融创上海	1 158	199 934	105
上海地产(集团)有限公司	1 455	233 844	98
陆家嘴	1 644	192 907	91
中海地产	1 646	222 970	85

(三)市场集中度短期内有所回落

2015年上海楼市在一系列“救市”政策下逐渐回暖,并且在下半年呈现出量价齐升的趋势,此时,房企加速推盘跑量,激烈市场竞争导致市场销售分流,房企商品房销售的市场集中度短期内有所回落。2015年,在上榜企业商品房销售面积集中度方面,前十位企业市场份额为21%,比2014年下滑了8个百分点;商品房销售金额集中度方面,虽然2015年前十位企业销售总金额出现36%的明显上扬,但集中度则从上一年的34%跌落至26%,这主要是由于

2015年商品房市场供求两旺，销售金额出现大幅上扬，增幅达近8成，成交总金额的增加稀释了集中度的表现。

从2015年上海商品房的销售金额来看，万科、绿地、中信泰富三家房企都达到了200亿元以上，另有五家房企在100亿—150亿元之间。除此之外，上海其他各大房企销售金额较为接近，市场均匀地分布于这些房企之间，集中度较低。

万科销售金额在2015年赶超绿地，这说明房企之间的暗战并没有停止，竞争正进一步加剧。前十榜单中的各家企业排名随时都在发生变化。

尤其是在上海，由于土地供应面积持续减少、品牌房企积极布局，上海的土地资源势必会分散到更多的房企手中，从而影响以后的销售表现。如今，我们看到在上海房地产市场中遍布着各类型房企的身影，其中港资房企是最早进入上海拓展的，另外央企派、京派房企、华东派房企、华南派房企、闽系房企都想在上海的“黄金宝地”上争一席之地。从上述分析来看，房企的激烈竞争也会导致上海楼市房企销售集中度出现下降。

此外，2014年市场低迷，中小房企在上海市场竞争中处于下风，销售业绩并不景气，市场主要集中于资金雄厚的大牌房企，导致市场集中度走高，而2015年市场在一系列“救市”政策下逐渐回暖，“地王”频出又拉动房价继续上扬，中小房企在楼市利好背景下销售业绩有所起色，一定程度上也导致市场集中度回落。

表3-39　　2015年上海房企商品房销售面积前十位

房　　企	销售套数	销售面积（平方米）	销售金额（亿元）
绿地控股	9 412	993 365	261
万科	6 086	759 288	280
中信泰富	1 038	448 139	229
保利地产	2 095	302 851	144
旭辉集团	2 981	285 331	83
新城控股	3 231	270 536	48
上海大华	1 958	270 506	119
金地集团	2 237	258 595	64
仁恒置地	1 530	256 089	112
中海地产	2 052	253 331	97

表 3-40　　2015 年上海房企商品住宅销售面积前十位

房　　企	销售套数	销售面积(平方米)	销售金额(亿元)
绿地控股	6 458	654 695	158
万科	5 244	595 037	226
保利地产	1 921	265 111	115
金地集团	2 222	256 471	63
仁恒置地	1 496	252 167	110
上海大华	1 778	247 939	115
上海地产(集团)有限公司	1 455	233 844	98
中华企业	1 323	223 182	71
中海地产	1 646	222 970	85
保利置业	1 691	201 886	55

第二节　2015 年上海商品房区域市场分析

一、商品住宅市场区域分析

(一) 嘉定——2015 年成交面积之冠

同策咨询研究部数据显示,2015 年嘉定区商品住宅去化量达到 202.19 万平方米,居全市各区县首位,占到全市 13%的份额,也是全市唯一一个成交面积超过 200 万平方米的区域。其成交套数也达 18 396 套,同样居全市首位。

嘉定区商品住宅呈现出量价齐升的态势。2015 年的成交量创下历史新高,同比大涨 31%,成交均价也突破 2 万元/平方米大关,达 20 181 元/平方米,同比上扬 8%。但 2015 年供应量却没有出现大幅提升,仅为 144.43 万平方米,落至 2010 年以来新低,呈现供小于求的态势。因而,嘉定区在 2015 年的存量得以积极消化。

从月度走势看,嘉定区从 2015 年二季度起成交量开始猛涨,4 月份就达 20.04 万平方米,达年内第三高位,同比则大涨 82%,随后持续高位震荡,在 7、8 月份略有小幅回落,但在 10 月份又达到 20 万平方米的高位,并且在年末 12 月份环比、同比分别大涨 55%和 45%至 30.21 万平方米,创下历史新高。但从2014—2015年的月度均价走势看，价格涨幅较小，2015年嘉定区商品住宅成交均价为20 181元/平方米，同比上扬8%，远低于全市18%的增幅。

同策咨询研究部指出，虽然嘉定区在2015年随着市场基本面的迅速走高，区域内的成交量也出现了大幅增长，但由于其商品住宅存量基数过高，截至2015年12月底，嘉定区商品住宅存量依旧高达129.91万平方米，位居全市第三位，加上区域大量的二手房存量，致使区域房价上涨缓慢。

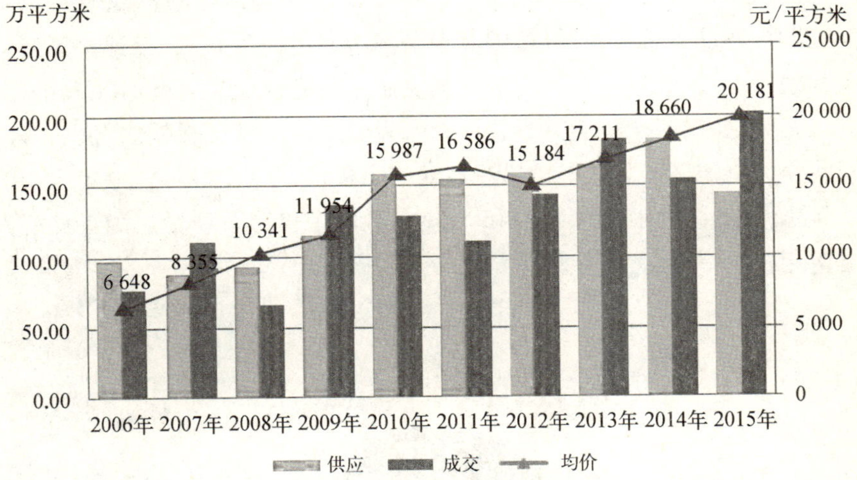

图3-58　嘉定区商品住宅年度供求及均价走势

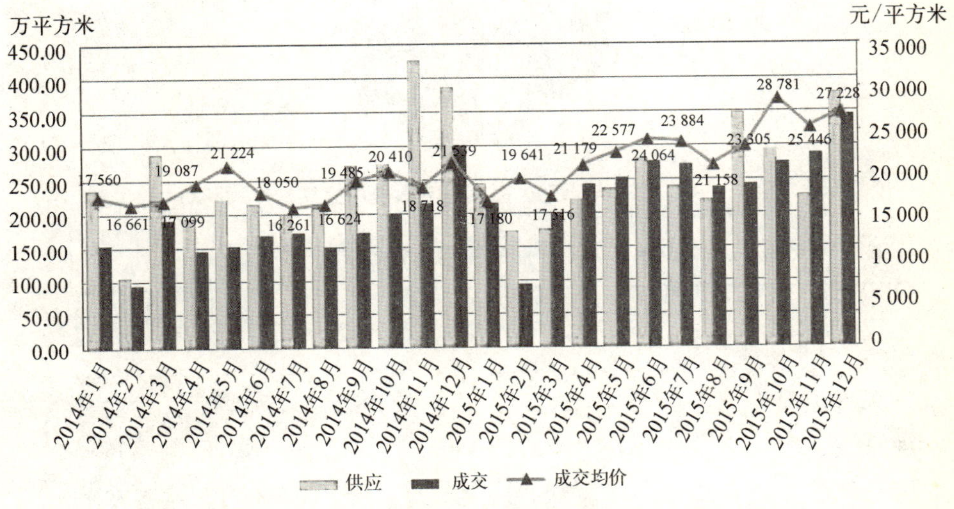

图3-59　嘉定区商品住宅每月供求及均价走势

从 2015 年嘉定区的板块成交结构上看,嘉定主城区仍然以 77.25 万平方米的成交量居板块首位,并占到 38%的份额,但板块内挤入项目前十位榜单的仅有日月光伯爵天地(鼎固君庭)一个项目,但由于板块内项目分布较多,依然助推其荣登板块成交销冠之席。2015 年安亭汽车城板块表现尤为杰出,多个项目基本项目前十位榜单。由于全市房价的整体上扬拉动主城区板块房价上扬至 2 万元/平方米以上,而安亭汽车城板块依旧低于 2 万元/平方米,加上轨交 11 号线给板块出行带来的便捷,地铁上综合体、商业项目的发展也基本能够满足购房者的日常生活所需,因此很多购房者退而求其次,选择价格略低的安亭板块。2015 年全年安亭汽车城板块商品住宅成交量达 66.14 万平方米,占全区三分之一的份额,大有赶超一直领先的嘉定主城区板块之势。另外,南翔板块作为嘉定区商品住宅价格最高的一个板块,表现也不俗,全年成交量达 41.67 万平方米,占比 21%。2015 年嘉定区的销售冠军项目三湘森林海尚也来自南翔板块,全年去化面积达 6.23 万平方米,461 套。

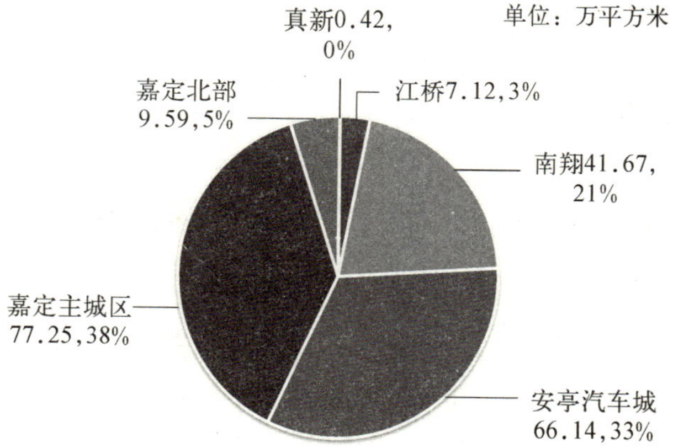

图 3-60 2015 年嘉定区商品住宅板块成交结构(按面积)

表 3-41 2015 年嘉定区商品住宅成交面积前十位

楼 盘 名 称	板 块	套数	面积(平方米)	均价(元/平方米)
三湘海尚名邸	南翔	461	62 268	27 958
书香居	安亭汽车城	561	54 792	13 959
恒大名都	安亭汽车城	557	52 952	18 127
江桥新镇 H2 地块新建商品房	江桥	580	52 572	16 012

续表

楼盘名称	板块	套数	面积（平方米）	均价（元/平方米）
嘉定区才科路以西、百安公路以南地块普通商品房项目（君悦华庭）	安亭汽车城	570	47 113	17 181
嘉定萃庭	安亭汽车城	356	46 691	12 960
花香澜庭	安亭汽车城	535	46 000	18 959
曹安景林苑	安亭汽车城	437	43 046	14 071
鼎固君庭	嘉定主城区	430	42 787	18 729
古猗新苑	南翔	460	41 766	25 859

(二) 浦东——2015 年成交金额之冠

同策咨询研究部数据显示，2015 年浦东新区商品住宅去化量达到 174.58 万平方米，居全市各区县第三位；成交总金额达 856.18 万平方米，位于全市首位，高于第二位的闵行区 9 成。

从 2006 年以来浦东新区商品住宅的供求走势来看，2006 年至 2009 年浦东新区处于开发高潮，除了 2008 年市场低位期外，成交量总体呈现高位震荡格局；2010 年则出现大幅回落，成交量仅为 70.22 万平方米；2011 年继续回落至 56.14 万平方米；随后几年出现波动上扬格局；2015 年全年销量达 174.58 万平方米，同比上扬 73%，创下 2010 年以来新高。浦东新区商品住宅基本呈现供求平衡态势，2015 年则出现供小于求的局面，供求比在 1∶1.24。从成交均价上看，2006 年以来，浦东新区价格呈现上扬态势，2015 年均价为 49 189 元/平方米，同比上扬 15%，为 2011 年以来价格增幅最大的一年，但略低于全市 18%的价格增幅。

从 2014—2015 年来的月度走势看，浦东新区从 2015 年 4 月份起成交量开始出现大幅上扬，4 月份成交量达 12.34 万平方米，同比大涨 1.21 倍；随后的 5、6、7 月份更是分别达到了 18.16 万平方米、19.24 万平方米、20.08 万平方米，分别同比上扬 1.89 倍、2.13 倍和 2.14 倍。全年 12 个月中有 9 个月均为供小于求的态势。2015 年 9 月浦东新区集中推出大量新房源，集中在唐镇、花木、川沙、外高桥、洋泾板块，合计上市项目达 8 个，上市面积达 36.23 万平方米，创下 2008 年 10 月以来新高，这也给区域内的年末翘尾打下基础。同策咨询研究部数据显示，2015 年 11 月和 12 月，浦东新区商品住宅成交量分别达到 22.17 万平方米和 19.33 万平方米。其中，11 月同比上扬幅度达 91%，并且四季度在花木、洋泾等板块项目热销带动下，均价突破5万元大关；10月、11月、12月的均价分别达50 528元/平方米、57 291元/平方米和53 378元/平方米。

同策咨询研究部指出，当前浦东新区一手商品住宅可供区域集中在外高桥、唐镇、川沙、张江、花木板块，2015年随着北滨江区域的开发，洋泾板块成为第二个“陆家嘴”豪宅的供应区域，对拉动整个浦东新区房价起到了积极作用。

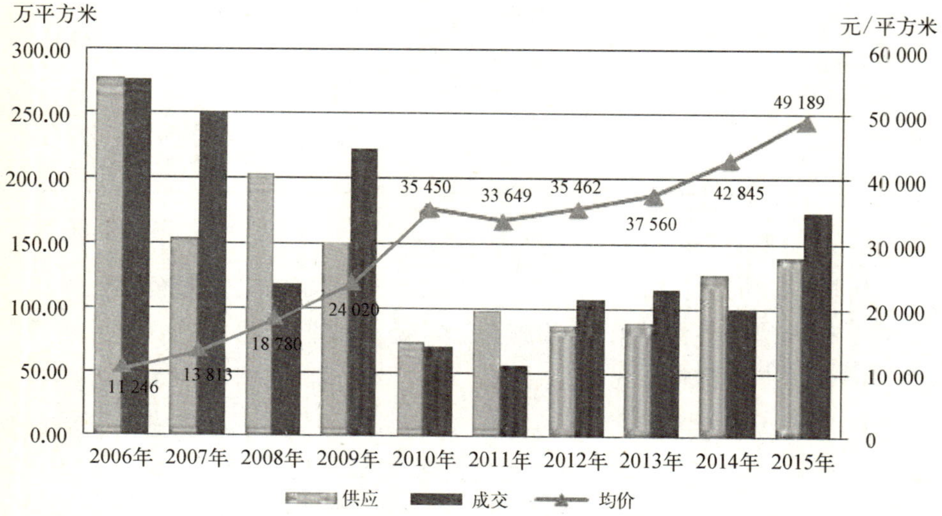

图3-61　浦东新区商品住宅年度供求及均价走势

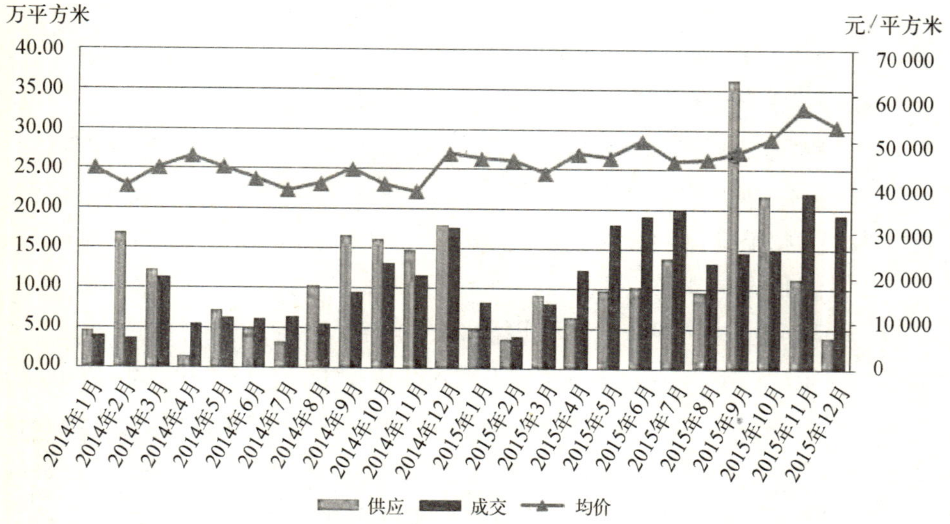

图3-62　浦东新区商品住宅每月供求及均价走势

从2015年浦东新区的板块成交结构上看，唐镇板块以38.24万平方米的成交量居板块首位，并占到22%的份额。作为上海"十二五"规划重点建设新市镇之一，唐镇板块西临张江高科科技园区，南靠迪士尼核心区，北部为上海重点打造的金融信息服务产业基地，东部则是金桥出口加工区，可谓四周环绕的都是"土豪"，区位优势显而易见。随着越来越多的500强企业入驻张江、金桥，中国平安、中国银行、交通银行等金融巨头汇聚金融产业基地，对浦东新区高端住宅的需求一发不可收拾。当前唐镇板块正处于开发中期，虽然已经汇集了部分高端项目，但板块内商业配套欠缺，整体环境仍未完全改善，因此唐镇板块仍有价值挖掘的潜力。

外高桥和花木板块在2015年表现不相上下，分别去化28.76万平方米和27.76万平方米，分别占全区17%和16%的份额。花木板块的陆家嘴锦绣前城（陆家嘴梧桐公寓）全年去化13.08万平方米，夺得区域销冠，在全市排名中居第四位。内环内住宅资源的稀缺正是致使项目热销的主要原因，同时，从项目55 266元/平方米的均价看，在上海内环内高端项目中仍处于低位。外高桥板块的拼接森兰国际社区的发展吸引了越来越多有识之士的入驻，2015年仁恒森兰雅苑、尼德兰花园、森兰名轩项目以骄人战绩位列区域项目前十位榜单。

值得注意的是，一直以二手房支撑的洋泾板块在2015年发力明显，随着陆家嘴滨江板块一手房资源的日益减少，其周边辐射板块价值随之提升，尤其是尚处于开发初期的北滨江板块，凭借临江优势，当前房价已突破10万元/平方米。2015年洋泾板块的万科翡翠滨江（翠璟名庭）以208套、4.64万平方米的销量挤入区域前十位榜单，同时其79 448元/平方米的均价也在前十项目中处于首位。

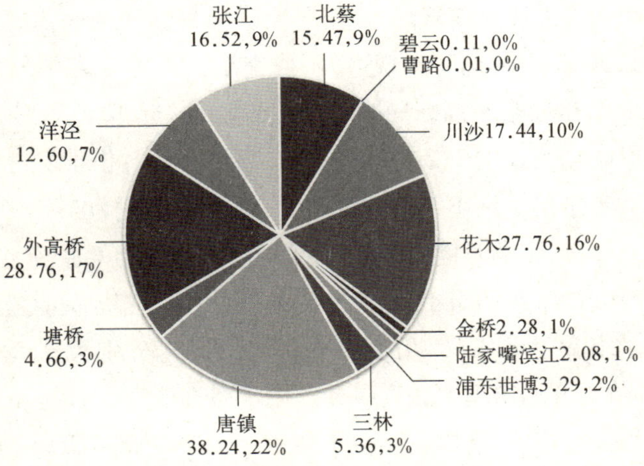

图3-63 2015年浦东新区商品住宅板块成交结构(按面积)

表 3-42　2015 年浦东新区商品住宅成交面积前十位

楼盘名称	板块	套数	面积（平方米）	均价（元/平方米）
陆家嘴梧桐公寓	花木	1 125	130 834	55 266
仁恒东邑雅苑	唐镇	587	79 914	42 369
仁恒森兰雅苑	外高桥	344	78 685	44 310
张江兴科苑	张江	641	77 116	48 530
保集澜苑	唐镇	439	68 179	34 399
谐趣鑫庭	唐镇	576	64 701	26 815
高桥新城	外高桥	509	59 170	28 462
森兰名轩	外高桥	495	58 426	37 091
博景苑	川沙	451	53 165	35 413
翠璟名庭	洋泾	208	46 413	79 448

（三）闸北——2015 年住宅价格增幅居首

同策咨询研究部数据显示，2015 年闸北区商品住宅去化量达到 41.85 万平方米，成交金额达 258.19 亿元，虽在全市各区域中仅位列 11 位，但在中心城区中却表现出彩，成交量和成交金额都居首位。此外，闸北区 2015 年商品住宅成交均价为 61 764 元/平方米，而 2014 年该区的均价仅为 44 326 元/平方米，环比增幅达 39%，在各区域中增幅最大。

从 2006 年以来闸北区商品住宅的供求走势来看，2006 年至 2007 年是闸北区商品住宅市场发展最热的两年，大宁板块的诸多新房均在这两年上市。2008 年至 2014 年板块热度骤降，主要是由于板块新增土地稀缺，商品住宅供应大幅减少。2015 年闸北区实现逆袭，成交量达 37.04 万平方米，同比上扬 75%，创下 2008 年以来新高。同时，房价飞速上扬近 40 个百分点，至 61 764 元/平方米，增幅创下仅次于 2010 年的第二高位。从各年供求对比来看，该区商品住宅多数年份仍呈供小于求的格局，2015 年供求比为 1∶1.13。

从 2014—2015 年的月度走势看，闸北区从 2014 年 6 月份起出现间歇性集中供应，成为拉动 2015 年市场销量的基础。2015 年 4 月起全区成交量大涨，4 月单月去化就达到 5.32 万平方米，环比、同比分别大涨 3.2 倍和 7.13 倍。同时，均价也开始出现大幅度提升。同策咨询研究部数据显示，2015 年 3 月起闸北商品住宅均价突破 5 万元/平方米，8 月起突破 6 万元/平方米，11 月份起突破 7 万元/平方米。2015 年末区域内在售的大宁金茂府价格已达 8 万元/平方米，华侨城苏河湾塔尖住宅项目甚至已达15万元/平方米，闸北房价已与中心城区的黄浦、卢湾、静安比肩。

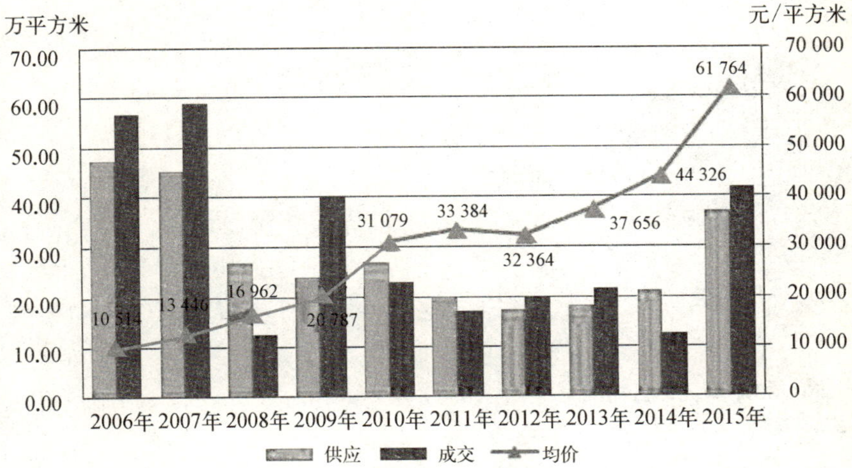

图3-64 闸北区商品住宅年度供求及均价走势

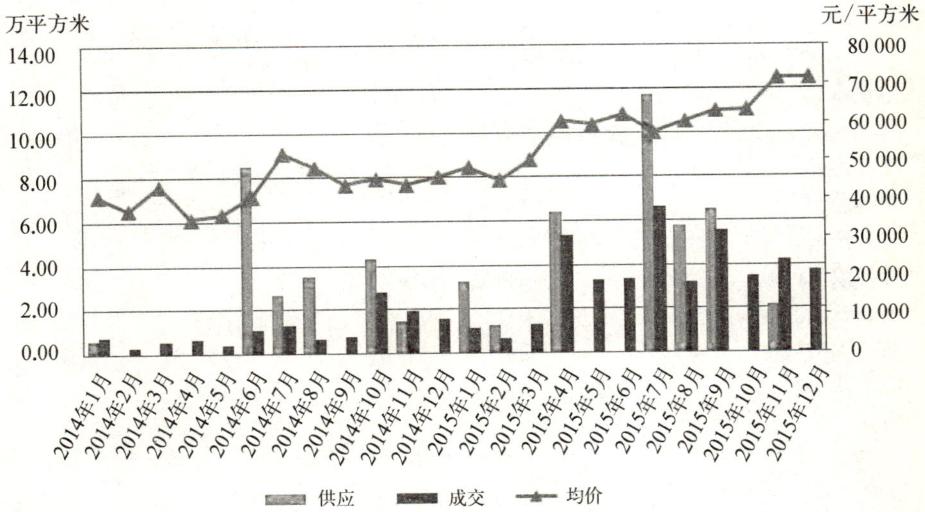

图3-65 闸北区商品住宅每月供求及均价走势

从2015年闸北区的板块成交结构上看，不夜城、彭浦、大宁各分得市场一杯羹，当年成交量分别为16.49万平方米、14.34万平方米、11.02万平方米，分别占全区的40%、34%、26%。从2015年的情况看，大宁板块由于开发较早，多以二手房市场为主，在售主要集中在大宁金茂府和明园森林都市两个项目上。2015 年,大宁金茂府以 658 套、8.30 万平方米的销量荣获区域销冠。彭浦板块正处于开发初期,已经上市的象屿大宁府,由于与南部的大宁板块仅中环高架一路之隔,受到大宁国际社区辐射力度较大,报价已达 7 万元/平方米。在 2015 年,隶属于彭浦板块的市北高新技术服务业园区两幅地块分别在 3 月和 6 月被华润华发联合体所夺得,连续刷新全市总价地王,并且楼面地价分别达 34 871 元/平方米和 38 062 元/平方米,刷新了板块成交楼面地价。2016 年,市北园区里面还会有其他的地块陆续推出,主要集中在市北园区的东区,即共和新路以东的位置,位置都比较不错,主要是商务办公和商住办的地块。闸北区在 2017 年左右将迎来中高端住宅上市的高峰。

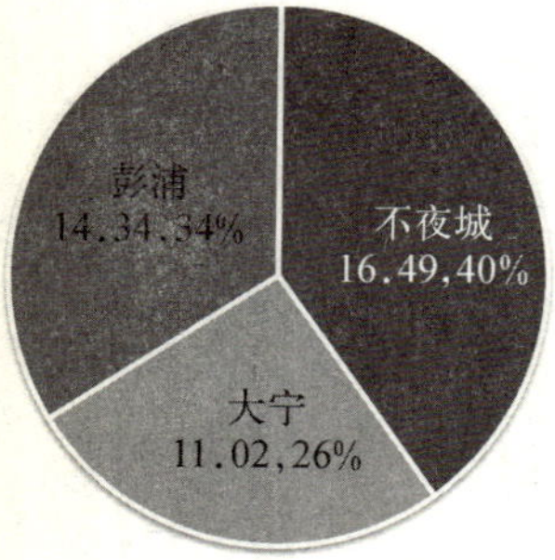

图 3-66 2015 年闸北区商品住宅板块成交结构(按面积)

表 3-43 2015 年闸北区商品住宅成交面积前十位

楼盘名称	板块	套数	面积(平方米)	均价(元/平方米)
金茂雅苑	大宁	658	83 042	73 202
绿洲雅宾利花园三期(B 地块)	不夜城	346	61 831	63 316
象屿名邸	彭浦	574	58 162	54 731
中星馨恒苑	彭浦	391	56 905	33 763
闻喜华庭	彭浦	251	27 931	42 464
苏河湾华侨城广场(T2 楼)	不夜城	87	23 411	104 536
新湖青蓝国际一期	不夜城	187	22 040	62 284
新梅太古城中粮天悦澜庭	不夜城	69	14 924	91 676
时代欧洲花园	不夜城	96	12 998	54 968
古猗新苑	大宁	94	12 385	58 105

二、商业房地产市场区域分析——浦东

同策咨询研究部数据显示,2015 年浦东新区商业房地产市场去化量达到 22.26 万平方米,成交金额达 65.1 亿元,成交面积和成交金额都居全市首位。

从 2006 年以来浦东新区商业房地产市场的供求走势来看,2006 年至 2007 年是浦东新区商业房地产市场发展最热的两年,在 2008 年市场销量大降，随后出现逐年波动上扬的态势，2015 年成交量已达 22.26 万平方米，同比上扬 11%。同时，均价也呈现波动上扬的态势。2015 年浦东新区商业房地产市场成交均价达 29 246 元/平方米，同比上扬 14%。从供求对比来看，从 2008 年至今持续保持供大于求的局势。

从近 2014—2015 年的月度走势看，浦东新区商业房地产市场成交量价波动剧烈，但在年末都出现翘尾。同策咨询研究部数据显示，2014 年 11 月、12 月，2015 年 12 月的商业房地产市场成交量分别为 3.87 万平方米、3.73 万平方米，3.87 万平方米，远高于其他月份。从供应方面看，2015 年 8 月新增供应达 8.93 万平方米，为 2009 年 1 月以来新高。从该月具体的上市项目看，陆家嘴滨江板块的世纪大都会（东方汇广场）集中推出 6.42 万平方米的商业房源，是直接拉动该月浦东新区商业房地产市场上市量猛增的主要因素。该项目连接浦东金融中心与行政中心的世纪大道中段，主要由综合性大型商场与甲级高端办公楼宇组成，将为周边办公楼和即将入驻的国内外企业提供商业、酒店、文化、娱乐、办公等多功能服务配套。

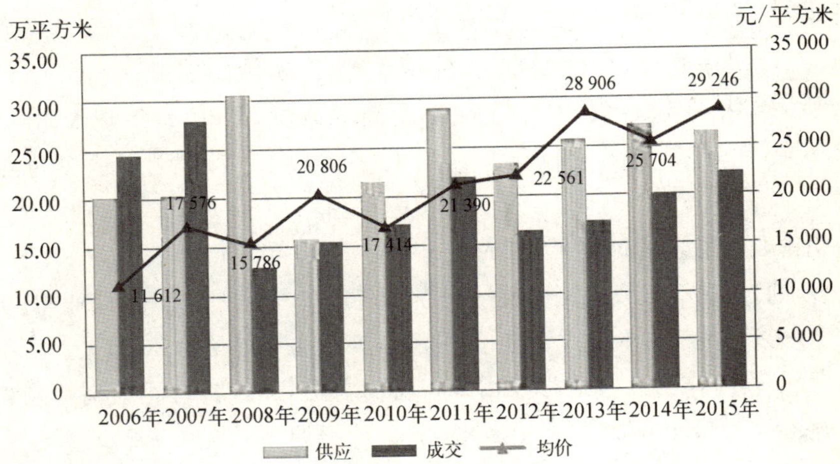

图 3-67　浦东新区商业市场年度供求及均价走势

从 2015 年浦东商业市场的成交结构来看，北蔡、张江、唐镇分别去化 4.62 万平方米、3.56 万平方米、3.01 万平方米，居全区前三位，分别占全区的 21%、16%和 13%。

从成交项目上看，这三个板块的项目夺得区域成交冠亚季军。张江板块的东郊中心（东郊商办中心）以成交 27 套、3.45 万平方米而夺得年度区域

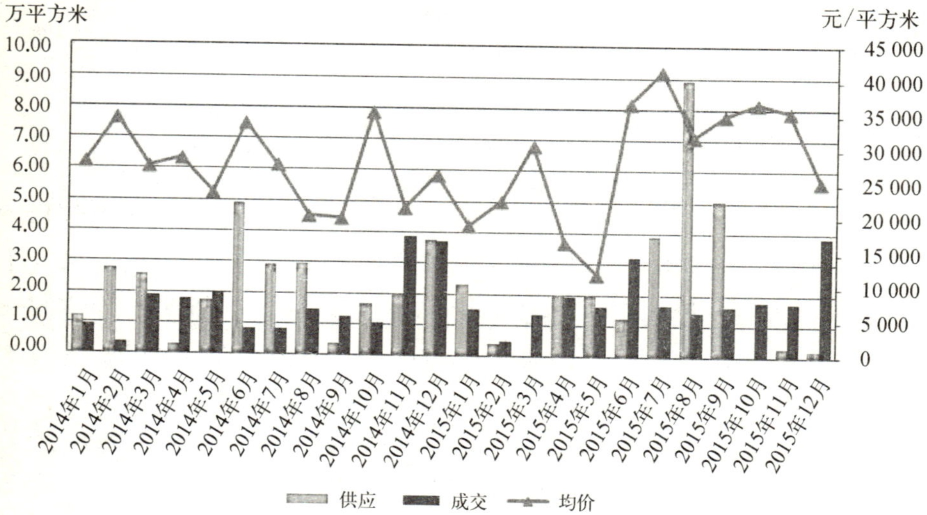

图 3-68 浦东新区商业市场每月供求及均价走势

销冠。该项目为企业独栋、双拼办公产品,但出售产权性质为商业,单栋面积分布在 750—1 500 平方米之间,并规划有商业中心,涵盖米其林概念西餐餐厅、高级中餐厅、休闲咖啡吧、休闲简餐、有机精品超市、高级 Spa 及健身会所、高级商务会议中心等商业设施。该项目 2015 年成交均价为 38 268元/平方米,远低于同区域甲级写字楼项目,因此受到诸多企业的欢迎。

销售亚军阳光城 MODO(阳光商业中心)2015 年去化 284 套、2.11 万平方米。该项目位居 2 号线唐镇地铁站上方,地铁出口直通地下一层商业,真正实现轨交站点与潮流商业的无缝连接。同时,项目还规划为约 26 万平方米的时尚消费综合体,作为 2 号线目前稀缺在售商业综合体项目,囊括高端购物中心、精装智能 SOHO、5A 写字楼多元业态。上海迪士尼项目在 2016 年正式运营,也给该项目带来巨大的商机。同时,由于迪士尼周边酒店的稀缺,该项目的酒店式公寓也被诸多投资者看好。

2015 年成交排名三位的项目是来自北蔡板块的复地万科活力城(地杰商业大厦),该项目打造集办公、商业为一体的大型商务综合体,以建立区域商办物业标杆为理念。同策咨询研究部指出,该项目的建成将解决北蔡板块大型商业综合体项目缺乏的局面,助力板块中高端住宅项目的去化。

同策咨询研究部指出,根据“十三五”规划纲要,浦东新区将基本建成“四个中心”的核心功能区，基本形成科技创新中心核心功能区框架，基本建成体现社会主义现代化国际大都市风貌的开放型、多功能、现代化的新城区，率先构建与高标准国际投资贸易规则相衔接的法治化、国际化、便利化的营商环境。浦东新区商业市场发展潜力巨大。

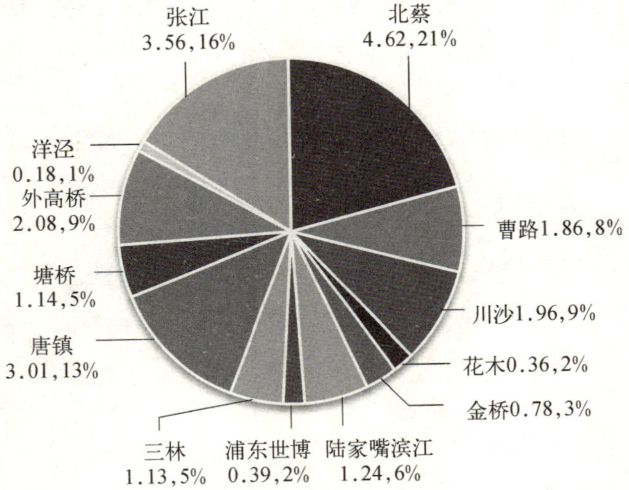

图 3-69　2015 年浦东新区商业市场板块成交结构(按面积)

表 3-44　　2015 年浦东新区商业项目成交面积前十位

楼盘名称	板块	套数	面积(平方米)	均价(元/平方米)
东郊商办中心	张江	27	34 520	38 268
阳光商业中心	唐镇	284	21 077	42 238
地杰商业大厦	北蔡	134	19 758	27 405
宝龙城市广场	曹路	70	14 968	20 377
莲康苑	北蔡	30	12 713	12 862
鹏裕苑	北蔡	20	12 046	9 600
东方路 1381,1383 号	塘桥	5	11 411	8 106
王桥生产资料交易市场	川沙	9	11 057	2 100
亿丰时代广场	三林	98	4 726	46 847
金海商业广场	金桥	12	4 454	18 496

三、办公房地产市场区域分析——嘉定

同策咨询研究部数据显示，2015 年嘉定区办公房地产市场去化量达到

42.27 万平方米,成交金额达 56.76 亿元,在全市各区域中位列第三位,其中,嘉定区酒店式公寓以 32.53 万平方米、6 185 套居首位。

从 2010 年以来嘉定区酒店式公寓的供求走势来看,成交量呈现逐年上扬的态势,2015 年达 32.53 万平方米,同比上扬 43%,创下历史新高。但从 2014 年和 2015 年的供求关系来看,两年都呈现供大于求的态势。从价格走势看,2015 年为 13 542 元/平方米,持续多年维持在 13 000 元/平方米左右,价格未出现涨幅。

从 2014—2015 年的月度走势看,2014 年以来呈现波动走势,供应多集中在 2014 年 11 月至 2015 年 8 月,而成交方面在 2014 年上半年以及 2015 年二季度以后表现较为抢眼。

同策咨询研究部指出,商品住宅限购实施以来,上海酒店式公寓凭借不限购不限贷、低总价,宜商宜住的特点成为住宅市场的一种替代产物,成为房企投资和市场关注的新方向。同时,住宅用地供应量逐年减少,酒店式公寓的“过渡性”越来越明显。上述综合因素导致这几年酒店式公寓市场发展得如火如荼,尤其是在像嘉定这样的非核心商务区的办公类产品多依靠建造酒店式公寓来回笼项目资金,但也面临供应量偏大等问题。

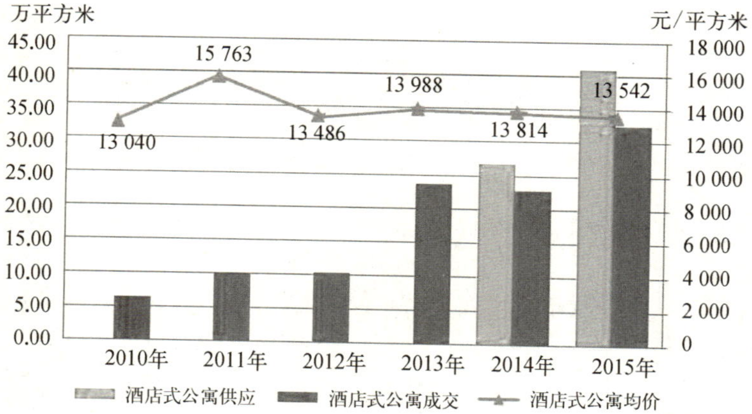

图 3-70 嘉定区酒店式公寓年度供求及均价走势

从嘉定区酒店式公寓成交的板块结构来看,有近 6 成的份额被嘉定主城区占据,成交有 19.12 万平方米。南翔占有 2 成份额,居全区第二位。从项目成交前十位榜单来看,嘉定主城区项目占到 6 席,销冠项目嘉定主城区板块的

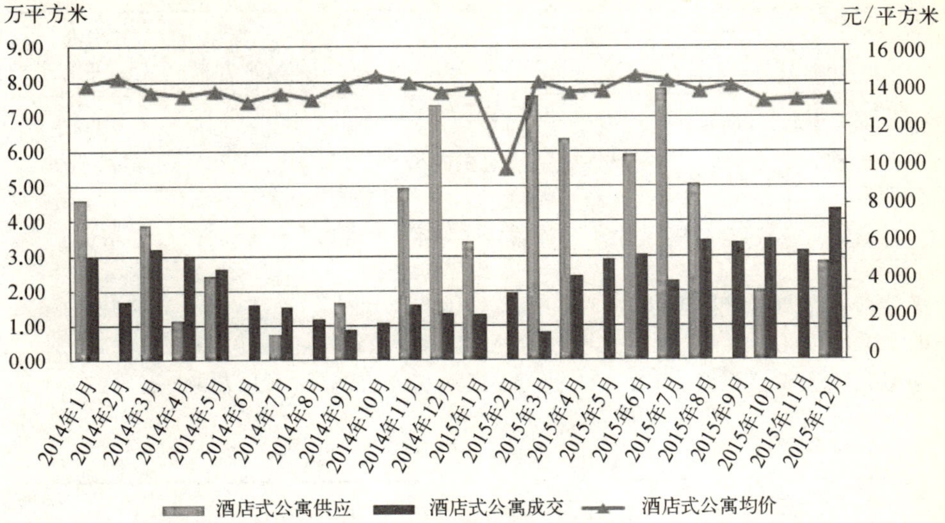

图 3－71　嘉定区酒店式公寓每月供求及均价走势

新城金郡 M11 金座热销 899 套、4.43万平方米，在全市排行中位列亚军位置。该项目位于嘉定新城核心地带，靠着轨交 11 号线白银路站，是嘉定新城板块的大型综合体项目，其 SOHO 产品，开间面积 38—55 平方米，项目 2015 年酒店式公寓均价 13 518 元/平方米，总价在 50—75 万元，由于总价控制得当，深受尚未获得购房资格的新上海人或者是投资者的青睐。

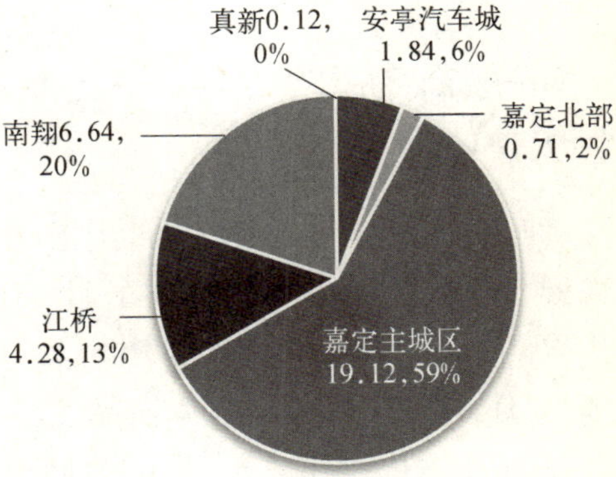

图 3－72　2015 年嘉定区酒店式公寓板块成交结构(按面积)

表 3－45　2015 年嘉定区酒店式公寓成交面积前十位

楼 盘 名 称	板　块	套　数	面积（平方米）	均价（元/平方米）
新城金郡园	嘉定主城区	899	44 292	13 518
陶乐生活广场	江桥	878	41 514	15 593
和盈商务广场	嘉定主城区	641	35 193	10 809

续表

楼盘名称	板块	套数	面积（平方米）	均价（元/平方米）
新影商务中心(一期)	南翔	386	21 946	13 003
峰汇嘉苑	嘉定主城区	415	18 785	11 560
世盟置地广场	南翔	290	15 104	19 873
中信泰富又一城(马陆镇印村村 10－2宗)	嘉定主城区	274	14 891	8 688
嘉定新城 D9 地块商业项目	嘉定主城区	264	13 551	12 220
瑞立文化商业广场	安亭汽车城	271	11 565	14 692
创融天悦嘉都(嘉定新城 B18－1B 商办项目(1 号楼,2 号楼,3 号楼及地下车库一,4 号楼))	嘉定主城区	228	10 899	12 786

第三节　2016 年上海商品房市场展望

一、商品住宅市场——上海楼市火爆之后，2016 年下半年将进入调整期

回顾 2015 年上海楼市发展历程，在降准降息、普宅标准调整、“330 新政”、央行“双降”等“救市”政策影响下，上海楼市 3 月份以后开始发力，二季度楼市成交量出现“小高峰”，下半年楼市继续量价齐升，出现买涨不买跌的行情。截至 12 月 31 日，2015 年上海商品住宅成交面积 1 500 万平方米，同比上涨 55%，成交均价 32 174 元/平方米，同比上涨 18%。

那么，2016 年上海商品住宅市场走势如何？会不会像 2015 年下半年那样火爆？

从市场去化压力来看，截至 2015 年 12 月 31 日，上海市商品住宅库存量已经降至 1 071.23 万平方米，由于 7—12 月市场成交量及去化速度维持相对高位，市场去化周期已经缩短至 6.57 个月(按照 3 个月移动存销比计算)，这说明，短期内上海商品住宅基本面已经呈现快速反弹态势。

从 2015 年第四季度上海楼市走势来看，由于上海楼市已经没有去库存压力，市场去化周期已经下降到 10 个月以下，再加上房企冲刺年度销售业绩指标、地价推动市场热度升温等因素，四季度市场已经再现买涨不买跌，上海楼

市重现了 2013 年下半年火爆的行情。

但是,我们不能因为下半年尤其是第四季度的火爆行情而判断这样的行情会持续进行。原因很简单,2015 年“330 新政”以来,上海房地产市场成交量价的回升主要是过去积压需求的集中释放(主要表现为上半年),以及由于需求的集中释放而带来的市场需求的透支(主要表现为下半年),如果房企据此以为未来上海楼市一直会保持这样的量价走势,那其实是对于市场的误判,极有可能在未来市场出现变化之时陷入被动局面。

同策咨询研究部认为,从 2015 年下半年央行三次“双降”之后的市场发展趋势来看,待本轮市场需求在第四季度集中释放完毕之时,下一轮市场的阶段性调整也就来临了。笔者认为,本轮楼市量价齐升最多持续到 2016 年第一季度,也就是说,2015 年下半年央行三次“双降”之后,上海楼市需求已经大量透支,楼市在下半年成交量价疯狂后将陷入调整期。从时间的角度来看,2016 年上半年上海楼市将呈现供求博弈的特征,“量跌价稳”将是上半年整体趋势(尽管 1 月初市场仍然继续高位放量)。但是,下半年开始新一轮的房地产市场调整极有可能会来临,在成交量出现下滑的市场背景下,个案价格有可能会在下半年出现下调,尤其是本轮楼市上涨幅度较大中高端楼盘极有可能率先降价。届时,如果企业没有在 2015 年上半年做到“未雨绸缪”,那么,房企就有可能会因此陷入被动推盘的局面,企业的资金面也会因此遇到问题。

因此,对于房企来讲,应积极调整推盘节奏,把控好 2016 年上半年最后的跑量“窗口期”,不要恋战市场(期待买涨不买跌一直持续),增加上半年销售业绩在全年的比例,要未雨绸缪,增加现金储备,提前做好 2016 年市场应对策略,防止市场环境在 2016 年下半年甚至 2016 年第一季度之后出现变化而导致企业被动推盘的局面。

总体来看,对 2016 年商品住宅市场不看好。2016 年楼市尤其是 2016 年下半年上海楼市势必会进入调整期,由于需求透支等因素楼市将很快陷入大萧条,甚至再现 2011 年、2014 年的大范围的降价。同策咨询研究部总监张宏伟认为,这基于以下四点理由:(1) 2015 年上半年为积压需求的集中释放,下半年为商品住宅市场需求透支,2015 年全年上海商品住宅成交量 1 500 万平方米左右已成定局(截至 12 月 27 日,2015 年商品住宅累计成交面积 1 466 万平方米),超过 2013 年,下半年在央行三次“双降”、企业冲刺销售业绩等叠加因素影响下,需求被大量透支。经验及研究数据表明,当需求被大量透支之后,市场必然会出现新一轮的调整趋势;(2) 历年商品住宅成交高峰后必然调整,比如2009年、2013年之后的上海商品住宅市场,均出现2011年、2014年的调整,2015年市场成交量高峰之后也是如此,2016年调整势在必然;(3) 通过与部分开发商交流,包括部分品牌房企在内的上海开发商对2016年悲观,由于2015年市场需求过度释放,2016年已经没有足够多的存货供市场销售,市场调整也是理所当然。此时,作为开发商的市场主体态度已经明显发生改变或者已经分流;(4) 上海官方政策措施开始转向,收紧可能性很大,并且目前上海各方正在研讨上海楼市形式,上海高端预售许可证及备案已经开始收紧,2016年上海楼市政策收紧的可能性较大。

二、商业房地产市场——一手库存持续高位,优胜劣汰将成为常态

从一手商业市场销售层面来看,同策咨询研究部的数据显示,2015年12月底商业物业市场的可售余量继续抬升,已达1 030.60万平方米,并且连续15个月呈现小幅环比上扬,较2014年同期来看上扬幅度则达到15%。

同策咨询研究部指出,商业房地产市场持续呈现供大于求的态势,致使存量一再上扬,按照近3个月的平均去化速度,2015年底商业存销比高达71个月,虽然较上月下滑15个月之多,但仍处于高位。2015年底外环外区域库存仍偏高,对商业用房的投资增幅过大,在2014年7—9月和2015年6月以后区域存量有两次明显的抬升,是造成当下商业房地产市场存量居高不下,且持续攀升的主要因素。在一手商业市场销售方面,上海商业市场始终呈现供大于求的局面,并且这样的形势在2016年也会得以延续。

某种程度上来讲,现今商业地产去库存压力相比住宅物业类型更为明显,尤其是在购物中心的整体营业水平普遍地面临下滑的市场背景下,在电商不断的冲击之下,商业地产的过剩危机已经成为事实。

2015年10月9日,在上海市委举行的区县、大口党委书记季度工作会议上,市委书记韩正明确表示,当前上海办公用房、商业用房投资增幅过大、保有量过大是房地产市场的一大结构性问题。同策咨询研究部指出,这意味着市政府已经意识到是时候将如何去化存量商办用房问题提到日程上,针对商业用房投资增幅过大、存量过大问题,2016年或将继续出台针对促进商业市场的利好政策出台。在上述政策与市场背景下,预计上海商业房地产市场接下来会进入一个“滞涨期”。

从政策上讲,一方面在一级土地供应结构上会进一步调节,或者说针对供

应量偏大的区域收紧土地供应；同时，盘活存量，利用、改造更多的闲置资源，改变部分土地原有性质，对普通住宅市场进行补充。对于上海中心城区土地资源向来紧缺，城市建筑的每次拆建都代价不菲的问题，同策咨询研究部认为，商业布局必须由政府来进行统一的刚性规划，把商业规划作为重要的城市功能和重要产业规划，融入上海的总体规划之中。

从商业房地产市场的招商运营趋势方面，2016 年同样面临着巨大的挑战。2015 年商业项目开业数量十大城市中，上海以拥有 26 个排名第一。但由于市场空置率有上升，租金仍以缓慢上涨趋势为主。差异化和重新定义电商时代下实体商场的核心价值将成为日益迫切的挑战。此外，由于招商形势严峻，预计原准备在 2015 年开业的 15—20 家项目或不得不延期至 2016 年开业。

(一) 上海 2016 年可能会迎来一个商业房地产项目开业高峰

电商冲击、供应量巨大、存量居高不下，这些不利因素在 2016 年仍难看到实质性改善，对零售商业地产持有者和运营方来说，形势仍异常艰难。为避免扎堆入市、白热化竞争，各地不少零售商业房地产项目纷纷推后了开业日期。作为超一线城市的上海 2016 年可能会迎来一个新的供应高峰，高达 88 个商业房地产项目将会开业，总商业面积 502.8 万平方米，相较 2015 年，新开商业房地产项目数量和总面积明显增多。与此同时，小体量商业项目也在逐渐增多。

(二) 2016 年商业房地产项目竞争激烈，优胜劣汰成为常态

由于存量过大、增量不断，商业房地产项目普遍面临招商难、开业难等问题。重新定位、走差异化竞争的路线，正在成为很多项目面临的选择，越来越多的购物中心着重家庭和体验式消费，一些项目对市场定位进行了重新规划，以应对未来同区域内的激烈竞争。优质的购物中心依旧供不应求，与此同时，落后的项目将被降级淘汰。

(三) 商业房地产项目需营造主题化

从对上海商业房地产市场当前高库存的分析可见，上海商业房地产市场已经进入风险期，存在着商业项目越建越多，越建越大，越建越窄的倾向。主要表现为在建或未建总量、土地出让总量接近饱和；同质化的重复建设严重，致商业用地的产出效益不断降低。同时，上海商业在建项目以及新增土地供应外移已成为趋势，然而外环外多数地区普遍存在居住人口单一、人流量不足的情况，再加上电子商务崛起的冲击，很容易导致商铺大量空置。此外，商业项目的前期规划不当和后期运营不善也是造成商业市场保有量过大的重要原因之一。

因此,为了让商业项目具有一定的竞争力,营造"主题化"内容不可或缺,在主题定位的基础上,通过建筑形式、品牌组合、形象塑造、价值理念、空间氛围等创新满足更细分群体的需求,对商业项目进行的差异化打造。差异化可以体现在建筑风格、氛围营造、品牌引进、商品组合、运营理念、顾客服务等各个环节及各个细节,但所有的差异化都是围绕"主题"这个概念来进行的。

三、办公房地产市场——空置率将仍呈两极分化,新兴商务区写字楼市场应寻新出路

从一手办公房地产市场销售层面来看,同策咨询研究部数据显示,2015 年 12 月底,办公房地产市场可售余量环比下滑 0.07 个百分点至 927.75 万平方米,但与 2014 年同期相比,上扬幅度仍然达到 31%。

同策咨询研究部指出,办公房地产市场存量呈现高位震荡格局,但存销比却出现了显著下滑,按照 2015 年最后 3 个月的平均去化速度,2015 年 12 月上海办公房地产市场的存销比仅为 21 个月,尽管环比继续减少 7 个月,但是整体市场仍然有去库存压力。

为了解决办公房地产市场的库存问题,2015 年 11 月 22 日,国务院发布《关于加快发展生活性服务业促进消费结构升级的指导意见》,其中提到,积极发展包括客栈民宿、短租公寓、长租公寓等在内的满足群众消费需求的细分业态。面对上海非住宅用地尤其是商办市场的高库存问题,长租公寓、创客空间、线上短租平台的出现,为这类房地产去库存提供了新路径。这一切背后的逻辑,则是更好地盘活市场存量,利用、改造更多的闲置资源,满足多元化需求,缓解供求结构不平衡带来的售价或者是租金呈现郊区和中心城区两极分化的问题。

此外,既然这些过剩的办公用地最终还是开发成为类住宅产品,那么,从政策的角度来看,不如就将现有过剩区域的已经出让但未动工的项目、未来计划出让的地块转性,改为住宅性质,这样,既解决商办过剩问题,又增加了住宅用地供应。

从上海一手办公房地产市场供求趋势来看,始终呈现出郊区和中心城区需求不平衡的局面,并且这样的形势在 2016 年也会得以延续。

未来三年上海约有 400 万平方米写字楼供应。2016 年到 2018 年间,上海约有 400 万平方米的新增写字楼面积推出,新增供应主要集中在新兴商务区,

其中黄浦江沿岸将会建设更多的甲级写字楼。黄浦江沿岸诸如北外滩、徐汇滨江以及后世博等商务区在未来一年内都将有新建项目完工，这些区域内独特的江景资源将受到租户青睐。

空置率将继续呈现两极分化。中国经济减速而写字楼新增供应持续高企将使主要市场的写字楼空置率普遍上涨。同策咨询研究部指出，上海作为国际金融、贸易中心，世界 500 强、知名企业总部等纷纷落地上海，尤其是中心城区甲级写字楼更为紧俏，在整体办公房地产市场行情相对低迷的情况下，租金回报率仍然较高。上海当前的办公房地产市场结构性矛盾突出，一些办公需求不强烈的外环外区域，只能依靠建造酒店式公寓来达到迅速去化的目的，造成了外郊环办公房地产市场火热的假象。中央商务区与新兴商务区写字楼的成交与空置率情况仍呈现两极分化的情况，并且未来新增供应集中在新兴商务区，区域内的项目同质性较高，竞争压力会更加大。2016 年中央商务区与新兴商务区写字楼空置率会呈现两极分化的情况。由于未来新增供应集中在外围的新兴商务区，且区域内的项目同质性较高，竞争压力较大，预计未来新兴商务区的空置率将会达到 10％以上。在中央商务区，由于其未来供应的稀缺性，区域内空置率将保持在 5％以内。

中心商务区开发地下空间将成为趋势。由于中心商务区土地的日渐稀缺，而为了进一步发展，开发城市中央商务区的地下空间成为另一种选择。上海已经开始探索开发地下空间以适未来发展。2015 年 5 月，新世博园 B 区的地下综合建筑竣工，这片面积达 44.59 万平方米（约合 480 万平方英尺）的地下空间与世博会永久性建筑和 28 座总部大楼相连。其中，中国馆原址将建成人行通道、商场和娱乐场所，并提供约 6 000 个停车位。转向地下空间发展也将成为中国城市解决土地紧缺问题的新趋势。

第四章　上海房地产三级市场分析

第一节　2015 年上海二手房市场月度分析

一、2015 年 1 月二手住宅——淡季特征显现，交易量下滑明显

2015 年 1 月，二手住宅交易量明显下滑。房地产交易中心数据显示：1 月全市挂牌总量为 82 627 套，环比下降 2.3%。共成交二手住宅 18 070 套，环比减少 12.7%，同比增长 21.7%。成交均价为 23 204 元/平方米，环比微涨 0.9%，同比上涨 18%。全市成交金额 351.57 亿元，环比减少 16.8%。

从各月的成交走势看，1 月成交量低于前两月的水平，市场交投逐渐转淡，客户购房意向偏低，同时业主惜售或上调报价，售房诚意低，加剧了市场的观望情绪，房价表现比较坚挺。虽然下半月一部分置换型业主下调报价，但并未有效提升购房需求，交易量呈现回落的势头，1 月二手市场淡季征兆显现并将延续。

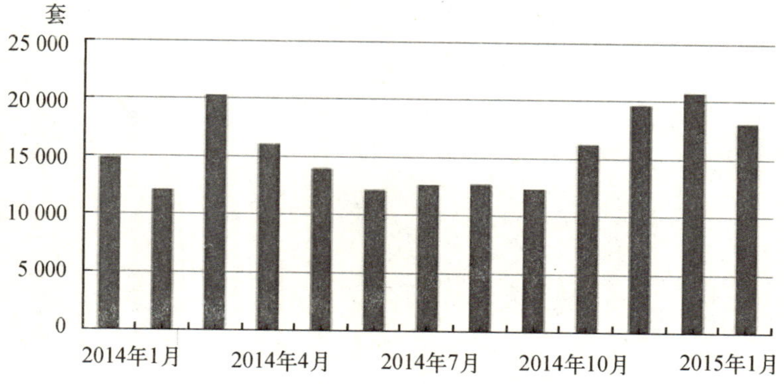

图 4－1　上海二手住宅市场成交套数走势

从各区域的成交情况看，受整体交易量下滑的影响，1 月各区域成交环比均出现不同程度的下降。其中，黄浦区跌幅最大，环比减少 22%；其次是长宁区，环比下跌 19.6%；跌幅最小的是奉贤区，仅下跌 0.7%。

与 12 月相比，1 月各区域的成交比重均处于窄幅波动，幅度在 0.5%以内。7 个区域占比上升，其中闸北占比升幅最大为 0.4%；7 个区域占比下降，其中闵行区占比降幅最大为 0.5%；宝山、崇明和普陀 3 区占比没有变化。

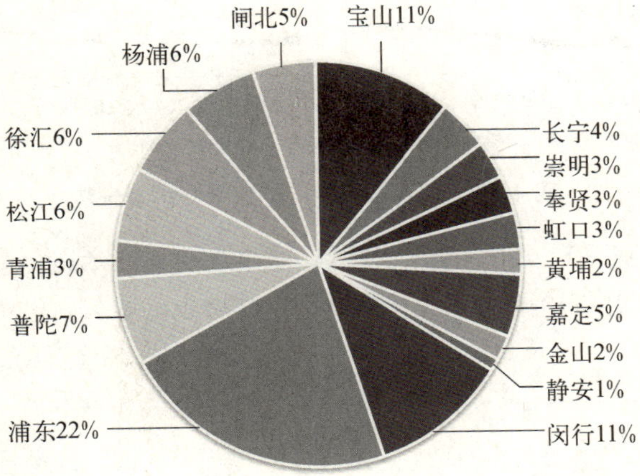

图 4-2　2015 年 1 月上海二手住宅成交区域结构

从各区域的成交均价看，1 月仅 7 个区域均价环比上涨，涨幅均高于全市水平，其中青浦区价格涨幅高达 11.1%，浦东新区涨幅达到 8.8%。10 个区域均价环比下跌。其中，徐汇区跌幅最大达 6.1%。其次是长宁区，下跌 3.5%。宝山区均价变动不大。

从圈层方面看，仅中心区域均价环比下跌，跌幅 1.7%。浦东新区涨幅最大；其次是外围区域，均价环比上涨 4.7%；次外围区域均价波动幅度较小。

网上房地产数据显示，截至 2015 年 1 月底，上海全市二手住宅累积挂牌量为 82 627 套，环比减少 2.3%。从各环线看，内环内累积挂牌量 24 598 套，内外环 45 877 套，环比分别减少 3.6%和 2.2%。外环外累积挂牌量 12 152 套，环比和微增 0.3%。

从房源挂牌结构看，区域方面，共有 12 个区域挂牌量环比下降。其中，跌幅最大的是虹口区，环比下跌 8.1%。跌幅最小的是长宁区，为 0.8%。仅 5 个区域挂牌量增长。其中，崇明挂牌增幅最大，达到 43.8%；其次是奉贤区，为 12.1%。这两区二手住宅供大于求的格局明显。

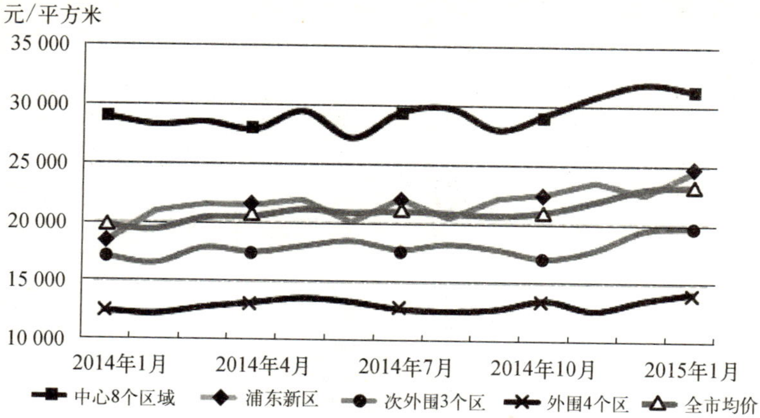

图 4-3 上海二手住宅分区成交均价走势

户型方面,各 70—100 平方米中小户型及 210 平方米以上豪宅别墅挂牌量跌幅最大,均为 3%;70 平方米以内的老公房挂牌量跌幅相对较小,为 1.6%。

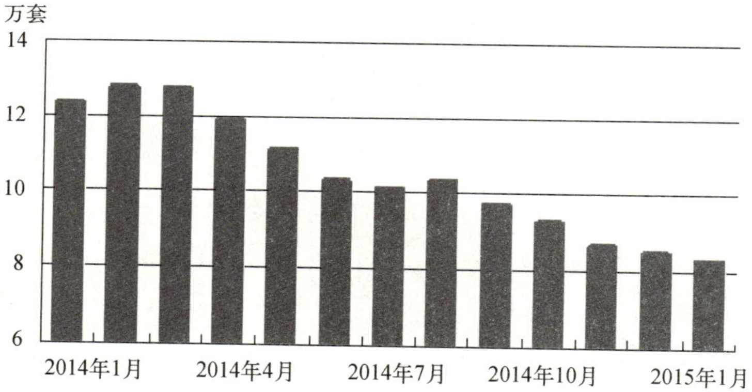

图 4-4 上海二手住宅挂牌量走势

2015 年 1 月,中原(上海)领先指数为 330.9 点,环比下跌 0.37%,同比下跌 3.24%,指数同比跌幅继续扩大,样本房源成交均价 35 202 元/平方米。随着前期政策利好的基本消化,支撑房价上行的动力不足,以置换为主的业主开始下调报价,当月指数出现止涨回调。

上海房地产交易中心数据显示,1 月全市二手住宅成交 18 070 套,环比减少 12.7%,同比 21.7%。据上海中原地产多家分行信息反馈,经过 12 月集中签约,交易量提前释放,1 月二手市场整体交投转淡。元旦后各门店带看量虽保持平稳,但意向买家较少。一方面银行贷款审批节奏缓慢、放贷时间延长,客户购房积极性减弱；另一方面，业主看涨预期强烈，售房诚意低，惜售或报价偏高，双方分歧严重，成交受阻，导致1月二手住宅交易量明显回落。2015年上海限购政策不变，短期内无法刺激购房需求，伴随观望情绪加剧，市场进入销售淡季。

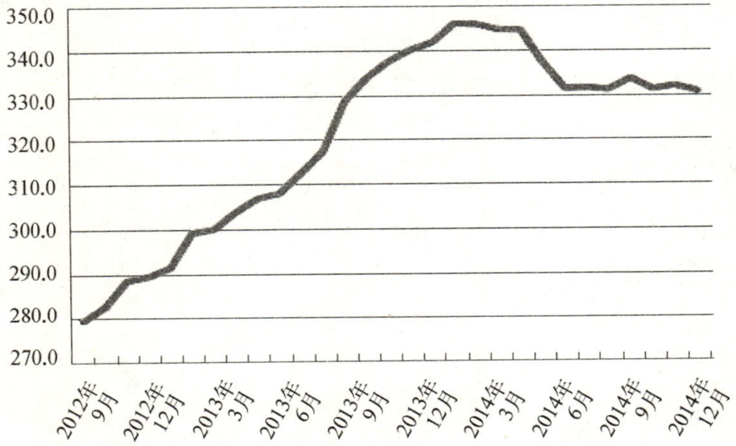

图4-5　中原(上海)领先指数月度分析——成交

2015年1月中原(上海)租金指数为191.5点，环比微涨0.16%，同比上涨3.89%，指数租金均价62.7元/平方米/月。1月份中原租赁交易量1 184套，环比持平。据上海中原地产多家分行信息反馈，1月租赁市场整体需求量有所下降，租金保持平稳。一些配套成熟的区域，租赁市场维持一定的交易热度。部分租客租约到期，为避开年后租赁高峰，急于在过年前完成租房，其中小面积户型供需失衡，导致业主上调租金，额度在100—300元不等。

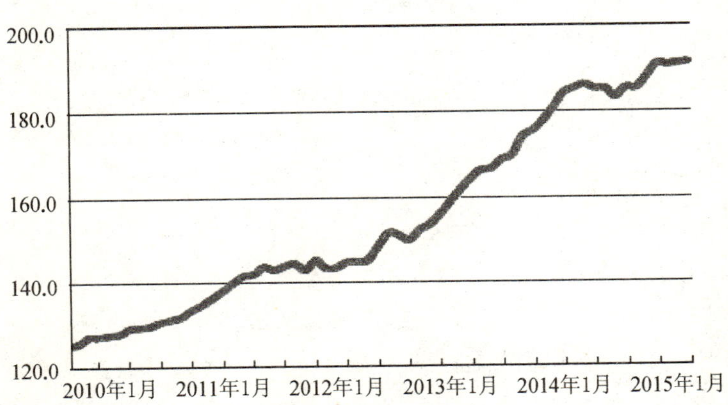

图4-6　中原(上海)领先指数月度分析——租赁

二、2015 年 2 月二手住宅——成交破万套,2015 春节季不太冷

2015 年 2 月,二手住宅量价齐跌。房地产交易中心数据显示：2 月全市挂牌总量为 79 474 套,环比下降 3.8%。共成交二手住宅 10 131 套,环比减少 43.9%,同比减少 16.4%。成交均价为 22 674 元/平方米,环比下跌 2.3%,同比上涨 17%。全市成交金额 201.91 亿元,环比减少 42.6%。

与以往春节月相比,成交量站上 1 万套,该流量仅次于 2013 年、2014 年。过年因素导致市场交易情绪有所转淡,客户暂缓入市,业主惜售心态加重,淡季交投突出。月初央行降准消息虽未有效激发需求,但起到了稳定市场的作用,节后末周交易量开始触底稳步回升。

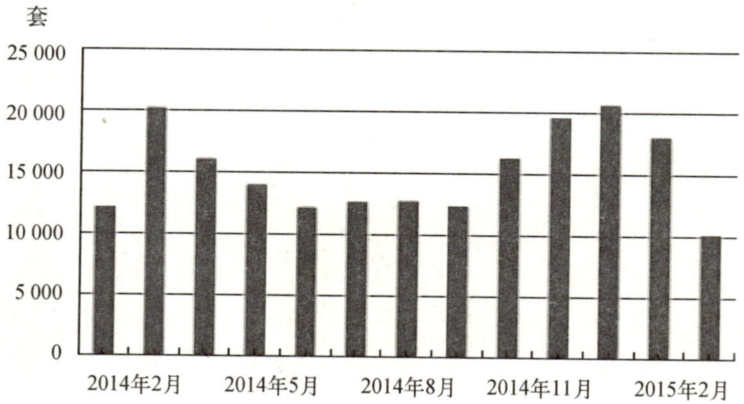

图 4-7 上海二手住宅市场成交套数走势

从各区域的成交情况看,受交易量大幅回落的影响,2 月各区域成交环比均出现不同程度的下降,其中 9 个区域跌幅大于全市水平。具体看,跌幅最大的嘉定区,成交量由 929 套跌至 450 套,跌幅达 51.6%;其次是普陀区和青浦区,跌幅均为 49%;跌幅相对较小的区域为奉贤区和静安区,跌幅分别为 25.8%和 26.2%。

与 1 月相比,2 月共有 9 个区域占比下降,8 个区域占比上升。受成交量影响,下跌最大的嘉定区,占比由 5.1%降至 4.4%,环比下降 0.7 个百分点;其次是普陀区,跌幅在 0.6 个百分点;升幅最大的是奉贤区,占比由 2.5%升至 3.3%,环比上升 0.8 个百分点。

从各行政区成交均价看,2 月仅 5 个区域价格逆市上涨,其中虹口区价格涨幅最大,环比上涨 9.3%。其次是崇明县,环比上涨 7.6%。价格下跌的区

域中，静安区跌幅最大，达10.4%；其次是奉贤区，环比下跌8.8%。

从圈层方面看，仅中心区域价格表现坚挺，成交均价涨至31 526元/平方米，环比上涨0.6%。外围区域的成交均价跌破14 000元/平方米，环比跌幅达6.6%；其次是浦东新区，均价环比下跌5.3%。次外围区域均价环比跌幅2.8%。

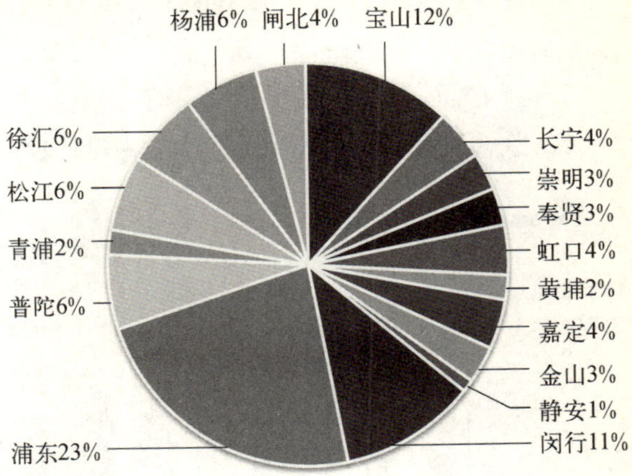

图4-8　上海二手住宅成交区域结构

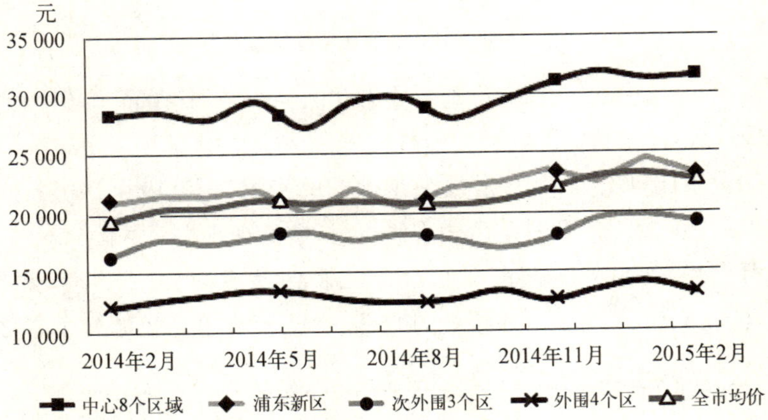

图4-9　上海二手住宅分区成交均价走势

网上房地产数据显示，截至2015年2月底，上海全市二手住宅累积挂牌量跌破8万套整数关，为79 474套，环比减少3.8%，跌幅继续扩大。

全市新增挂牌样本监测显示：2月新增挂牌量8 611套，环比减少59.3%。新增挂牌量呈现逐步缩量的态势，其中春节前一周跌幅55.7%，春节长假周挂牌量缩水九成，节后末周明显回升。挂牌价格相对稳定，波动幅度维持在0.1—0.2个百分点。据门店反馈，过年因素使得大部分业主暂缓售房，报价未做调整；节后部分业主诚意度提升，报价略有下调，幅度在1%—2%。

从各区域累计挂牌量变动看，卢湾区挂牌量增至2 600套，环比增幅高达

12.0%。挂牌量跌幅较大集中在近郊区域,其中南汇区跌幅高达 9.9%,青浦区和嘉定区跌幅达到 9.5%和 8.8%。

户型方面,210 平方米以上豪宅别墅挂牌量回落至 3 537 套,环比下跌 5.5%,跌幅继续扩大;其余面积段挂牌量环比跌幅在 3%—4%之间。

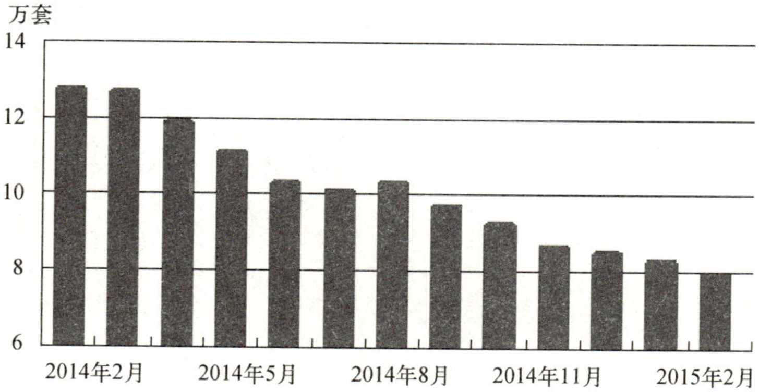

图 4-10 上海二手住宅挂牌量走势

2015 年 2 月中原(上海)领先指数为 332.9 点,环比上涨 0.61%,同比下跌 3.83%,指数同比跌幅继续扩大,样本房源成交均价 35 416 元/平方米。上调报价的业主比重增大,其背后反映出他们的惜售,短期内无售房意向,大部分业主维持现有报价。2 月房价表现坚挺,指数出现小幅上涨。

上海交易中心数据显示,2 月全市二手住宅成交 10 131 套,环比减少 43.9%,同比减少 17%。与往年不同的是,2015 年春节市场顺延了自 2014 年

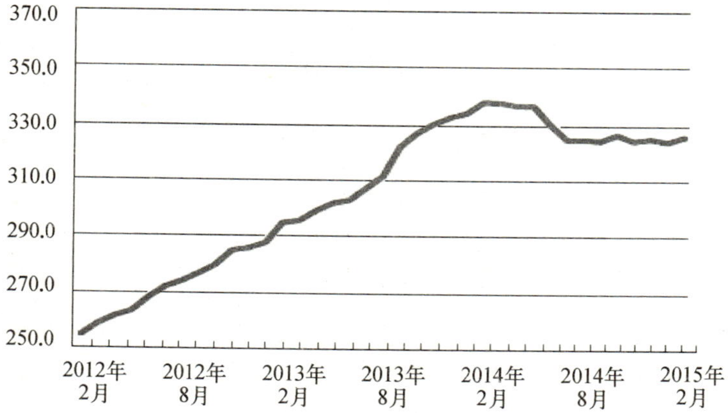

图 4-11 中原(上海)领先指数月度分析——成交

9月底以来的刺激政策和稳健的成交走势，市场温度得以保持，加上月初央行发布降准消息，虽未能有效激发市场需求，但稳固效应仍在。从市场表现看，节前门店挂牌量、带看量逐步有降，买卖双方交易情绪低落，交投趋于冷清。节后，市场供需升温，房价表现坚挺，促使部分买家价格预期有所转变，末周交易量触底回升。

2015年2月中原(上海)租金指数为193.0点，环比上涨0.80%，同比上涨4.13%，指数租金均价63.2元/平方米/月。

2月份中原二手住宅租赁成交695套，环比减少38.8%。就市场表现看，当月正值春节长假，返乡潮来临，租赁需求量大幅下降，空置率上升，成交量到达低位，租金维持平稳的走势。

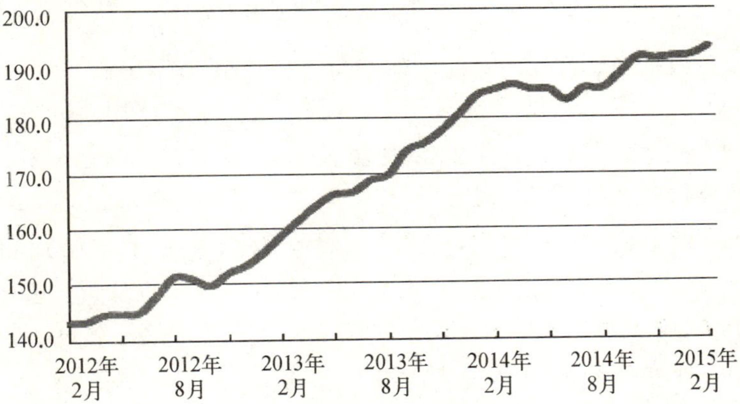

图4-12 中原(上海)领先指数月度分析——租赁

三、2015年3月二手住宅——交易量突破2万套，小阳春行情来临

2015年3月，二手住宅成交回暖。根据房地产交易中心数据显示：3月全市挂牌总量为76 889套，环比下降3.3%。共成交二手住宅20 916套，环比增加106.5%，同比增长3.2%。成交均价为22 934元/平方米，环比上涨1.1%，同比上涨12.6%。全市成交金额397.13亿元，环比增加96.7%。

央行再度降息、"两会"期间释放的利好信号，起到稳定市场信心、鼓舞士气的作用，与新房市场相比，二手房市场供需率先升温，买家入市情绪被激发，出手频率加快，回暖迹象明显，由此推动成交量加速上行，站上2万套大关，市场预期的"小阳春"行情已经到来。

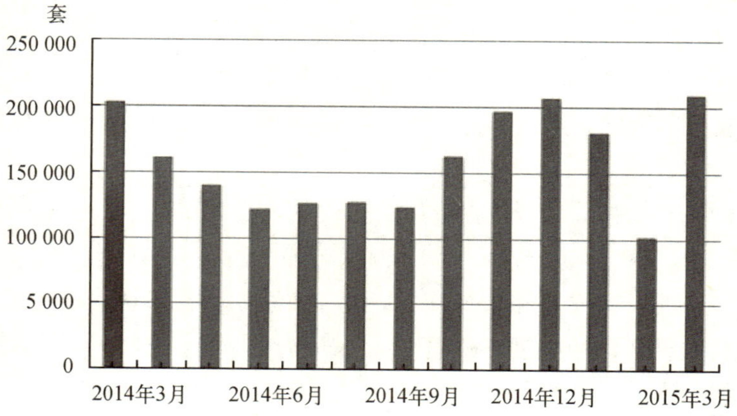

图 4-13　上海二手住宅市场成交套数走势

从各区域的成交情况看，与 2 月份相比，各行政区成交量出现不同程度的上升，其中 14 个区环比增幅超 100%。具体来看，成交上升最快的嘉定区，环比增幅约 175%。其次是闵行区，环比增长 125%。静安、奉贤两成交量则上升比较缓慢，静安区成交量环比仅增长二成多。

从各行政成交占比变动看，仅嘉定、闵行、普陀、青浦四区成交占比显著上升。其中，嘉定占比由 4.4%升至 6%，环比上升 1.5 个百分点。占比下滑最大的奉贤区，由 3.3%降至 2.6%，环比下降 0.7 个百分点。黄浦、卢湾、徐汇中心区域占比变化不大，与 1 月基本持平。

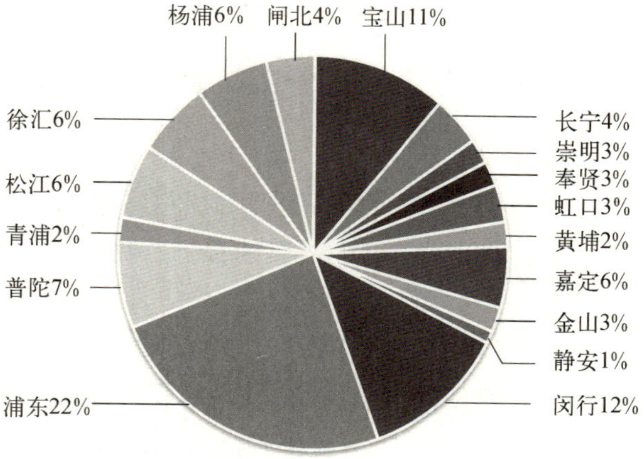

图 4-14　上海二手住宅成交区域结构

从各行政区成交均价看，3 月共 12 个区域价格上涨。其中，奉贤区价格涨幅最大，环比上涨 14.9%。其次是崇明县，环比上涨 8%。静安、普陀和宝山的价格涨幅超过 5%。价格下跌的区域中，跌幅最大的徐汇区，环比下跌 6%。其次是虹口和青浦，价格环比分别下跌 5%和 3.7%。其余区域价格跌幅均小于 1%。

从圈层方面看，仅中心区域价格环比下跌 0.7%，成交均价跌至 31 296 元/平方米。外围区域的成交均价涨至 13 942 元/平方米，环比上涨 5.6%，目前看房价上涨压力较大；其次是次外围区域，均价环比上涨 3%。浦东新区价格涨幅较小，环比上涨 1.7%。

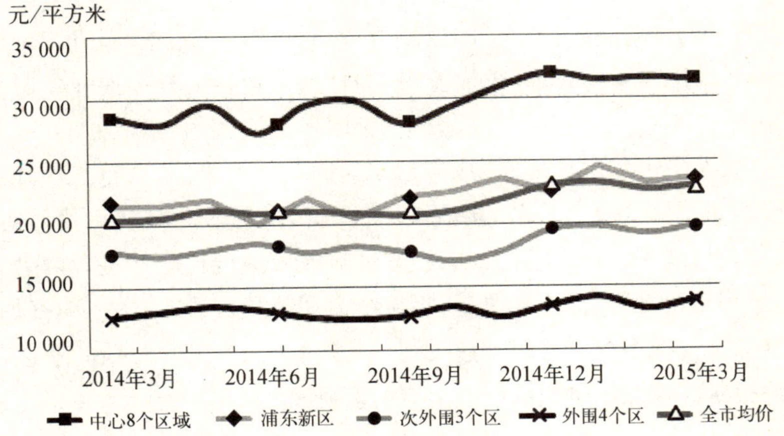

图 4－15　上海二手住宅分区成交均价走势

网上房地产数据显示，截至 2015 年 3 月底，上海全市二手住宅累积挂牌量 76 889 套，环比减少 3.3%。其中，内环内累计挂牌量 23 150 套，内外环 43 580 套，外环外 11 623 套，环比分别下滑 3.1%、4%和 0.6%。

从各行政区变动看，嘉定、松江、金山、奉贤郊环区域累计挂牌量逆市增长，其中松江区环比增幅达 9.5%。黄浦、静安、杨浦、虹口等地段成熟区域累计挂牌量环比下跌 4%—5%，跌幅大于全市水平。

全市新增挂牌样本监测显示：3 月新增挂牌量 25 799 套，环比增长 199.6%。春节后新增挂牌量迅速回升，周均量保持在 6 450 套左右。报价方面，大部分业主乐观看涨，上调报价或收缩议价。除急售置换客外，大部分业主还价空间不足 3%。

2015 年 3 月中原（上海）领先指数为 338.5 点，环比上涨 1.70%，同比下

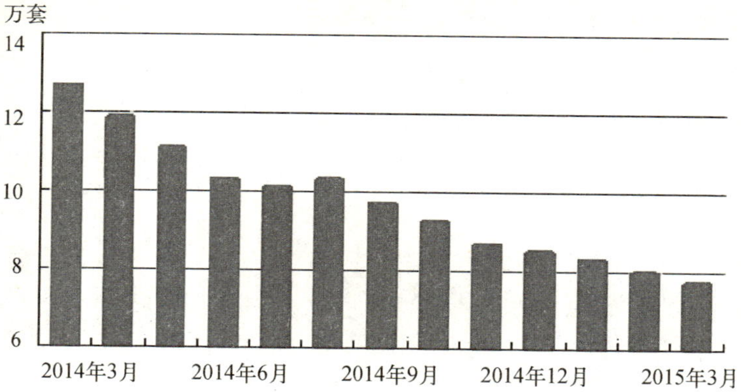

图 4-16 上海二手住宅挂牌量走势

跌 2.15%,指数环比涨幅扩大,同比跌幅收窄,样本房源成交均价 36 018 元/平方米。3 月进入销售旺季,政策面积极向好,带看量上升促使业主看涨预期强烈,报价上调或收缩议价,二手房价格上涨压力增大。

3 月二手房市场整体回暖,成交量明显回升。上半月,央行二次降息稳定市场,带看量延续 2 月底升势,出现 10%—15%的增长。其间正值两会召开,部分买家关注政策动向,仍停留在观望阶段,成交速度比较缓慢。两会释放的利好信号稳定市场信心,下半月起,买家结束观望积极入市,出手频率加快,交投明显释放,支撑全月交易量加速上行。伴随"小阳春"行情来临,业主乐观看涨,上调报价或收缩议价空间的趋势有所蔓延。

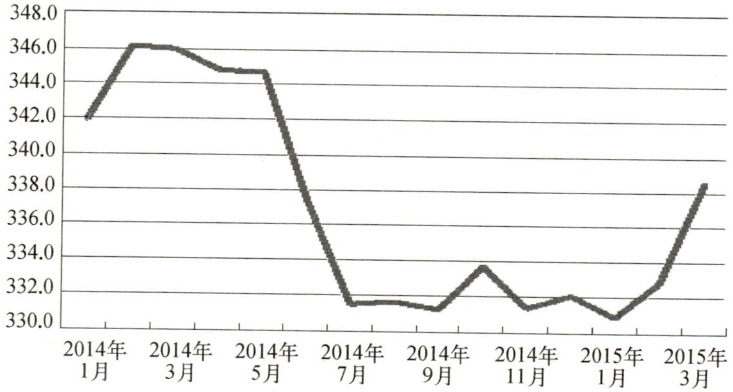

图 4-17 中原(上海)领先指数月度分析——成交

2015 年 3 月中原(上海)租金指数为 194.2 点,环比上涨 0.60%,同比上涨 4.22%,指数租金均价 63.5 元/平方米/月。

3 月份中原二手住宅租赁成交 3 912 套，环比大增 462.9%。就市场表现看，3 月进入传统租赁旺季，供需升温，各门店挂牌量增长 15%—20%，租赁需求持续高涨，来客量较春节前增加 30%—40%，推动租金出现 10%—15%的上涨，租赁市场迎来成交高峰期。

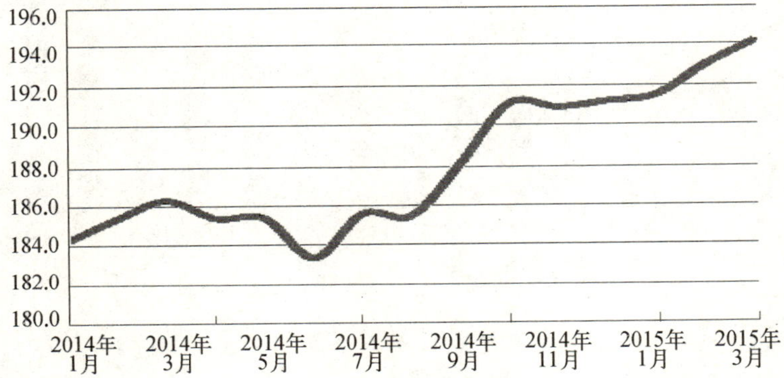

图 4－18　中原(上海)领先指数月度分析——租赁

四、2015 年 4 月二手住宅——新政利好释放，成交创历史第二高

2015 年 4 月，二手住宅成交量创新高。数据显示：4 月全市挂牌总量为 83 609 套，环比上升 8.7%。共成交二手住宅 36 480 套，环比增加 74.4%，同比增加 127%。成交均价为 24 149 元/平方米，环比上涨 5.3%，同比上涨 15.8%。全市成交金额 735.24 亿元，环比增加 85.1%。

“3.30 新政”、营业税和公积金新政等利好不断，提升市场信心，有效刺激刚需和改善型客户积极入市，4 月交易量仅次于 2013 年 3 月的 6.9 万套，达到历史次高点。政策利好影响下，业主纷纷提价销售，幅度 5%—10%，扭转买家的价格预期，看房周期明显缩短，成交节奏加快，是成交量提升的主因。

从各区域的成交情况看，与 3 月份相比，各行政区成交量持续上升。具体来看，静安区环比增幅超 100%，达到 109%。刚需集中的宝山、闵行、松江区域，环比增幅超 80%。崇明、奉贤和金山远郊区域成交量增幅相对较小，低于 45%。

从各行政区成交占比变动看，崇明县占比下降最快，由 2.7%降至 2.1%，环比下降 0.6 个百分点。浦东新区占比上升显著，由 22.2%增至 23.7%，环

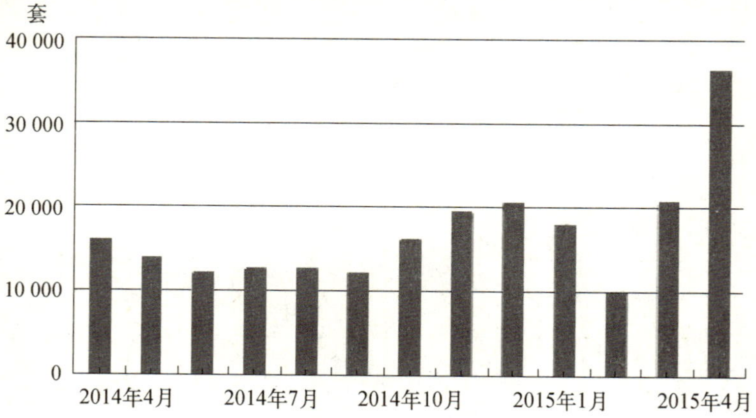

图 4-19 上海二手住宅市场成交套数走势

比上升 1.5 个百分点。其余区域占比波动不大,在 0.5 个百分点以内。长宁、虹口、普陀和徐汇区域占比与上月基本持平。

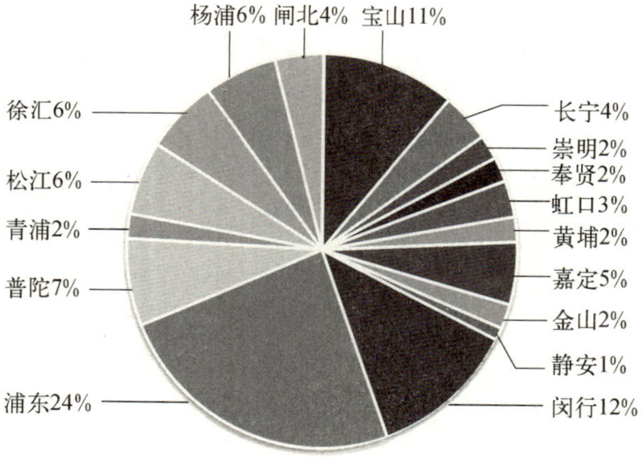

图 4-20 上海二手住宅成交区域结构

从各行政区成交均价看,4 月仅黄浦、松江、金山 3 个区域价格环比下降。价格上涨的区域中,6 个区域涨幅超全市水平,其中浦东新区涨幅最大,达 7.4%,静安、嘉定和杨浦区价格环比涨幅均达到 5.8%。奉贤和普陀区价格涨幅相对较小,未超 3%。从圈层方面看,浦东新区价格涨幅最大,4 月成交均价达到 25 328 元/平方米;其次是次外围区域,成交均价突破 2 万/平方米,达到 20 750 元/平方米,价格环比涨 5.1%。中心 8 区和外围 4 区涨幅相对较小,环比涨幅在 3.3%—3.5%。

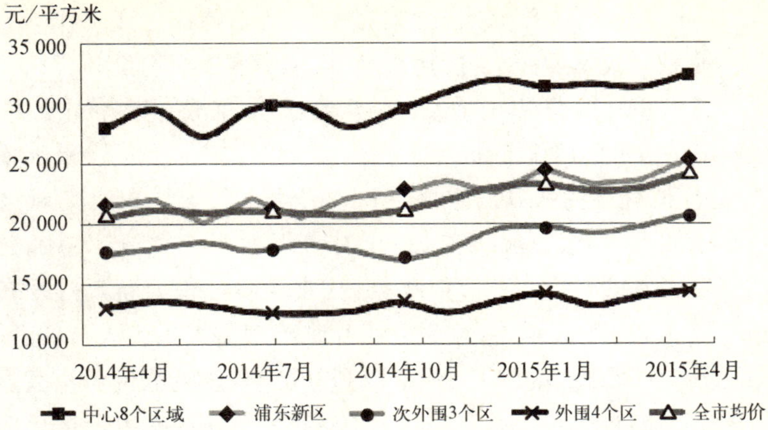

图 4－21 上海二手住宅分区成交均价走势

网上房地产数据显示，截至 2015 年 4 月底，上海全市二手住宅累积挂牌量 86 309 套，环比增加 8.7%，挂牌量止跌回升。其中内环内累计挂牌量 24 086 套，内外环 46 233 套，外环外 13 290 套，环比分别增加 4.0%、9.8%和 14.3%。从挂牌产品来看，针对刚需的 100 万元以下、130 万—150 万元的低端住宅挂牌量增幅最大，环比分别上升 12.9%和 15.4%。从区域来看，杨浦、宝山、嘉定、松江和金山挂牌量上升显著，环比增长均超 20%。挂牌量上升的重要原因，是受政策激励，业主卖房信心倍增，尤其是营业税改新政，使持有满 2 年的业主在售房时享受营业税减免，由此带动像新江湾城、嘉定新城、松江新城次新房密集的板块挂牌量出现 20%—30%的增长。

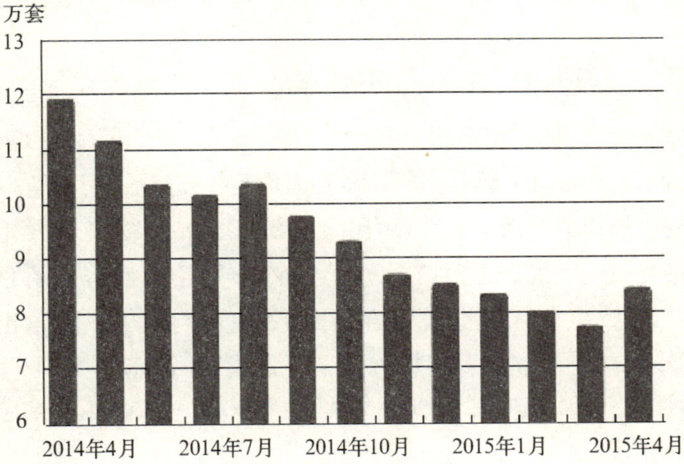

图 4－22 上海二手住宅挂牌量走势

2015年4月中原(上海)领先指数为345.2点,环比上涨1.96%,同比微涨0.11%,指数环比涨幅扩大,同比止跌,样本房源成交均价36 725元/平方米。4月楼市政策陆续发布,有效刺激购房需求,业主涨价势头猛烈,并已迅速蔓延开来,二手房价格加速上涨。

中原地产研究咨询部数据监测显示,4月全市二手住宅成交36 480套,环比增加74.4%,同比增加127%。交易量仅次于2013年3月的6.9万套,达到历史次高点。"3.30"信贷政策、营业税和公积金新政等发布,提升市场信心,降低客户购房成本,刺激刚需和改善型需求积极入市,挂牌量、带看量和成交量均得到显著上升。受新政利好影响,业主涨价势头猛烈,幅度在5%—10%,房价上行动力足。这也扭转了大部分买家的价格预期,买房变得更为迫切,看房周期明显缩短,成交节奏明显加快。政策效应在4月得到了集中体现。

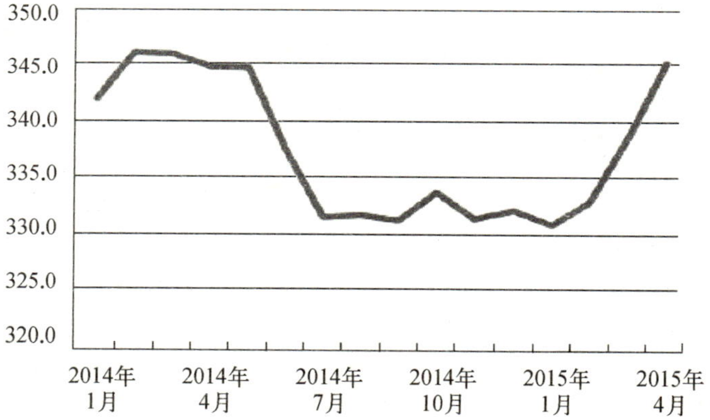

图4-23 中原(上海)领先指数月度分析——成交

2015年4月中原(上海)租金指数为197.5点,环比上涨1.69%,同比上涨6.54%,同环比涨幅继续扩大,指数租金均价64.6元/平方米/月。4月份中原二手住宅租赁成交2 472套,环比减少36.8%。延续3月的租赁旺季,租房需求量保持稳定状态。经过3月租赁成交高峰期后,市场上可供租客选择的房源较少,导致一些区域供需矛盾突出,受此影响租赁成交量出现小幅下挫。就租金来看,受4月买卖市场价格上涨的影响,需求集中的一房、两房租金维持小幅上涨,大户型租金表现稳定。

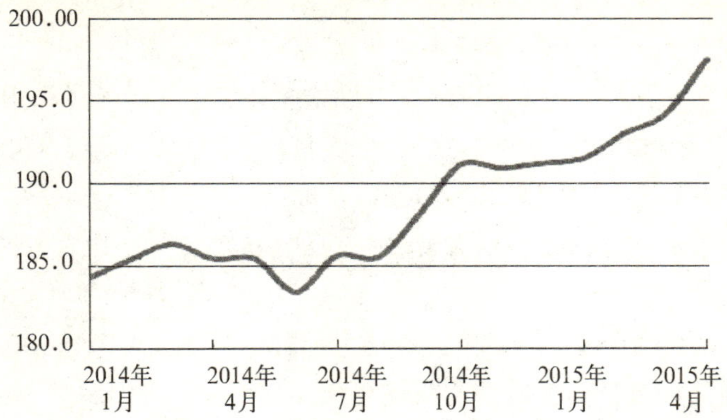

图 4－24　中原(上海)领先指数月度分析——租赁

五、2015 年 5 月二手住宅——成交量刷新历史次高点

2015 年 5 月，二手住宅成交量再创新高。数据显示：5 月全市挂牌总量为 91 080 套，环比上升 8.9%。共成交二手住宅 36 898 套，环比增加 1.1%，同比增加 164.1%。成交均价为 25 109 元/平方米，环比上涨 4%，同比上涨 18.9%。全市成交金额 744.71 亿元，环比增加 5.4%。

5 月交易量再度刷新历史次高点，“红五月”完美收官。在“3.30”系列政策和公积金利率下调利好影响下，货币和信贷环境宽松，有效推动买家积极入市，尤其在学区热、置换热的带动下，改善型客户成交明显放量，有力支撑交易量处于高位运行。

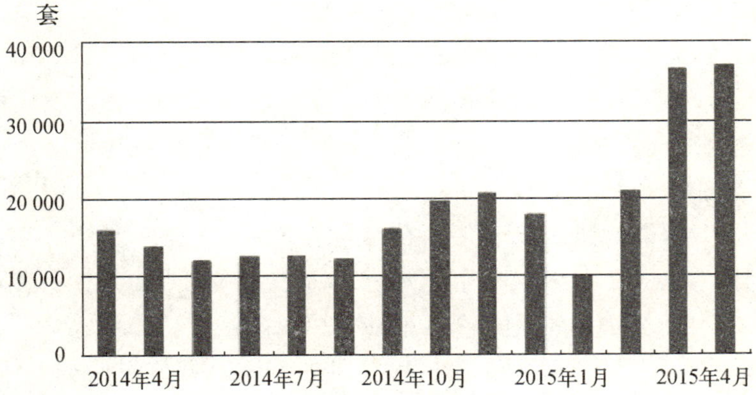

图 4－25　上海二手住宅市场成交套数走势

从各区域的成交情况看，与4月份相比，仅崇明、金山、闵行和普陀4个区成交量出现下滑，其中闵行区成交量跌幅高达12%。静安、长宁、卢湾3个中心城区成交量上升最快，成交量环比分别增长13.5%、10.7%和10.6%；其次是虹口、杨浦和闸北3个次中心区域，成交量环比增幅超5%，表明改善型成交比重明显上升，有力支撑整体交易量的持续上行。

从各行政区成交占比变动看，次中心及中心区域占上升显著。其中，长宁区占比由3.8%升至4.2%，环比上升0.4个百分点；杨浦和闸北占比均上升0.2个百分点。仅5区占比下降。其中，闵行区由12.4%降至10.8%，环比下降1.6个百分点。其余区域占比跌幅在0.3个百分点以内。

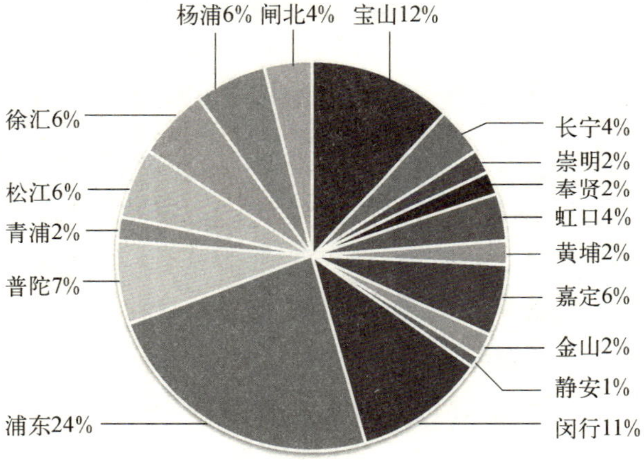

图4-26 上海二手住宅成交区域结构

从各行政区成交均价看，共有5区成交价格环比下跌，其中崇明县、奉贤远郊区域价格下跌明显，环比跌幅分别为6.3%和1.2%，虹口和卢湾价格跌幅超过3%。价格上涨的区域中，长宁和徐汇凭借地段和学区突出优势，价格环比分别上涨7.4%和7.3%。嘉定、青浦刚需区域房价保持上涨，但涨速明显缩小，均小于1%。

从圈层方面看，浦东新区价格涨幅最大，5月成交均价达到26 902元/平方米，环比上涨6.2%；其次是中心8区域，成交均价33 385元/平方米，环比涨幅3.2%。次外围和外围区域涨幅相对较小，在1.8%—2.2%。

可以看出，5月中心区域的学区房交易热度不减，供需矛盾突出导致房价被快速推高，而外围区域刚需释放的量比较有限，房价上涨显得较为乏力，已趋于稳定。

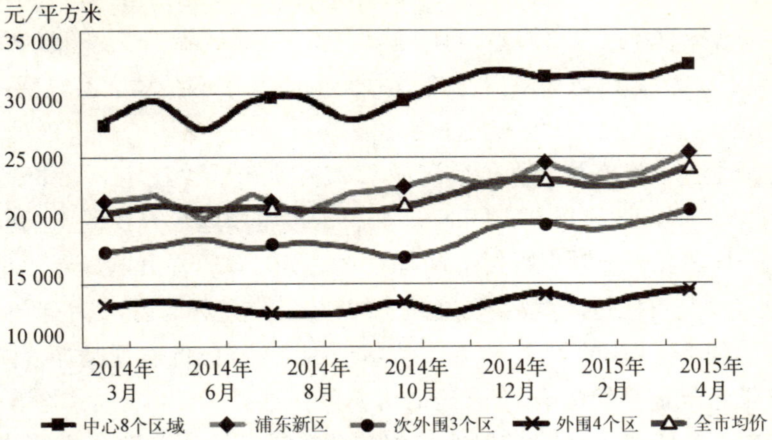

图 4－27　上海二手住宅分区成交均价走势

网上房地产数据显示，截至 2015 年 5 月底，上海全市二手住宅累积挂牌量 91 080 套，环比增加 8.9%，成功站上 9 万套大关。其中，内环内累计挂牌量 25 305 套，内外环 50 666 套，外环外 15 109 套，环比分别增加 5.1%、9.6%和 13.7%。

从区域看，中心区域及次中心区域挂牌量显著上升，其中徐汇区增幅最大达 14.8%，黄浦、长宁、普陀、杨浦区挂牌增幅超 10%。从产品看，70 平方米以下、130—150 万的挂牌量增幅最大，环比增长 12%，此类房源颇受刚需的青睐，因此业主挂牌往往能够在短期内顺利出售，便于业主后续置换。

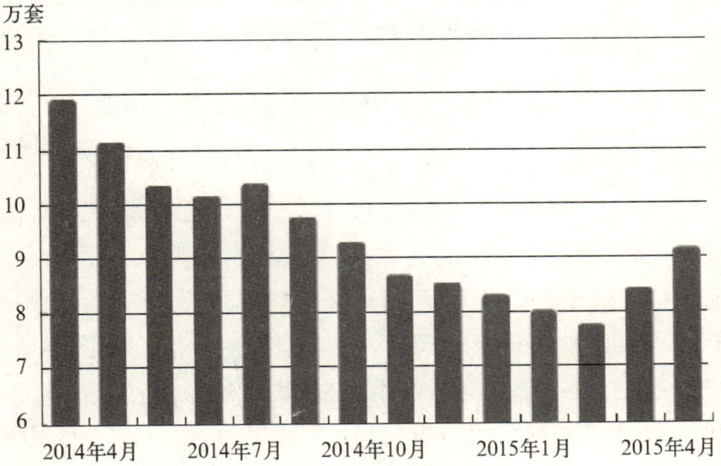

图 4－28　上海二手住宅挂牌量走势

2015 年 5 月中原(上海)领先指数为 350.1 点，环比上涨 1.44%，同比上涨 1.58%，指数环比涨幅缩小，同比涨幅扩大，样本房源成交均价 37 253 元/平方米。"3.30"系列政策效应持续作用下，5 月二手房延续交易热度，支撑业主继续看涨，二手房价涨势未变，但涨速有所放慢。

中原地产研究咨询部数据监测显示，5 月全市二手住宅成交 36 898 套，环比增加 1.1%，同比增加 164.1%，交易量再度刷新上月记录，达到历史次高点。5 月沪公积金利率再度下调，进一步稳定市场，提升购房者入市信心，二手房市场交投保持高度活跃。经过 4 月一波交易释放后，5 月起门店新增客户量出现 2—3 成的下降，但业主依然乐观看涨，报价表现坚挺。同时，买家购房情绪丝毫不受影响，有合适的房源就会选择短期内出手，整体交易节奏并未放慢。下半月起前期置换挂牌的业主重新投入到购房大军中，新一轮改善型购买力形成，并迅速转化成交，有力支撑了整体交易量继续保持高位运行。

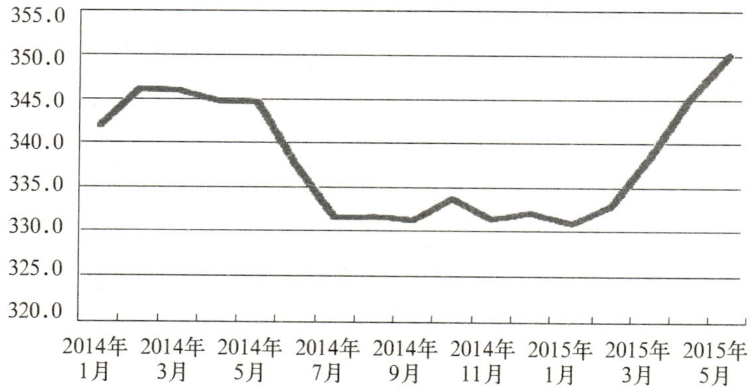

图 4-29 中原(上海)领先指数月度分析——成交

2015 年 5 月中原(上海)租金指数为 198.7 点，环比上涨 0.65%，同比上涨 3.79%，环比涨幅明显收窄，指数租金均价 65.0 元/平方米/月。

5 月份中原二手住宅租赁成交 2 445 套，环比减少 1.1%。3、4 月租赁高峰过后，5 月租赁市场明显降温，新增挂牌量和租客数量均有 20%—30%的下滑，租赁成交量受影响出现小幅回落。然而，受房价上涨的影响，在一些配套成熟、交通便捷的区域，业主持续涨租，需求集中的一房、两房，租金平均上涨 200—300 元，但涨幅较 4 月收窄。

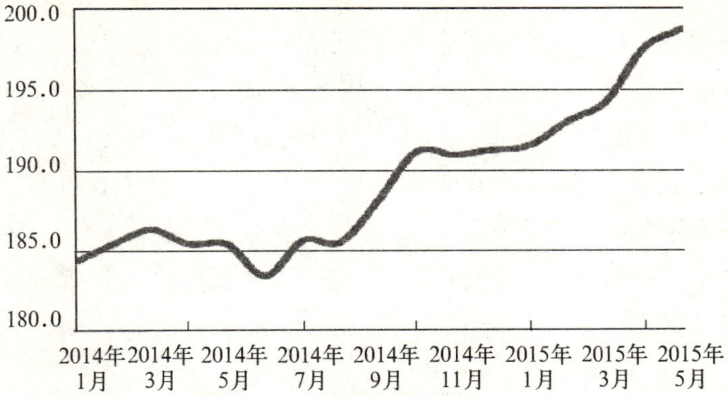

图 4-30　中原(上海)领先指数月度分析——租赁

六、2015 年 6 月二手住宅——改善持续旺盛，交易刷新同期纪录

2015 年 6 月，二手住宅成交喜人。数据显示：6 月全市挂牌总量为 92 673 套，环比上升 1.7%。共成交二手住宅 34 116 套，环比减少 7.5%，同比增加 180.2%。成交均价为 25 737 元/平方米，环比上涨 4%，同比上涨 22.7%。全市成交金额 765.13 亿元，环比减少 1.2%。

6 月交易量虽不及 4、5 月，但也是 2015 年单月成交的第三高值，"红六月"顺利收官。央行再度降息降准稳定信心，二手房市场交投持续活跃，买家购房热情不减，在"僧多粥少"的情况下，供求关系发生转变，支撑业主积极涨价。看涨预期压力下，买家出手速度加快，推动二手房交易量维持高位运行。

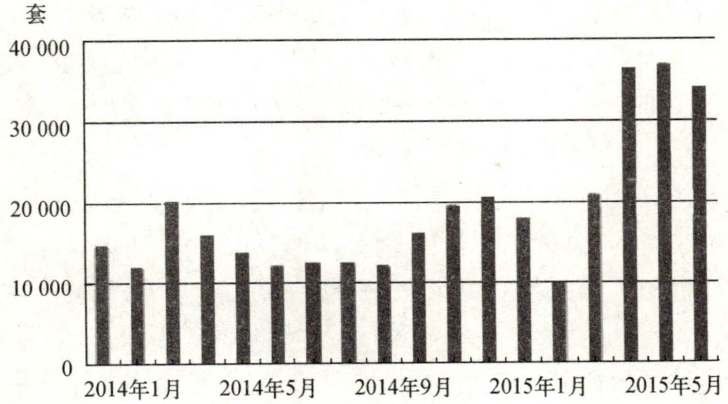

图 4-31　上海二手住宅市场成交套数走势

从各区域的成交情况看,与5月份相比,仅静安区成交量环比增长,其余区域成交量出现不同程度的下降,外围区域成交量下降明显。其中嘉定、宝山、松江成交量下滑一成以上,环比分别下降17.8%、15%和11.5%。奉贤、崇明、金山、青浦成交量降幅在3%—8%。从各行政区成交占比变动看,外郊环区域的宝山、嘉定、松江占比下滑明显。其中宝山区占比由11.5%下降至10.6%,环比下降0.9个百分点。占比上升最大的是浦东新区,占比由23.7%升至24.2%,环比上升0.5个百分点。闵行和徐汇占比均上升0.4个百分点。金山、奉贤2区占比没有变化。

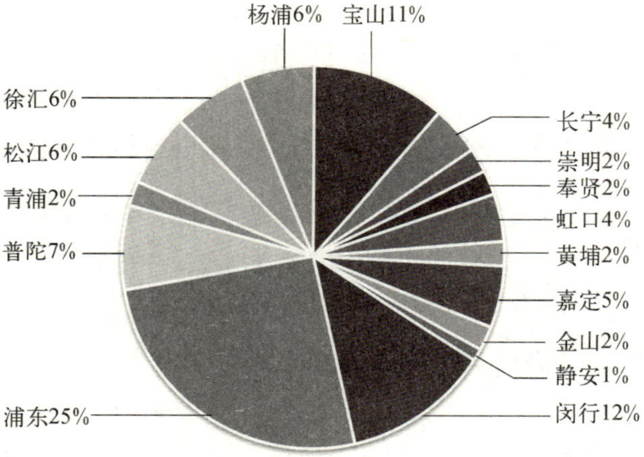

图4-32 上海二手住宅成交区域结构

从各行政区成交均价看,仅宝山、青浦和松江环比下跌,其中青浦区环比跌幅1.4%。成交价格上涨的区域中,静安区价格环比涨幅最高,达7.4%。其次是虹口区,环比上涨5.7%。黄浦、徐汇2区的涨幅超2%。

从圈层方面看,仅外围4区价格环比下跌0.3%。中心8区涨幅最大,成交均价由33 385元/平方米涨至34 331元/平方米,环比涨幅2.8%;其次是浦东新区,环比上涨1.3%;次外围3区涨幅最小,仅0.8%。

可以看出,6月中心及次中心区域凭借地段、交通、学区热余温等优势,改善型置业需求旺盛,成交持续活跃,部分区域供需失衡,支撑业主涨价。而外环外区域刚需购买力下降,交投相对清淡,房价上行乏力,部分区域房价已止涨下跌。

网上房地产数据显示,截至2015年6月底,上海全市二手住宅累积挂牌量2 637套,环比增加1.7%,增幅明显收窄。其中内环内累计挂牌量25 283

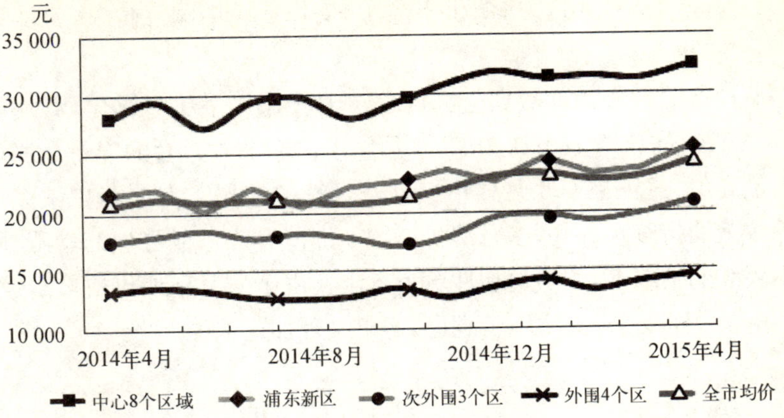

图 4-33 上海二手住宅分区成交均价走势

套,环比减少 0.1%。内外环挂牌量 51 514 套,外环外挂牌量 15 840 套,环比分别增加 1.7%和 4.8%。

各门店新增挂牌量均有不同程度的下滑。中原地产研究咨询部监测数据显示:6 月全市二手住宅新增挂牌量 2.3 万套,环比减少 14%。由于 4、5 两月市面上房源被大量消化,后续供应节奏明显放慢,尤其是下半月,新增供应明显缩量,已经无法满足客户需求,房少、客户多的情况比较普遍,导致业主报价一浪高过一浪。新挂牌的房源报价较上月上涨 2%—5%,稀缺小区或户型报价更是高得离谱,房价呈现畸形上涨。

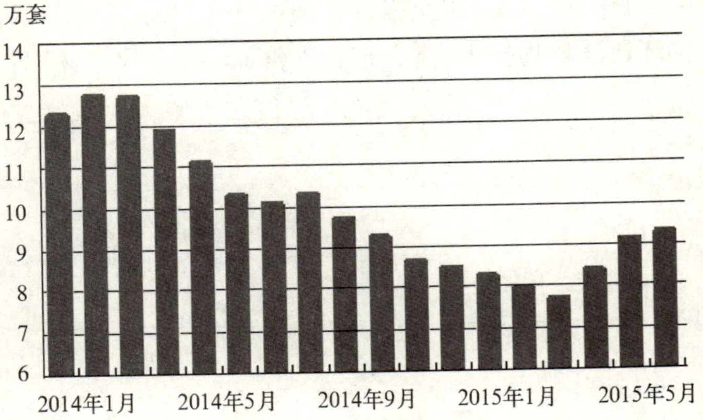

图 4-34 上海二手住宅挂牌量走势

2015 年 6 月中原(上海)领先指数为 360.0 点,环比上涨 2.81%,同比上涨 6.69%,指数同环比涨幅扩大,样本房源成交均价 38 301 元/平方米。

6月二手房延续交易热度，房源供不应求，支撑业主继续涨价，房价涨速继续放大。

中原地产研究咨询部数据监测显示，6月全市二手住宅成交34 116套，环比减少7.5%，同比增加180.2%。6月二手住宅3.4万套的交易量刷新历史同期的最高值，这正是4、5月楼市交易热延续的结果。支撑客户积极入市的动力除政策面持续利好外，多月房价持续上涨使客户形成强烈的看涨预期，在买涨不买跌的情绪下，购房迫切性更为突出。由于6月新增供应节奏放慢，房源供不应求，不断提升业主涨价意愿，房价呈现加速上涨。

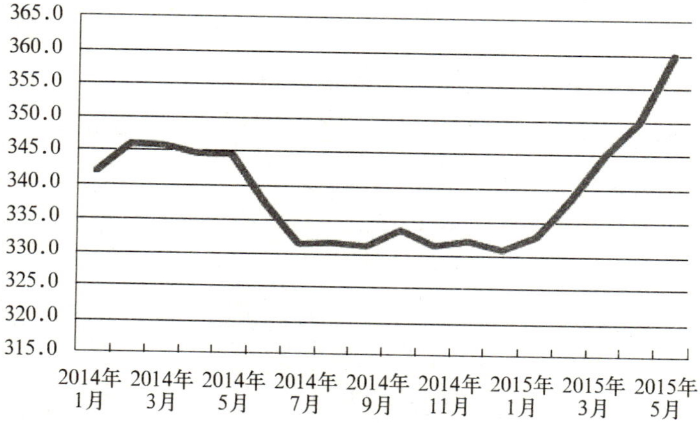

图4-35 中原(上海)领先指数月度分析——成交

2015年6月中原(上海)租金指数为201.5点，环比上涨1.40%，同比上涨9.86%，同环比涨幅均扩大，指数租金均价66.0元/平方米/月。6月份中

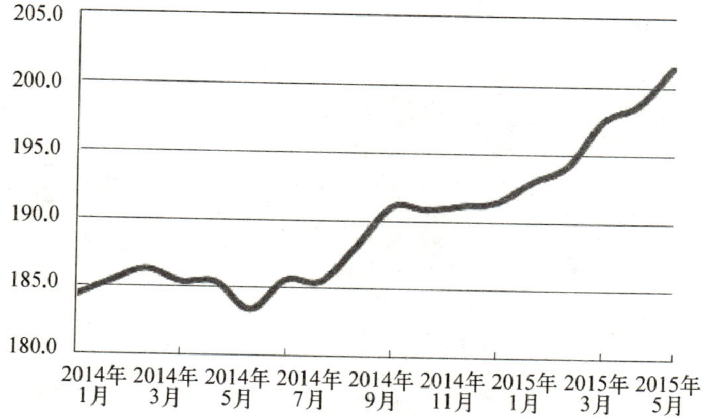

图4-36 中原(上海)领先指数月度分析——租赁

原二手住宅租赁成交 2 756 套，环比增加 12.7%。6 月正值毕业季，租赁市场又迎来一波交易高峰，大学集中的区域租金平均上浮 200—300 元，一些受学生青睐的小户型供不应求。此外，配套成熟、交通便捷的地段，如古北、北蔡、中山公园等，租赁需求保持旺盛，租金持续小幅上涨。

七、2015 年 7 月二手住宅——打破淡季规律，交易创历史同期新高

2015 年 7 月，二手住宅成交淡季不淡。数据显示：7 月全市挂牌总量为 98 377 套，环比上升 6.2%。共成交二手住宅 32 645 套，环比减少 4.3%，同比增加 158.6%。成交均价为 25 457 元/平方米，环比下跌 1.1%，同比上涨 21.2%。全市成交金额 719.69 亿元，环比减少 5.9%。

7 月二手住宅 3.2 万套的交易量创造历史同期纪录，打破淡季规律。延续 6 月交易热度，7 月二手房交投保持活跃，但新增供应持续萎缩，尤其是置换活跃的区域，房源供不应求，保持快速成交的节奏，这股改善型需求所释放的量有效支撑交易量维持高位运行。

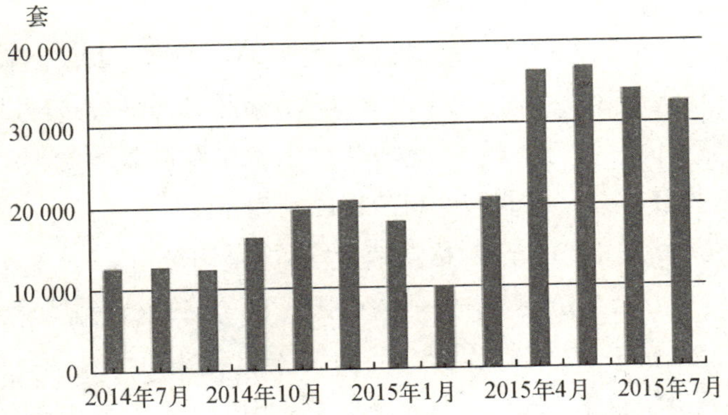

图 4-37 上海二手住宅市场成交套数走势

从各区域的成交情况看，与 6 月相比，仅宝山、崇明和奉贤 3 区成交量上升，环比分别增长 6.2%、5.8%和 1.6%。其余区域交易量均出现不同程度的下滑，中心区域成交量显著下降。其中，卢湾成交环比减少 30%，黄浦、徐汇和长宁成交环比跌幅超 10%，而嘉定、松江、青浦郊区成交跌幅则小于 8%。

从各行政区成交占比变动看，受成交量影响，宝山占比上升最快，由

10.6%上升至11.7%,环比上升1.1个百分点;其次是浦东,成交占比上升0.8个百分点。中心区域成交占比明显下降,其中徐汇占比由6.2%降至5.6%,长宁和黄浦成交占比分别下降0.4和0.3个百分点。次中心区域和郊区占比变化不大。

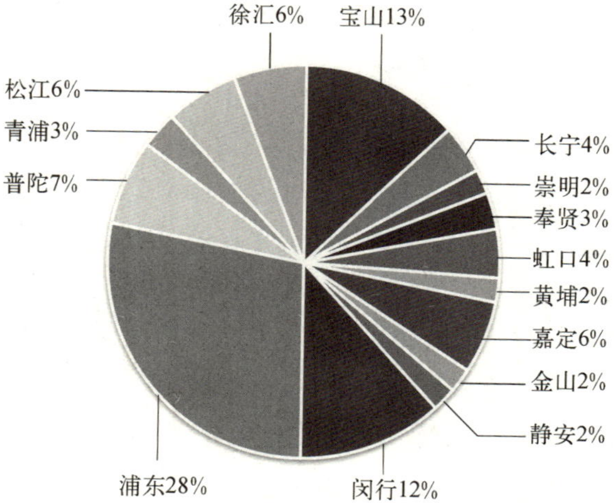

图4-38 上海二手住宅成交区域结构

从各行政区成交均价看,7月,共9区均价环比上涨。其中,青浦区涨幅最大达6.9%;其次是静安区,环比上涨3.1%;杨浦、长宁和黄浦分别价格涨幅超2%。成交均价下跌的区域中,崇明和金山价格跌幅最大,分别为4.5%和4.2%,浦东、松江、宝山、闸北和虹口价格跌幅均超1%。

从圈层方面看,中心8区价格持续上涨,成交均价由34 331元/平方米涨至34 755元/平方米,环比涨幅1.2%;外围4区价格保持稳定,波动不大。浦东及次外围3区价格则分别下跌1.7%和1.2%。

供求关系决定价格走势。7月置换需求集中的中心及次中心区域,成交保持活跃,二手房供不应求,支撑业主涨价,房价被不断抬高。外环外区域供求平衡并未打破,随着买家入市热情降温,交投开始转淡,压制房价上行。其中远郊区域二手房供大于求,导致7月房价跌幅最为显著。

网上房地产数据显示,截至2015年7月底,上海全市二手住宅累积挂牌总量98 377套,环比增加6.2%,连续四月保持增长。其中,内环内挂牌总量26 226套,内外环55 585套,外环外17 480套,环比分别增加3.7%和6.1%和10.5%。

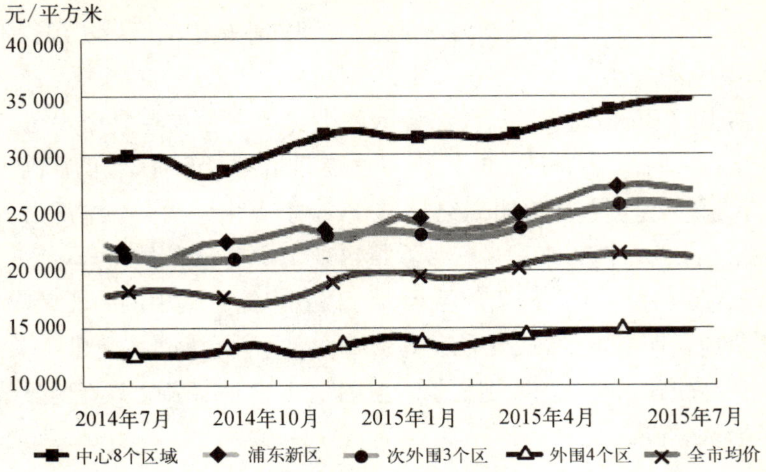

图 4-39 上海二手住宅分区成交均价走势

从 7 月新增挂牌情况看,整体出现萎缩。中原地产研究咨询部监测数据显示:7 月全市二手住宅新增挂牌量 24 641 套,环比减少 8.4%。从各门店的反馈情况看,改善型需求集中的中心及次中心区域,房源供不应求,新增挂牌量平均下降 20%—30%,一些受追捧高品质次新小区甚至出现断供。外围区域挂牌量波动不大,尤其是青浦、嘉定、奉贤郊区,小区本身体量较大,房源供给相对充足。这些区域由于供求趋于平衡,部分急于置换的业主率先下调报价示诚意,已陆续出现降价成交的案例。

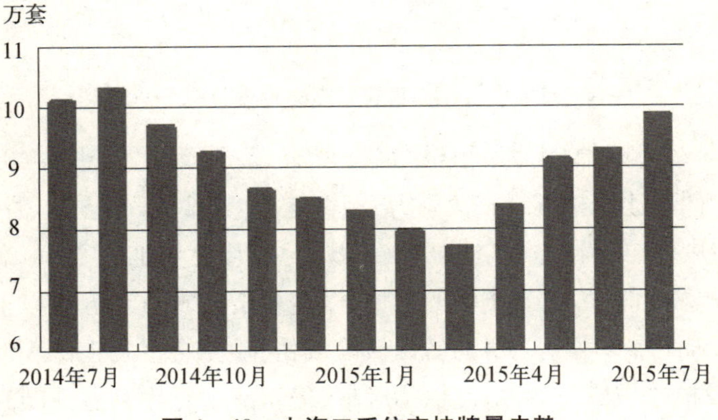

图 4-40 上海二手住宅挂牌量走势

2015 年 7 月中原(上海)领先指数为 366.4 点,环比上涨 1.78%,同比上涨 10.52%,指数环比涨幅缩小,同比涨幅扩大。样本房源成交均价 38 982 元/平方米。7 月二手房延续交易热度,改善型置业集中的区域房源供不应求,房价被不断推高,但与 6 月相比,7 月涨速收窄。

中原地产研究咨询部数据监测显示,7 月全市二手住宅成交 32 645 套,环比减少 4.3%,同比增加 158.6%。7 月交易量虽不及 6 月,但仍在高位运行,3.2 万套的交易量创造历史同期纪录,打破淡季规律。就市场情况看,需求经过前期释放后,7 月门店来客量和带看量出现 10%—20%的下降,部分客户受股市波动的影响购买力下降而暂缓入市。以置换需求集中的中心及次中心区域,新增供应量明显萎缩,成交量受到影响同步下滑。同时,受供求关系的影响,房价保持快速上涨,超出买家的价格预期,下半月起成交节奏明显放慢,二手房市场开始降温。

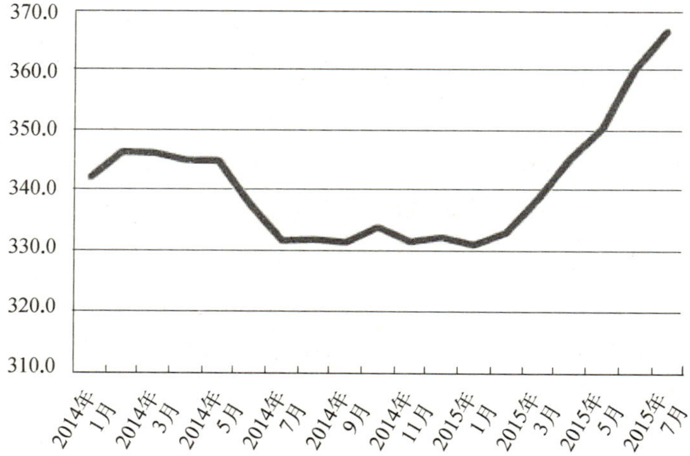

图 4-41 中原(上海)领先指数月度分析——成交

2015 年 7 月中原(上海)租金指数为 208.5 点,环比上涨 3.46%,同比上涨 12.3%,同环比涨幅继续扩大,指数租金均价 68.2 元/平方米/月。

7 月份中原二手住宅租赁共成交 2 876 套,环比增加 4.4%。7 月租赁市场延续毕业季的热度,大学集中的区域,学生租赁需求量占五成以上。由于合租现象集中,使得一房至三房的房源被陆续消化,租金平均上涨 200—500 元,整体保持较快的租赁节奏,房源供不应求,房东涨租意愿普遍强烈。在此背景下,后续租客找房的难度明显增大。

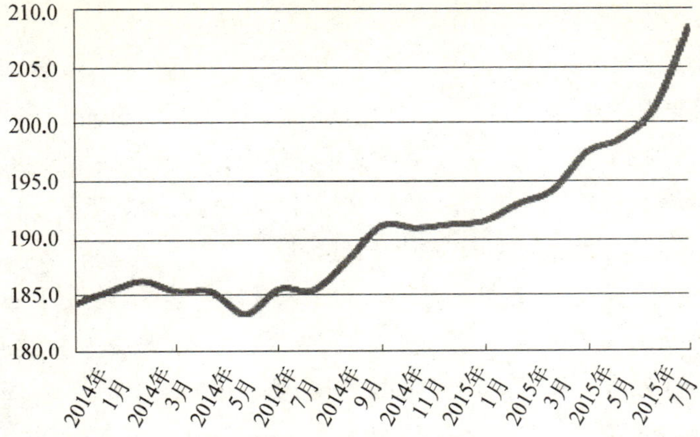

图 4－42　中原(上海)领先指数月度分析——租赁

八、2016 年 8 月二手住宅——延续淡季不淡，3.3 万套超 7 月创同期新高

2015 年 8 月，二手房市场延续淡季不淡的走势。数据显示：8 月全市挂牌总量为 103 206 套，环比上升 4.9%。共成交二手住宅 33 054 套，环比增加 1.3%，同比增加 159.9%。成交均价为 25 246 元/平方米，环比微跌 0.8%，同比上涨 21.1%。全市成交金额 728.33 亿元，环比增加 1.2%。

8 月二手住宅 3.3 万套的交易量续写淡季神话，表明二手房市场交投依然活跃。一方面置换客积极入市，许多区域内优质房源供不应求，房价涨势不减，迫使买家频频出手；另一方面，外环外供应稳定的刚需区域，主动降价售房

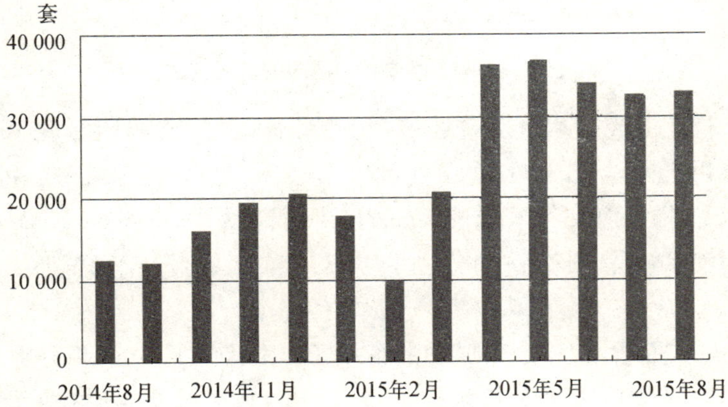

图 4－43　上海二手住宅市场成交套数走势

的业主增多,双方容易在短期内达成意向。整体来看,8 月二手房市场交易热度没有丝毫减退。

从各区域的成交情况看,与 7 月相比,仅 6 区成交量萎缩。其中奉贤降幅最大,环比减少 14.1%。虹口、崇明、杨浦跌幅超 6%。交易量增长的区域中,卢湾区增幅最大,环比增长 23.3%。普陀区和松江区成交量环比分别增长 9.9%和 8.0%。仅青浦 1 区交易量环比持平。

从各行政区成交占比变动看,整体波动不大。其中,普陀区占比上升最快,由 6.1%上升至 6.6%,环比上升 0.5 个百分点;其次是松江区,成交占比上升 0.3 个百分点。杨浦区占比下降最快,由 6.0%降至 5.5%;奉贤和虹口成交占比分别下降 0.4 和 0.3 个百分点。长宁、金山、静安和浦东 4 区占比没有变化。

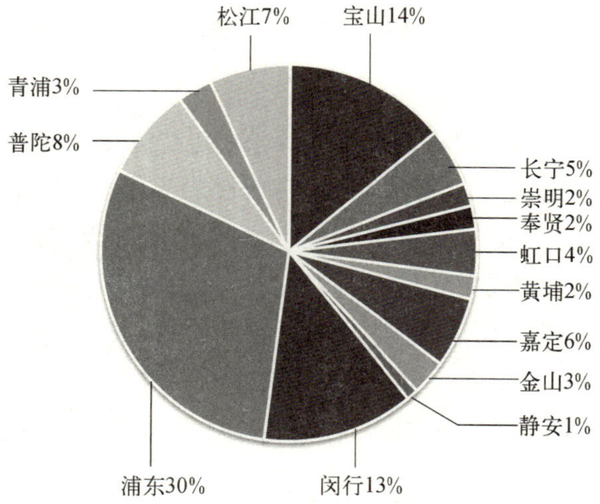

图 4-44 上海二手住宅成交区域结构

从各行政区成交均价看,共 8 区均价环比上涨,涨幅明显收窄。其中,闸北区涨幅最大,达 3.4%;金山区和宝山区环比分别上涨 2.6%和 2.5%;其余区域涨幅小于 2%。成交均价下跌的区域中,长宁区跌幅最大,为 4.1%;青浦和黄浦均格跌幅分别为 3.8%和 3.7%。仅杨浦区均价保持稳定。

从圈层方面看,仅中心 8 区和浦东新区价格环比下跌,跌幅分别为 1.5%和 2.7%。次外围 3 区价格涨幅最大,达 1.3%,成交均价由 21 031 元/平方米涨至 21 301 元/平方米。外围 4 区均价则表现平稳,波动不大。

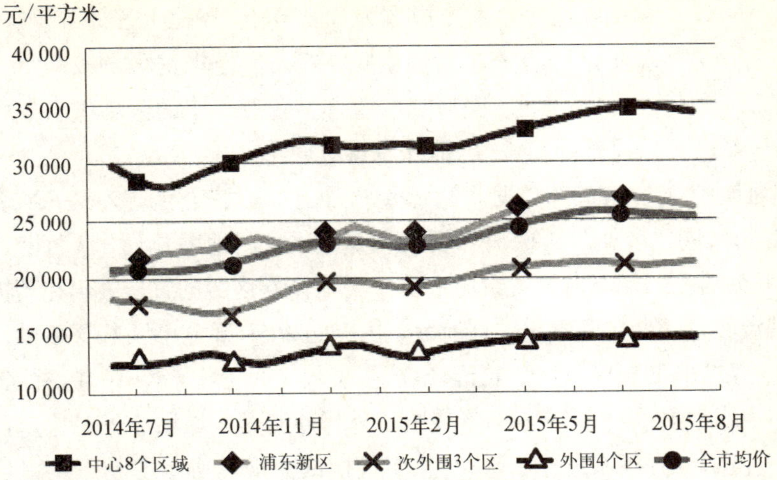

图 4－45　上海二手住宅分区成交均价走势

网上房地产数据显示，截至 2015 年 8 月底，上海全市二手住宅累积挂牌总量突破 10 万套，达到 103 206 套，环比增加 4.9%，连续五个月保持增长。其中，内环内挂牌总量 27 430 套，内外环 56 778 套，外环外 18 998 套，环比分别增加 4.6%、3.9%和 8.6%。

8 月新增挂牌量止跌回升。中原地产研究咨询部监测数据显示：8 月全市二手住宅新增挂牌量 2.53 万套，环比上升 10.5%。从周度走势看，前三周挂牌量延续缩量的态势，平均保持在 5 446 套，直到最后一周，在央行降息降准及二套房降首付的利好推动下，新增挂牌量猛抬至 7 894 套，环比增长 43.3%，对提升挂牌量起到有力的支撑。

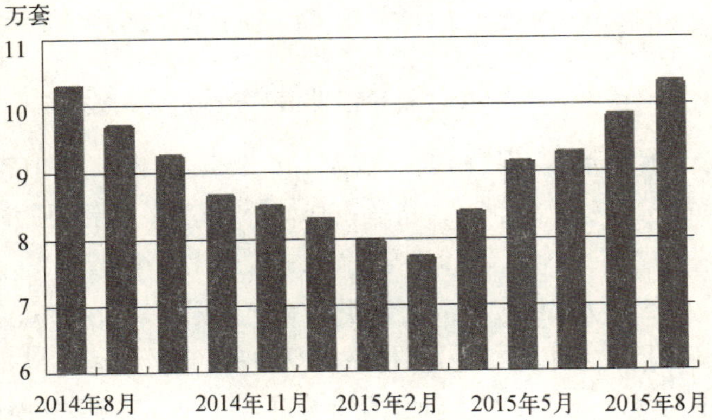

图 4－46　上海二手住宅挂牌量走势

2015 年 8 月中原(上海)领先指数为 370.6 点,环比上涨 1.16%,同比上涨 11.75%,指数环比涨幅缩小,同比涨幅扩大。样本房源成交均价 39 435 元/平方米。8 月二手房延续交易热度,改善型置业集中的区域供求矛盾突出,房东提价气势足,房价保持上涨,但涨幅继续收窄。

中原地产研究咨询部数据监测显示,8 月全市二手住宅成交 33 054 套,环比增长 1.3%,同比增加 159.9%。8 月交易量出乎意料地攀升至 3.3 万套,超 7 月的量,并创历史同期新高。就市场来看,8 月中高端区域的置换客仍在积极入市,优质房源经过前期集中去化后已处稀缺供应的状态,部分小区甚至断供,供需矛盾进一步加剧,助长房东强势叫价,整体报价较 7 月上涨 5%—8%,看涨压力下迫使客户积极出手,整体交易节奏较快。外环外刚需区域供应相对稳定,加上新房集中开盘,部分买家被分流,一些急于置换或套现的房东主动下调报价,幅度在 2%—3%,由此也吸引了不少刚需买家,降价成交的案例明显增多。刚需和改善型买家所释放的量有力地推动交易量稳步上行,牢牢锁定在高位。

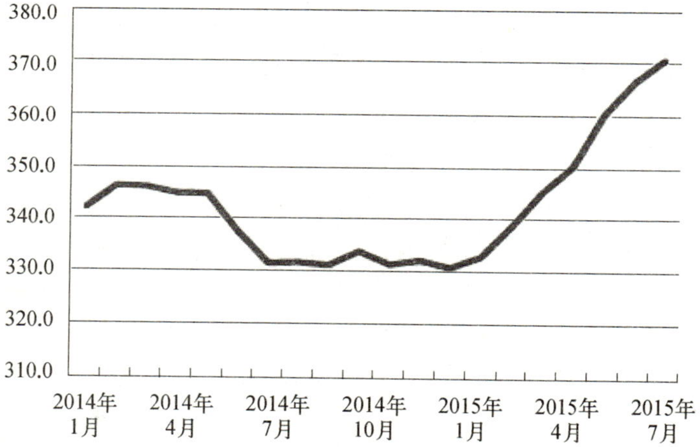

图 4-47 中原(上海)领先指数月度分析——成交

2015 年 8 月中原(上海)租金指数为 216.3 点,环比上涨 3.76%,同比上涨 16.7%,同环比涨幅继续扩大,指数租金均价飙至 70.8 元/平方米/月。

8 月份中原二手住宅租赁共成交 2 221 套,环比减少 22.8%。8 月租赁市场挂牌量减少 2—3 成,相应地成交量明显减少。据了解,在配套成熟、交通便捷的居住区域,租赁需求保持稳定,但房源供应稀缺,供求矛盾突出,房东普遍涨租,租金上涨 3%—5%,不少租客因无房可看,逐步向租金低廉的偏远和新兴区域转移。

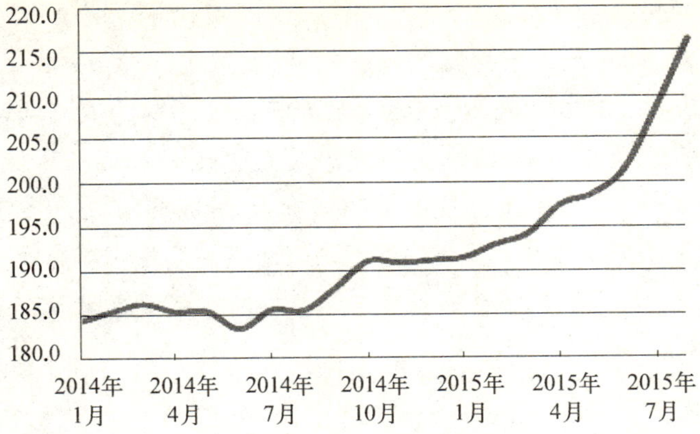

图 4-48 中原(上海)领先指数月度分析——租赁

九、2015年9月二手住宅——卖家惜售“金九”成色略显不足

2015年9月,二手房市场量价齐升。上海交易中心的数据显示:9月全市新增挂牌为24 027套,环比下降13.6%。共成交二手住宅34 319套,环比增加3.8%,同比增加178.2%。成交均价为25 633元/平方米,环比上涨1.5%,同比上涨24%。全市成交金额732.67亿元,环比增加2.5%。

9月份二手住宅成交量超8月,但3.4万套的交易量仍不及4、5两月,为2015年第三高值,意味着市场预期的“金九”行情成色略显不足。央行双降、二套公积金贷款降首付等政策面利好有力支撑卖家大幅提价、频繁跳价,惜售情况增多,使买家认为卖家普遍缺乏诚意,双方易陷入僵局。

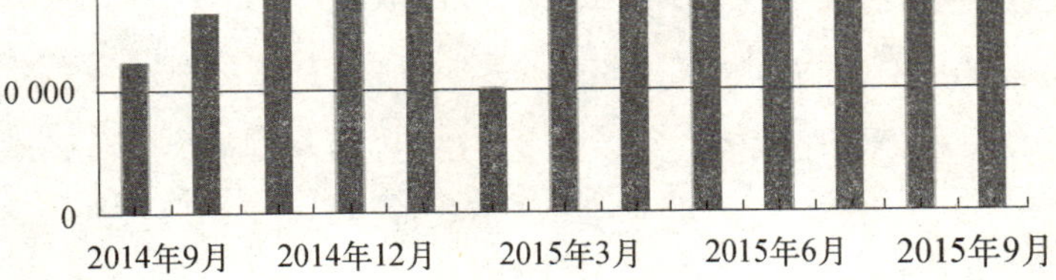

图 4-49 上海二手住宅市场成交套数走势

从各区域的成交情况看，与 8 月相比，仅静安、浦东和松江 3 区成交逆市下滑，其中供应严重萎缩的静安区，成交量环比减少 2.6%。成交量环比增长的区域中，奉贤区增幅最大，达 19.7%；杨浦以 12.9%的成交增幅位列第二；受静闸合并消息刺激的闸北区，交易量明显上升，以 9.9%的环比增幅排名第三。整体看，中心区域受挂牌量不足的影响，9 月成交量增长缓慢。其中，长宁、黄浦、徐汇增幅基本小于 3%。近郊刚需区域供应量相对充足，有力支撑交易量的明显上升。除奉贤交易量增幅最大外，嘉定、青浦成交量分别增长 8.5%和 4.8%。

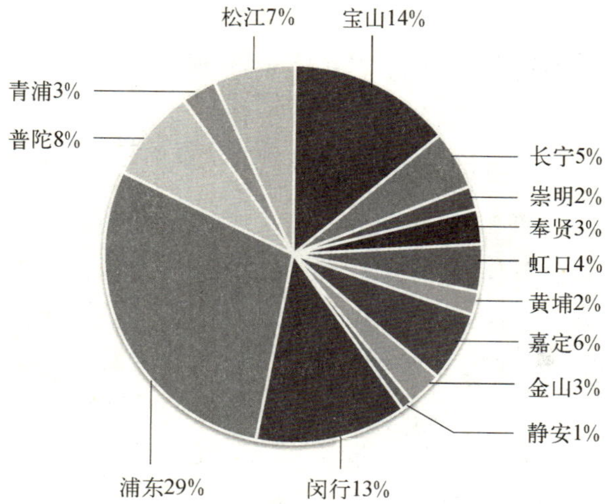

图 4 - 50　上海二手住宅成交区域结构

从各行政区成交均价看，共有 8 区价格涨幅高于全市水平。其中，金山涨幅最大，达 6.9%；其次是黄浦，价格环比上涨 5.3%；浦东和普陀环比涨幅超 3%。静安、虹口和奉贤价格表现稳定。仅徐汇价格逆市下跌，跌幅 1.9%。

从圈层方面看，价格涨幅略有扩大。其中，浦东新区价格涨幅最大，成交均价涨至 2.7 万元/平方米；其次是次外围 3 区，成交均价涨幅达到 2.2%。外围 4 区受新房冲击，价格涨幅保持平稳，波动不大。

网上房地产数据显示，截至 2015 年 9 月底，上海全市二手住宅挂牌总量 106 907 套，环比增加 3.6%，连续 6 个月保持增长。其中，内环内挂牌总量 28 163套，内外环 58 323 套，外环外 19 882 套，环比分别增加 2.7%、3.5%和 5.4%。

9 月新增挂牌量略有回落。中原地产研究咨询部监测数据显示：9 月全

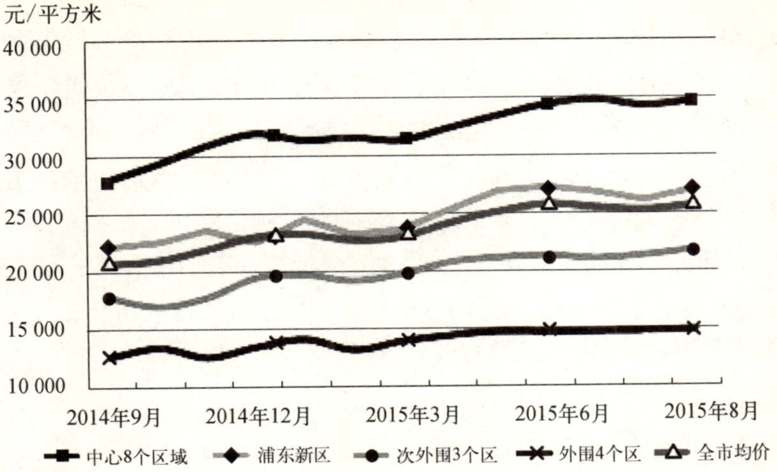

图 4-51　上海二手住宅分区成交均价走势

市二手住宅新增挂牌量 2.4 万套，环比减少 5.1%。从周度走势看，呈现递减的态势，前两周新增挂牌量平均在 5 753 套，后两周则缩减至 4 539 套。究其原因，"金九"旺季业主普遍乐观看涨，在早卖不如晚卖心态下，惜售情绪浓重，售房意向较低。市面上有效房源供给未有明显增长，尤其是中高端区域的学区房、优质房比较稀缺，致使供求矛盾突出，如此一来，成交量受到明显压制。

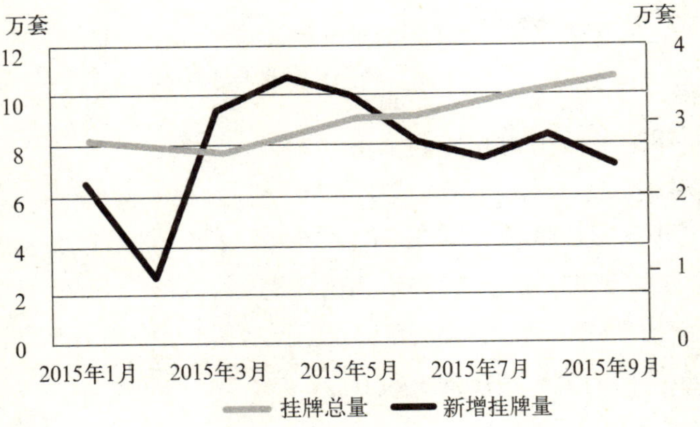

图 4-52　上海二手住宅挂牌量走势

2015 年 9 月中原(上海)领先指数为 376.7 点，环比上涨 1.63%，同比上涨 13.72%，指数同环比涨幅扩大。样本房源成交均价 40 079 元/平方米。9 月楼市进入传统旺季，基于量价向好的预期，卖家涨价劲道足，房价涨幅扩大。

中原地产研究咨询部数据监测显示，9月全市二手住宅成交34 319套，环比增3.8%，同比增178.2%。在央行双降、二套房公积金降首付等多重利好下，买家入市热情被激发，二手住宅成交量保持增长的态势。但需注意的是，9月3.4万套的量仍不及4、5月，仅达到年内成交第三高，低于市场预期，这也意味着二手房“金九”成色不足。就市场来看，政策效应下，门店来客量和带看量呈现10%—20%的增长，支撑卖家大幅提价、频繁跳价，使得买家认为卖方缺乏诚意，部分客源分流至新房市场。此外，惜售现象的增多对二手房供应量起到一定的压制作用，尤其是需求量较大的中高端区域房源供给依然不足，“僧多粥少”的局面下，交易量提升显得较为乏力。

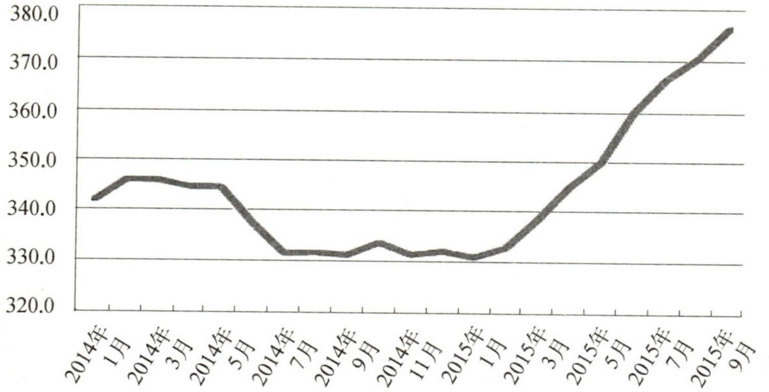

图4-53 中原(上海)领先指数月度分析——成交

2015年9月中原(上海)租金指数为219点，环比上涨1.24%，同比上涨16.42%，同环比涨幅收窄，全市租金均价71.7元/平方米/月。

9月份中原二手住宅租赁共成交2 503套，环比下降18.9%。毕业季过后，9月租赁市场逐步降温。各门店租赁需求量下降，部分区域租客量环比减少30%，同时租赁挂牌量继续萎缩，环比下滑5%—8%。伴随租赁市场供求降温，租金涨速放慢，但需求较大的地铁附近稀缺小户型涨势不减，涨幅在5%—8%，短期内租金仍将保持小幅上涨。

十、2015年10月二手住宅——量价齐跌，银十落空，市场降温

2015年10月，二手房市场量价齐跌。数据显示：10月全市新增挂牌为23 235套，环比下降3.3%。共成交二手住宅31 858套，环比减少7.2%，同比增加96.2%。成交均价为24 781元/平方米，环比下跌3.3%，同比上涨

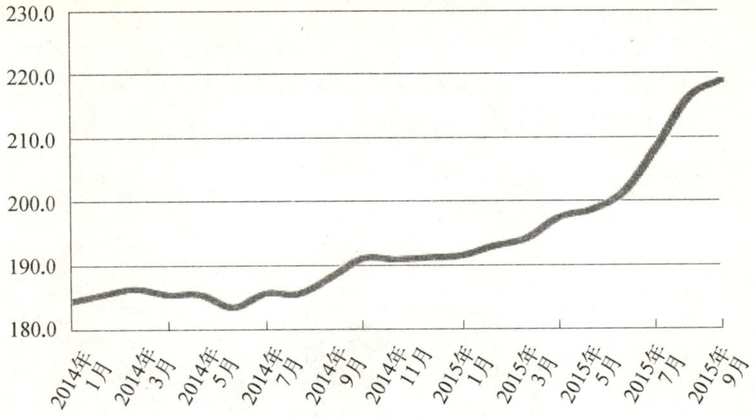

图 4-54 中原(上海)领先指数月度分析——租赁

18%。全市成交金额 665.75 亿元,环比减少 10%。

与 9 月相比,二手住宅成交量价均止涨回落,市场预期的"银十"行情没有上演,预示着二手房市场整体降温。央行第五次双降,政策效力已明显弱化。虽然短期内给市场带来 1—2 成的需求量,但并未有效转化为成交。究其原因,一方面市面上出售的房源质量欠佳,不是楼层差就是户型或朝向不理想,买家很难觅得中意的房源,看房周期相应延长;另一方面,10 月卖家报价持续走高,房价涨速超出买家预期,双方因价格分歧而陷入僵持,整体成交节奏比较缓慢。

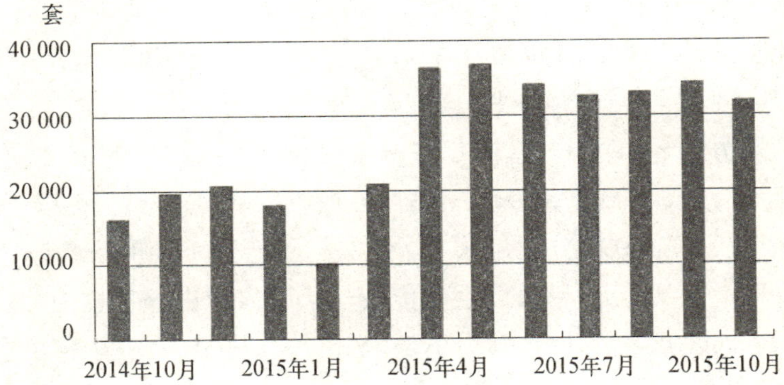

图 4-55 上海二手住宅市场成交套数走势

从各区域的成交变化看,刚需活跃的郊区,二手房成交量不减反增。其中,崇明县成交量由 9 月的 701 套增至 915 套,环比增加 30.5%。其次,是青浦区,环比增长 5.7%。松江和金山成交环比增幅分别为 4%和 0.7%。成交量下滑的区域中,中心区域二手房成交明显萎缩。其中,卢湾区环比减少 33.6%,静安、黄浦和徐汇环比分别减少 19.9%、17.1%和 16.3%。房价大幅上涨的闸北区,10 月成交量缩减近两成。从占比情况看,除虹口和长宁占比不变外,其余区域占比波动幅度均在 1%以内。

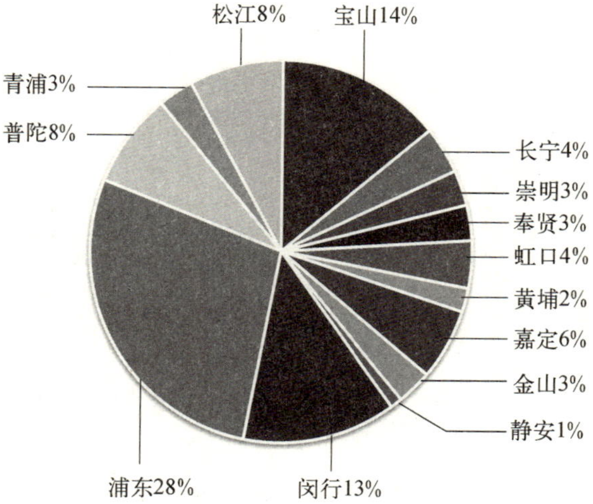

图 4-56 上海二手住宅成交区域结构

从各行政区成交均价看,共有 6 区成交均价环比下跌。其中,闵行区跌幅最大,达 5.7%;徐汇、金山和浦东新区价格环比跌幅超 3%。共有 10 区成交均价逆势上涨。其中,崇明成交均价涨幅最大,为 8.3%;其次是黄浦区,成交均价环比上涨 7%;虹口区涨幅在 3%;其余区域均小于 1%。此外,仅闸北区成交均价表现稳定,与 9 月持平。

从圈层方面看,中心 8 区房价坚挺,价格延续上涨的走势。成交均价为 34 725 元/平方米,环比上涨 0.4%,涨幅有所收窄。浦东新区和次外围 3 区价格均止涨下跌,环比跌幅分别为 3.1%和 2.6%,外围 4 区价格走势平稳,与 9 月基本持平。可以看出,目前二手房价格与区域内的供求息息相关。供应充足的外围近郊区域,卖家提价动力不足,房价趋于稳定;中心区域供求矛盾依然存在,房东涨价底气足。

网上房地产数据显示,截至 2015 年 10 月底,上海全市二手住宅挂牌总量 109 992 套,环比增加 5.1%,连续 7 个月保持增长。然而,10 月新增挂牌量继续萎缩。数据显示:10 月全市二手住宅新增挂牌量 23 235 万套,环比减少

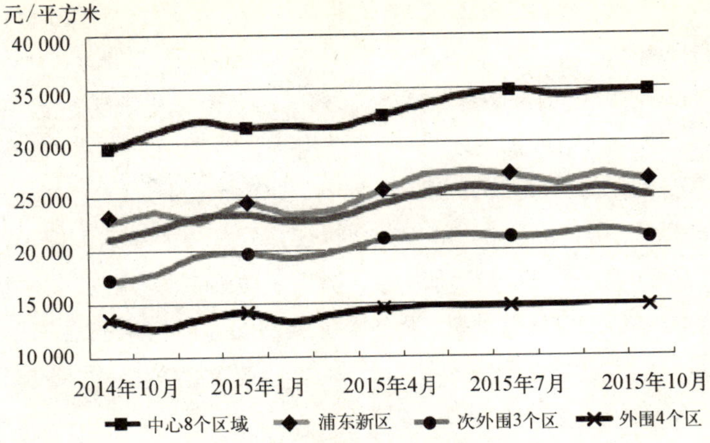

图 4－57 上海二手住宅分区成交均价走势

3.3%。从周度走势看，国庆长假后，新增挂牌量猛增八成；之后两周保持在5 200—5 300 套之间；末周受双降利好刺激，新增挂牌量激增至 5 826 套，但新增挂牌量不及 9 月水平。

从市场来看，10 月中高端区域的学区房、优质次新房依然供应稀缺，卖家为卖更高的价钱，存在惜售情绪，出售意愿偏低。此外，目前挂牌的房源大多质量不高，但挂牌价偏贵，房源性价比较低，难以令买家动心。如此，挂牌总量上升对成交量的提升力度有限。

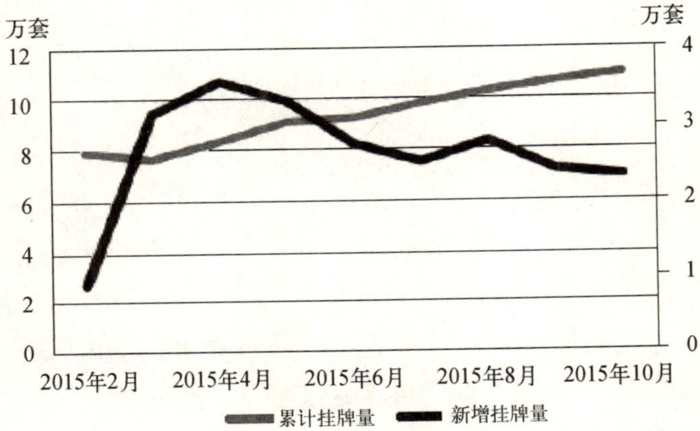

图 4－58 上海二手住宅挂牌量走势

2015 年 10 月中原(上海)领先指数为 382.8 点，环比上涨 1.63%，同比上涨 14.71%，指数环比涨幅持平，同比涨幅进一步扩大。样本房源成交均价

40 731 元/平方米。基于“银十”市场预期,卖家挂牌较为积极,涨价信心足,房价保持快速上涨。

中原地产研究咨询部数据监测显示,10 月全市二手住宅成交 31 858 套,环比减少 7.2%,同比增加 96.2%。十月国庆长假期间二手房市场成交低迷,给“银十”蒙上阴影。节后需求量逐步回升,支撑卖家乐观看涨,报价较 9 月上浮 5%—8%。因房价涨速超出买家预期,双方分歧较大易陷入僵持,交投有所转淡。10 月 24 日央行“双降”利好再度提振士气,有效刺激需求,门店带看量增加 1—2 成。卖家也保持静默,没有提价的举动。但新增的需求量并未有效转化为成交,究其根本在于房源性价比偏低,难以触动买家短期内出手,政策对二手房市场效力偏弱,成交节奏缓慢。

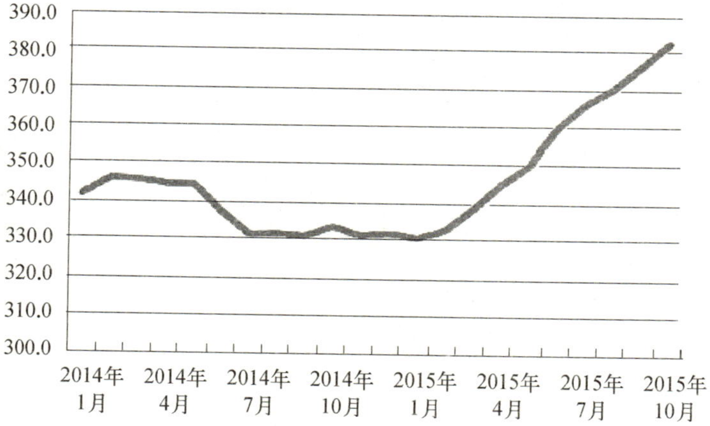

图 4-59 中原(上海)领先指数月度分析——成交

2015 年 10 月中原(上海)租金指数为 221.4 点,环比上涨 1.11%,同比上涨 15.9%,同环比涨幅继续收窄,全市租金均价 72.5 元/平方米/月。

10 月租赁市场供求延续降温的势头,尤其是中高端区域,租赁需求量下滑 10%—20%,挂牌量明显萎缩,租金走势平稳。在外围低端区域,租赁成交相对活跃,尤其是低租金的动迁房颇受中低收入租客的欢迎,租金平均上浮 5%—10%。

十一、2015 年 11 月二手住宅——置换需求积极释放,3.7 万套创单月新高

2015 年 11 月,二手房市场量价齐升。数据显示:11 月全市新增挂牌为

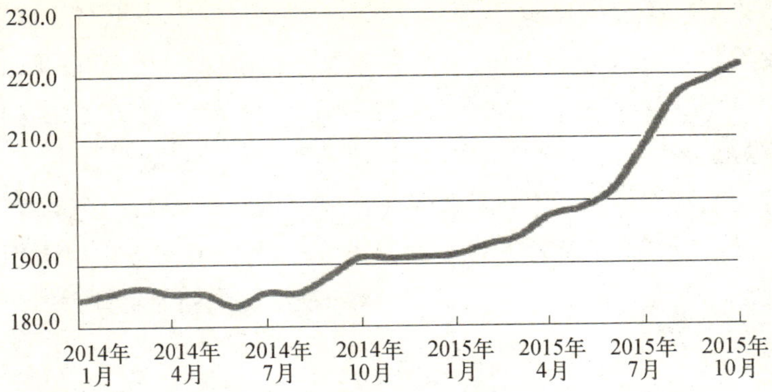

图 4-60 中原(上海)领先指数月度分析——租赁

22 401 套,环比下降 3.6%。共成交二手住宅 37 435 套,环比增加 17.5%,同比增加 90.5%。成交均价为 25 402 元/平方米,环比上涨 2.5%,同比上涨 15.9%。全市成交金额 805.73 亿元,环比增加 21%。

3.7 万套的成交量刷新了 2015 年 5 月 3.69 套的成交记录,仅次于 2013 年 3 月的成交量,成为历史第二高。在改善型需求持续升温的态势下,11 月二手房表现高于预期。就市场来看,"二胎"政策刺激下,置换比例明显上升,部分区域达到 9 成以上。相应地连环交易案例明显增多,对交易量起到积极的推动作用。其中,大户型成交上升两成,以经济型别墅、复式居多。由于这类房源卖家售房诚意高,有一定的议价空间,双方容易达成意向。鉴于当前银行放贷收紧的压力,买家在低贷款利率的当下抓紧购房,并在年底前完成交易,整体入市节奏加快。

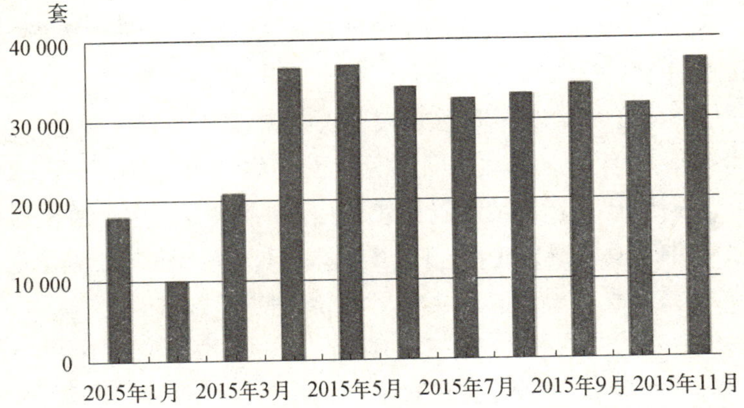

图 4-61 上海二手住宅市场成交套数走势

从各区域的成交变化看，仅崇明县成交量下滑 12%，其余各区成交量呈现不同程度的增长。共有 11 个区环比增幅大于全市，集中在中心及近郊区域。其中，卢湾区成交增幅最大，环比增长 38.7%；其次是嘉定区，环比增幅 30.6%；徐汇、青浦、闵行、长宁环比增幅超 20%。

从成交结构看，70—90 平方米的住宅成交量环比增幅达 20.5%；其次是 120—150 平方米住宅，成交环比增加 17.9%；另外 200 平方米以上别墅、复式成交量突破 800 套，环比增幅 17.1%。大户型成交量明显上升。

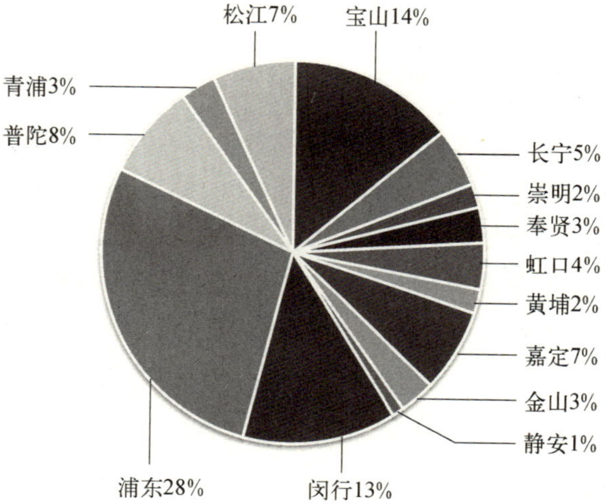

图 4-62 上海二手住宅成交区域结构

从各行政区成交均价看，共有 5 区成交均价环比下跌。其中，长宁区跌幅最大达 3.7%；其次是黄浦区，环比下跌 1.9%。其余各区成交均价呈现不同程度地上涨。其中，徐汇区成交均价涨幅最大，达 7.6%；其次是奉贤区，成交均价环比上涨 5%；浦东和杨浦涨幅超 3%。

从圈层方面看，仅浦东新区涨幅大于全市水平，中心 8 区涨幅在 2%，成交均价为 35 419 元/平方米。次外围 3 区和外围 4 区环比涨幅均小于 1%，波动较小。可以看出，中高端区域受置换比例上升的影响，供求矛盾依然存在，支撑卖家强势叫价，房价继续走高；在外围低端区域，房源供应相对稳定，刚需客户被分流，导致二手房需求量下滑，房价上涨空间很小。

网上房地产数据显示，截至 2015 年 11 月底，上海全市二手住宅挂牌总量 111 633 套，环比增加 1.5%，增幅收窄，但新增挂牌量持续萎缩。数据显示：11 月全市二手住宅新增挂牌量 22 401 万套，环比减少 3.6%。

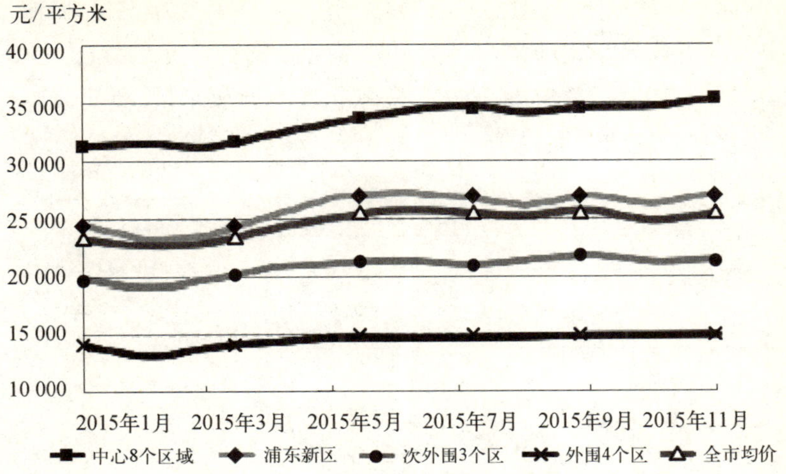

图 4－63　上海二手住宅分区成交均价走势

从区域来看,虹口区挂牌量萎缩 2.6%;闸北和卢湾挂牌量虽有缩减,但幅度不大。外围区域挂牌量明显上升。其中,奉贤区挂牌量环比增加最多,为 31.8%;其次,是青浦区和嘉定区,分别增加 11.4%和 9.2%。

受矛盾关系的影响,挂牌价呈现分化的状态。中高端区域置换需求集中,卖家报价走高,环比上涨 8%—10%,供应稀缺的优质房源,报价涨幅达 10%—15%。相对来讲,近郊区域二手房受新房冲击,需求量有所回落,卖家报价有所顾忌,涨幅在 3%—5%。三房以上的大户型,卖家留出一定的议价空间以示诚意。

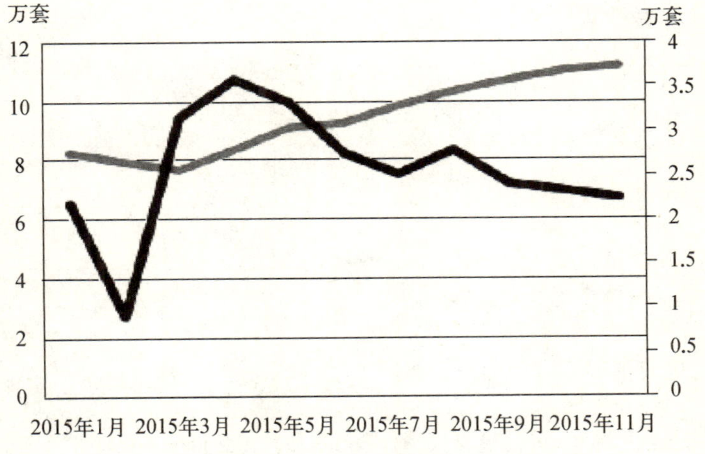

图 4－64　上海二手住宅挂牌量走势

2015 年 11 月中原(上海)领先指数为 392.3 点,环比上涨 2.48%,同比上涨 18.39%,指数同环比涨幅均扩大。样本房源成交均价 41 741 元/平方米。在“双降”、“二胎政策”效应下,改善型需求仍在不断放量,支撑卖家持续看涨,二手房价格保持快速上涨。

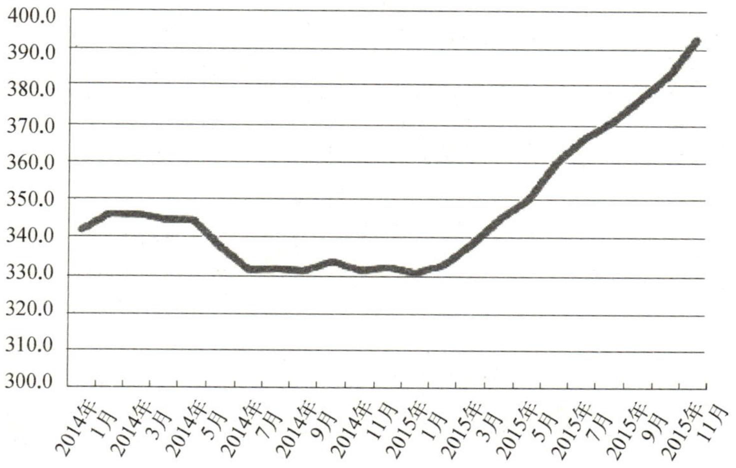

图 4-65　中原(上海)领先指数月度分析——成交

2015 年 11 月中原(上海)租金指数为 225.9 点,环比上涨 2.01%,同比上涨 18.4%,同环比涨幅扩大,全市租金均价 73.9 元/平方米/月。

11 月租赁市场需求稳定,但挂牌量持续萎缩,受此影响租赁成交量小幅回落。租赁活跃的户型以 70 平方米以内的一房、两房为主,多为附近上班族,以

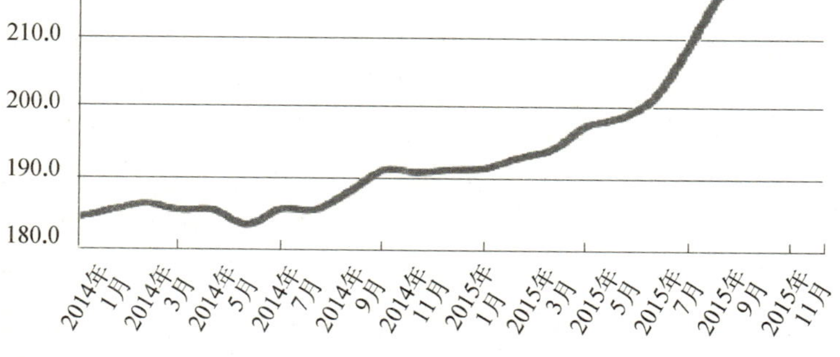

图 4-66　中原(上海)领先指数月度分析——租赁

整租为主。从租金来看，近地铁沿线的小户型依然抢手，11 月租金平均上涨 100—200 元，仍在租客接受范围，租赁节奏较快；大户型租赁需求量相对较少，租金基本没有变化。

十二、2015 年 12 月二手住宅——年末改善潮来袭，3.56 万套完美收官

2015 年 12 月，二手房市场量跌价升。数据显示：12 月全市新增挂牌为 40 991 套，环比上升 4.9%。共成交二手住宅 35 628 套，环比减少 4.8%，同比增加 72%。成交均价为 26 321 元/平方米，环比上涨 3.6%，同比上涨 14.5%。全市成交金额 794.01 元，环比减少 1.5%。

12 月的交易量虽不及 11 月，但刷新历史同期纪录，完美收官。12 月受政策效应、地王因素等影响，看涨压力下以置换为主的客户积极入市，不少客户为了年底前完成购房，出手频率加快。就市场来看，改善型客户更青睐具学区、品质、轨交优势的优质房，由于供应稀缺，出现多位客户争抢同一套房的场面。房东趁机大肆跳价，成交价往往高于报价，目前这类房源保持着较快地去化速度。

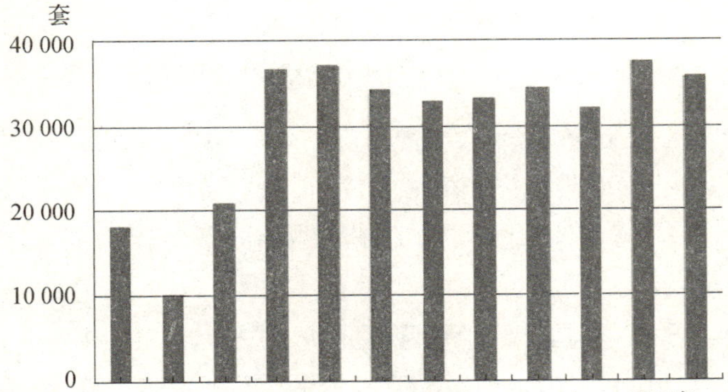

图 4-67 上海二手住宅市场成交套数走势

从各区域的成交变化看，仅杨浦区成交量环比持平，其余各区成交量呈现不同程度地的下滑。其中，金山区和崇明县成交量降度最大，环比分别下降 17%和 12.7%；黄浦、卢湾成交量环比下滑幅度超 10%；普陀、青浦、松江、浦东、闸北成交量跌幅超 5%。相比之下，奉贤、虹口、闵行区成交量跌幅较小，均小于 2%。远郊及中心区域成交量明显回落。

从成交结构看,90 平方米以下的小户型成交量明显下滑,由上月 25 283 套减至 23 505 套,环比减少 7%;其次是 120—150 平方米的两房三房,环比减少 5%。可喜的是,12 月 150 平方米以上的大户型成交出现逆市增长。其中,150—200 平方米的大户型成交量环比增长 3.4%;200 平方米以上的复式或别墅,成交量由上月的 801 套增至 884 套,环比增幅达 10.4%。大户型产品成交持续活跃。

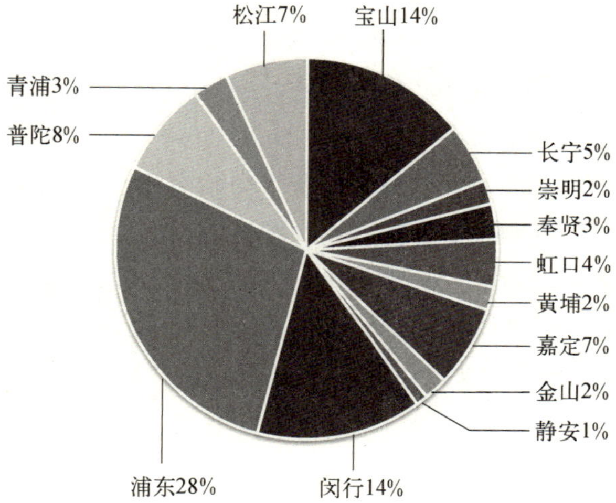

图 4-68 上海二手住宅成交区域结构

从各行政区成交均价看,除奉贤均价下跌 2%以外,各区价格呈现不同程度的上涨。其中,崇明县价格涨幅最大,达 6.8%;黄浦、长宁、闵行和松江涨幅在 5.2%—5.8%;青浦、闸北和浦东价格涨幅超 3%。相比之下,徐汇和静安价格表现稳定,波动不大。

从圈层方面看,外围 4 区价格涨幅最大,成交均价由 14 980 元/平方米,上涨至 15 761 元/平方米,环比上涨 5.2%。其次是浦东新区,成交均价由 27 135 元/平方米上涨至 28 428 元/平方米,环比上涨 4.8%。次外围 3 区价格环比涨幅 3.8%。中心 8 区涨幅最小,仅 2.2%。可以看出,中心区域房源供应持续萎缩,买家选择性很小,因此纷纷向外围区域转移。外围区域大户型成交活跃,推动房价快涨。

网上房地产数据显示,截至 2015 年 12 月底,上海全市二手住宅存量 116 996 套,环比增加 4.8%,增幅扩大,同时新增挂牌量持续上升。数据显示:12 月全市二手住宅新增挂牌量 40 991 套,环比增加 4.9%。

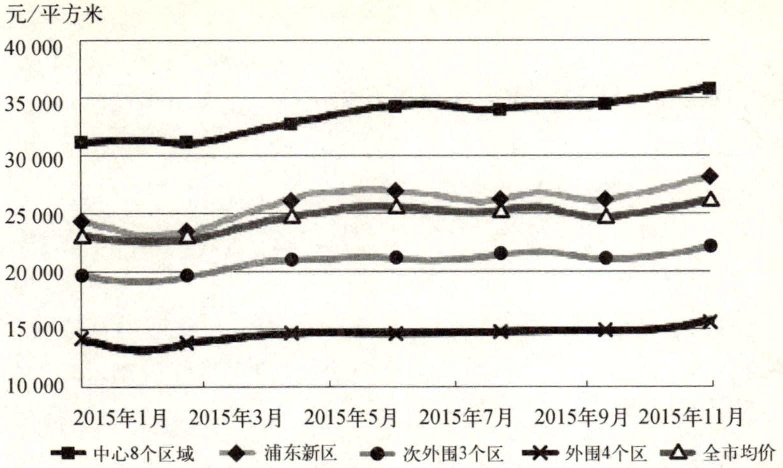

图 4-69　上海二手住宅分区成交均价走势

从 12 月各区域新增挂牌看，虹口区新增挂牌量上升最快，12 月新增挂牌1 320 套，环比增加 29.8%；闵行、闸北、长宁和徐汇增幅超 10%。郊区新增挂牌量明显下滑，其中，金山和奉贤区环比分别下降 13.9%和 11.5%，青浦和松江跌幅分别为 7.1%和 1.6%。黄浦和杨浦新增挂牌量继续萎缩，分别下滑 9.8%和 7.7%。

12 月，次中心区域的置换型卖家积极挂牌，挂牌量增幅明显，但由于价格普遍偏贵，使得客户购房向次外围区域转移。需求量增多支撑次外围区域卖家高姿态报价，与 11 月相比，挂牌价平均上浮 5%—10%，部分供需失衡的优质小区，报价上涨 10%—15%。

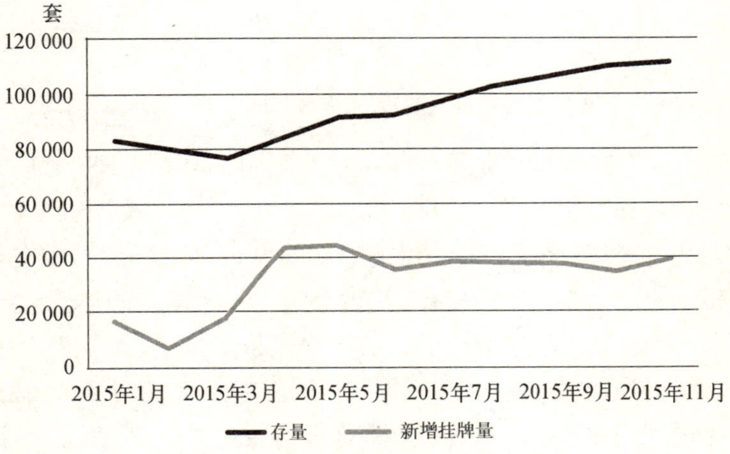

图 4-70　上海二手住宅挂牌量走势

2015 年 12 月中原(上海)领先指数为 402.0 点,环比上涨 2.46%,同比上涨 21.04%,指数同比涨幅扩大。样本房源成交均价 42 766 元/平方米。当前,改善型客户仍在积极入市,“僧多粥少”情况下,优质房源遭哄抢,部分买家不惜加价成交,二手房价格保持快速上涨。

中原地产研究咨询部二手数据监测显示,12 月全市二手住宅成交 35 628 套,环比减少 4.8%,同比增加 72%。12 月二手住宅 3.56 万套交易量虽未超过 11 月,但刷新历史同期纪录,完美收官。12 月,在政策余温效应、地王因素等作用下,形成看涨压力,以置换为主的客户为了赶在年底前完成交易,出手频率加快。当前大部分区域新增挂牌量萎缩,客户面临好房难求,尤其是高品质的学区房、轨交房颇受客户青睐,供求矛盾突出,一旦有房源出售往往引发多位客户争抢,推动优质房源快速成交。年末二手房交易热度得以延续,有力支撑交易量保持在高位运行。

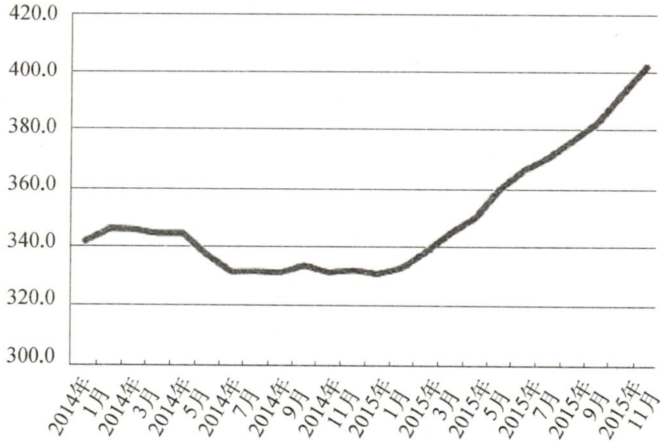

图 4-71 中原(上海)领先指数月度分析——买卖

2015 年 11 月中原(上海)租金指数为 225.9 点,环比上涨 2.01%,同比上涨 18.4%,同环比涨幅扩大,全市租金均价 73.9 元/平方米/月。

11 月租赁市场需求稳定,但挂牌量持续萎缩,受此影响租赁成交量小幅回落。租赁活跃的户型以 70 平方米以内的一房、两房为主,多为附近上班族,以整租为主。从租金来看,近地铁沿线的小户型依然抢手,本月租金平均上涨 100—200 元,仍在租客接受范围,租赁节奏较快;大户型租赁需求量相对较少,租金基本没有变化。12 月,租赁市场将进入到传统淡季,随着返乡潮的开启,租赁需求量将明显回落,市场呈现量跌价稳。

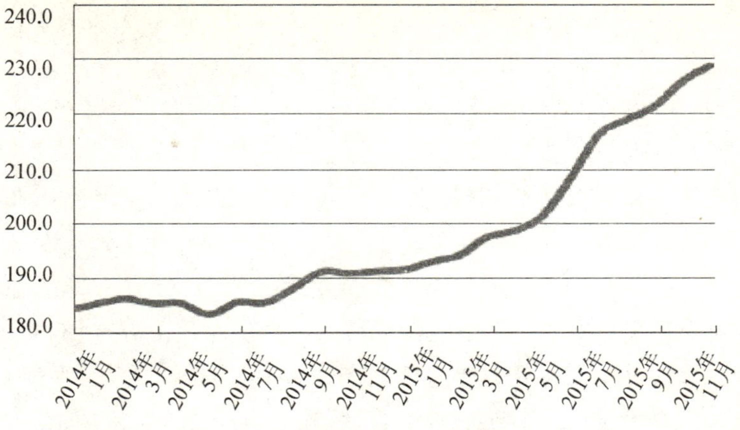

图 4－72　中原(上海)领先指数月度分析——租赁

第二节　2015 年上海二手房市场年度分析

2015 年全年上海二手住宅成交套数、成交面积、成交金额分别为 36.4 万套、3 077.30 万平方米、7 714.1 亿元，环比分别增长 99.9%、99.9%和 137.9%。“3.30”政策后，二手房市场回暖迹象明显，刚需和改善型需求积极入市，交易量提到显著提升。之后在“信贷”、“双降”等系列政策刺激作用下，二手房市场供需两旺，4 月起交易量保持在 3 万套以上，而 12 月以破 4 万套的交易量创 2015 年单月最高值。由于 2015 年二手住宅持续多月交投火热，全年 36.4 万套的交易总量刷新历史纪录。

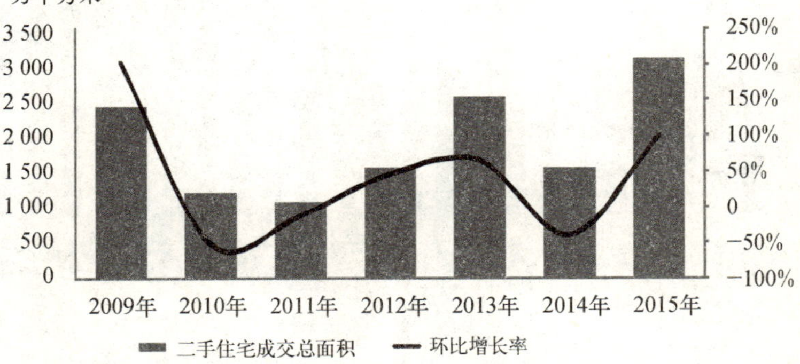

图 4－73　上海市二手住宅近八年成交总面积及增长率(2009—2015 年)

数据来源：RES 房地产数据分析系统，上海中原地产研究咨询部。

2015 年 1—2 月,楼市进入传统淡季,加上前期政策效应明显弱化,购房者多以看房为主,交投转冷,交易量连续回落。1 月跌破 2 万套至 1.8 万套。2 月正值春节,市场更为清淡,成交量跌至谷底仅 1 万余套。碍于政策面的不明朗,买卖双方持观望态度。

3 月的"两会"颇受市场关注,会上李克强总理的话语中透露出 2015 年政策面偏向宽松,买卖双方结束观望开始入市,3 月交易量迅速回升至 2.1 套。3 月 30 日,央行信贷政策、营业税改 5 为 2 政策的发布,提升市场信心,有效刺激需求,刚需和改善型客户集中入市。紧接着公积房政策放宽、双降等利好政策的出台,以及股市获利资金转向房地产,需求量不断释放,二手房交易达到高峰期。4、5 两月交易量均突破 3.6 万套,同时房价步入上涨通道。

二手房市场经过交易高峰期后,房源被大量去化,导致新增供应不足,同时受股灾影响,以改善为主的购房者资金面大幅缩水,购房积极性下降,因此 6 月交易量回落至 3.4 万套。7—8 月在公积金二套房贷降首付、多次双降等政策刺激下,客户购房信心再度提升。7、8 两月二手房维持一定的交易热度,成交量均突破 3.2 万套,刷新历史同期纪录,打破淡季规律,这在以往并不多见。

9 月作为传统销售旺季,二手房市场进一步升温,卖家积极挂牌的同时,积极看涨,触动买家抓紧看房,带看迅速转化为成交,交易量提升至 3.4 万套,

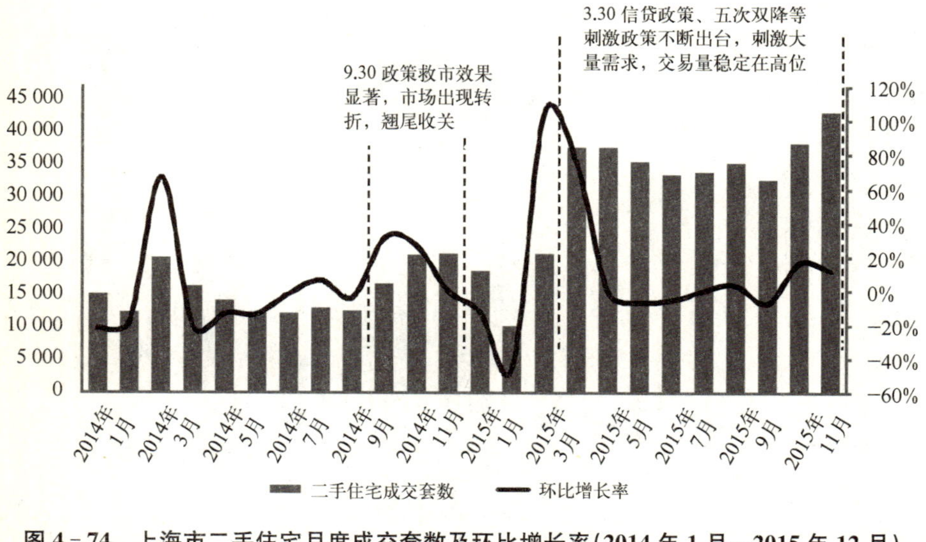

图 4-74 上海市二手住宅月度成交套数及环比增长率(2014 年 1 月—2015 年 12 月)

数据来源:RES 房地产数据分析系统,上海中原地产研究咨询部。

"金九"行情如期而至。10 月，同样受新增挂牌量萎缩的影响，客户选择面变窄，看房周期拉长，同时房价的快速上涨导致高性价比房源难觅，成交节奏放慢，交易量回落至 3.2 万套，"银十"金色不足。11—12 月，央行多次双降、全面二胎政策的影响下，以改善为主的客户购房热情高涨，其中 7—9 成为置换客，占据二手房交易主体，而房价持续多月的上涨形成看涨压力，为赶在年底完成交易，购房频率明显加快，连环交易案例明显增多。在 11 月交易量达到 3.7 万套后，12 月更是以 4.1 万套的交易量刷新 2015 年单月新高，实现翘尾收官。

一、二手价格指数涨幅创 7 年最大，卖方市场特征突出

上海中原领先指数以月度为单位，是结合二手住宅实际成交价编制的指数，能够直接反映二手住宅价格的走向。从 2015 年上海中原领先指数走势看，二手住宅价格可谓是一路高走，全年价格涨幅达 21.5%，为近 7 年最大涨幅。1—2 月受淡季因素及政策弱化的影响，供求明显回落，价格停涨走稳。其中，1 月的价格指数为全年最低仅 330.9，2 月指数微升至 332.9。3—4 月，"两会"所透露的政策面偏宽松，使得卖家有了底气，开始酝酿涨价。随着春节后看房量的增多和小阳春的来临，成交量同步回升，3 月价格指数升至 338.5，环比涨幅扩至 1.7%。随后在"3.30"政策等刺激作用下，二手房市场迅速回暖，供求明显升温，成交量进入快速拉升阶段，价格涨幅继续扩大。4 月价格涨幅进一步扩大，幅度接近 2%。5 月二手房交易高峰期得以延续，价格保持上涨，价格指数达到 350.1。从涨幅看，房价经过前两个月的快涨后，涨速处于惯性回落，幅度不大。6 月，房源被大量去化后，导致新增供应不足，部分区域供求矛盾突出，受市场追捧的学区房、优质房持续供不应求，推动房价快速上涨，价格指数飙升至 360.0，指数环比上涨 2.8%，为全年最高涨幅。7—8 月，受天气因素的影响，双方交易热情有所回落，交易量同步小幅下滑，但仍处在高位，支撑价格保持上涨的态势，但涨速有所放慢。其中，7 月涨幅缩至 1.8%，8 月则进一步收窄至 1.2%。9—10 月作为传统旺季，央行多次双降提振信心，买卖双方入市情绪高昂，9 月成交量明显回升，价格处于快速上涨，涨幅扩至 1.6%；10 月由于房源供应趋于紧张，压制成交量出现明显回落，"银十"成色不足，短期内支撑价格大幅上涨的动力不足，10 月价格指数环比涨幅稳定。11—12 月，双降及全面二胎政策的发布，使得潜在的改善型需求得到集中释放。为了赶在年底完成交易，以置换为主的客户看房积极性高，出手频率加快，使得年末二手房交易量创 2015 年单月新高。同时，卖家惜售情绪增浓，新增挂牌

量萎缩,推动房价持续快涨。11月价格指数环比涨幅扩大到2.5%。12月正值年关,二手房交易热度持续,价格上涨趋势不变,价格指数高达402.0,但价格涨幅未进一步扩大。

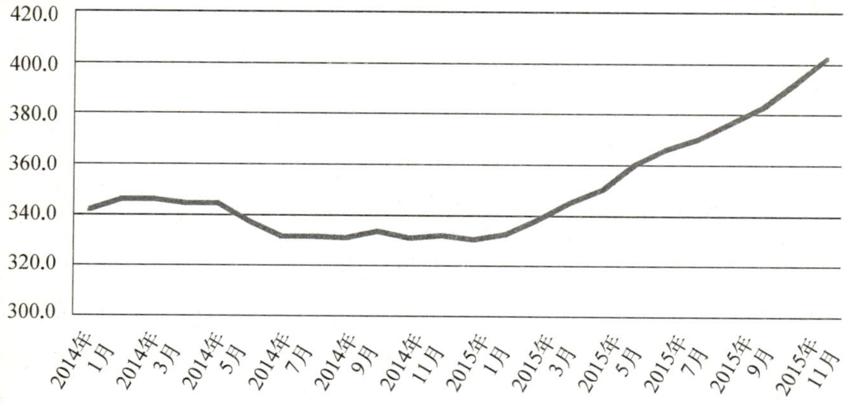

图4-75 上海市二手住宅月度领先指数走势图(2014年1月—2015年12月)

数据来源:上海中原地产研究咨询部。

上海中原报价指数是业主信心强弱的反应,与实际价格的走势具有极强的相关性。2015年,政策面频吹暖风,强化二手房卖家的政策预期,不断提升看涨预期。具体来看,1—2月,受淡季及春节过年因素的影响,买家交易意愿偏低,无法支撑卖家提价,部分急售的卖家主动下调报价或扩大议价空间来促成交易,报价指数小幅回落。3月,"两会"中释放的信号预示着2015年政策面趋势宽松向好,卖家心态转好,伴随带看量的增多,卖家开始酝酿涨价。"3.30"政策、营业税改5为2、公积金贷款额度上调等利好政策的执行,减轻购房者的压力,买房的客户明显增多,由此提升卖家看涨的信心,做出涨价的举动,4月,报价指数大幅拉升。在央行降息、银行首套房贷优惠利率等利好政策刺激下,卖家提价底气足,5—7月报价指数持续稳步上升。8月起,二手房交易活跃的内外环区域,房源被大量去化,新增供应量明显萎缩,尤其是受市场追捧的学区房、次新房供应稀缺,卖家趁机大幅度抬高房价,部分小区的价格处于畸形上涨,报价指数继续上升。9月中旬,静安、闸北撤二并一的消息使闸北区卖家闻风而动,短期内报价上涨5%—10%,超出市场预期,加上"金九"旺季带动,报价指数小幅拉升。10月,受交易量下滑的影响,卖家经过前期大幅提价后未再提价,报价指数进入短期调整,波动幅度不大。11—12月,双降、全面两胎政策的激励下,以置换为主的改善型买家集中入市,交易量屡创新高。

同时，12 月莘庄、江桥、新江湾城板块陆续出现地价高于房价的区域性地王，有力提升了卖家的价格预期，短期内跳价、惜售现象集中，报价指数进入年末快速拉升阶段，并达到 2015 年最高位。整体看，2015 年在政策面推动下，供求关系发生转变，支撑卖家一贯保持高姿态叫价，议价余地小，卖方市场突出。

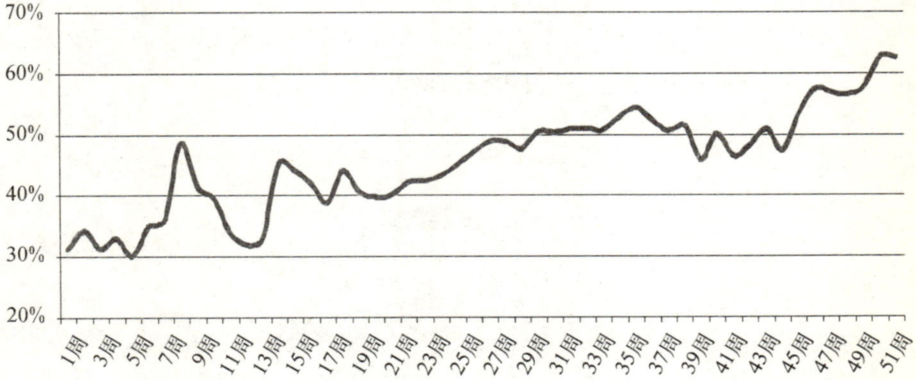

图 4－76　上海市二手住宅周度报价指数走势图(2015 年 1 月—2015 年 12 月)

数据来源：上海中原地产研究咨询部。

从 2015 年二手住宅的圈层成交结构看，次中心城区成交集中，共成交 193 569 套，占成交总量的 53.2%；与去年相比，成交量翻番，环比增幅 108.3%，占比上升 2.2 个百分点。次外围区域共成交 83 578 套，环比增幅达 107.3%，占比升至 23.0%。中心城区全年成交 10 527 套，环比增幅 103.2%，占比没有波动，依然为 2.9%。郊区全年成交 76 055 套，环比增幅 74.6%，占比则降至 20.9%。

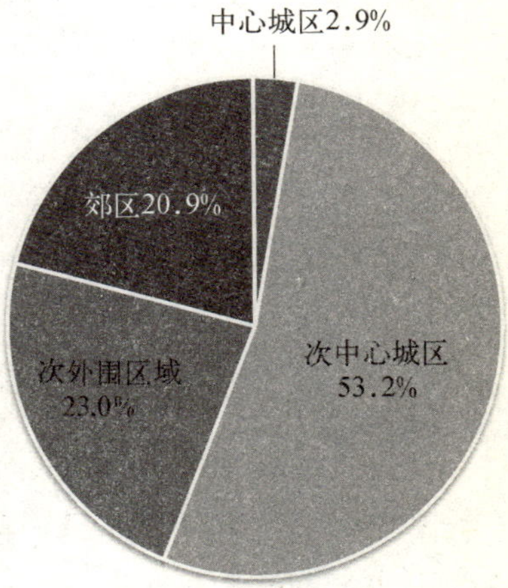

图 4－77　上海市二手住宅各圈层区域成交结构(2015 年)

注：中心城区：黄浦、静安；次中心城区：长宁、徐汇、浦东、杨浦、虹口、闸北、普陀；次外围区域：宝山、闵行；郊区：松江、青浦、奉贤、金山、嘉定、崇明。

数据来源：RES 房地产数据分析系统，上海中原地产研究咨询部。

从 2015 年各行政区二手住宅成交量看，受交易量整体大幅增长的带动，各区域成交量均出现不同程度地上升，浦东、宝山、静安、嘉定杨浦和闸北 6 区成交量翻番。其中，浦东新区增幅最大，共成交 86 999 套，环比增加 125.3%。相比之下，崇明和金山远郊区域二手住宅成交增速缓慢,由于需求量偏低,与去年相比,成交量增幅不足四成,环比分别增长 36.2%和 28.9%。

从各行政区成交占比看,闸北、黄浦和普陀 3 区占比与去年持平。成交占比变化的行政区中,共有 5 个区域占比上升。其中,浦东新区占比由 21.2%升至 23.9%,环比上升 2.7 个百分点;其次是宝山区,占比上升 1.0 个百分点。共有 9 个行政成交占比下降,其中金山和崇明占比下滑明显,分别下降了 1.3 和 1.0 个百分点,3 个区成交量仅占全市的 2.2%—2.3%。

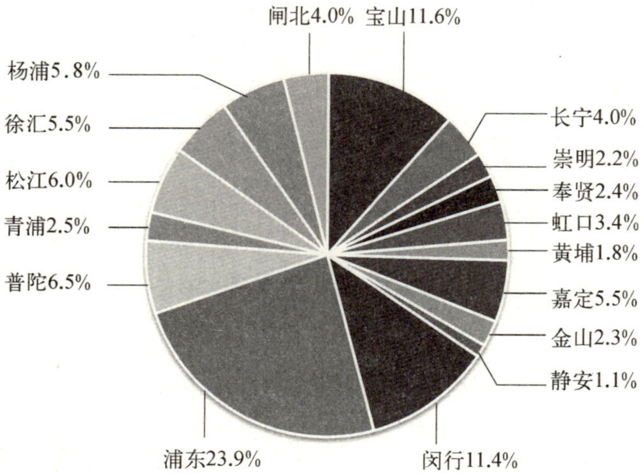

图 4-78 上海市二手住宅各行政区成交结构(2015 年)

数据来源:RES 房地产数据分析系统,上海中原地产研究咨询部。

二、200 万元以上的二手房成交翻 2 倍,90 万元以内的二手房增长缓慢

2015 年利好政策频出,受益者中相当一部分为改善型置业群体,需求量不断释放,推动中高端二手住宅成交。从成交情况看,与 2014 年相比,总价 200 万元以上的二手住宅成交量翻 2 倍增长,其中 200 万—300 万元的环比增长 226.5%,300 万—500 万元的增幅为 205.2%,500 万元以上的增幅达到 193.9%。总价 90 万以下的二手住宅成交量增长缓慢,环比增幅仅 26.7%。

从 2015 年各总价段二手住宅的占比变化看,受交易量的带动,总价 200 万元以上的占比显著上升。其中,200 万—300 万元的占比由 11.2%升至

18.3%，占比上升 7.1 个百分点；其次是 300 万—500 万元的，占比上升 4.8 个百分点。总价在 200 万以下的二手住宅占比均出现不同程度地下降。其中，90 万元以下的占比由 25.6%降至 16.2%，环比下降 9.4 个百分点；90 万—120 万元的占比下降 2.7 个百分点。

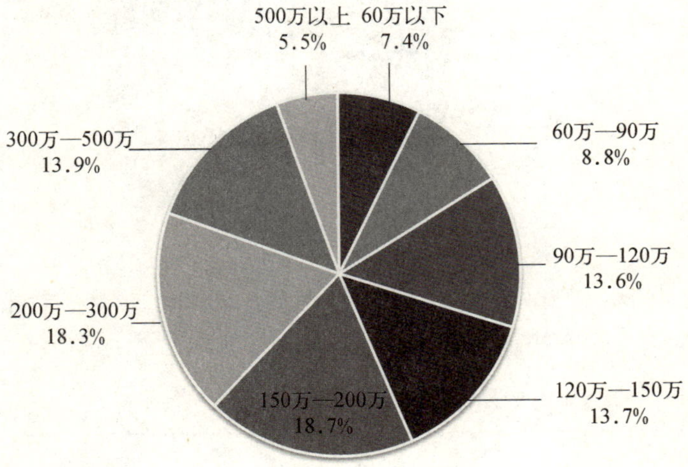

图 4－79　上海市二手住宅总价段成交结构（2015 年）

数据来源：RES 房地产数据分析系统，上海中原地产研究咨询部。

三、首改类需求猛增，90—200 平方米产品成交翻倍

从 2015 年二手住宅各面积段成交看，与 2014 年相比，面积 90—200 平方米的成交量翻番。其中，90—110 平方米成交增幅最大，达 122.1%；其次是 110—140 平方米，成交量环比增长 121.2%。面积 50 平方米以下的成交增速缓慢，环比增幅为 68%。在信贷、货币政策的激励下，首次改善型客户购房热情被带动起来，需求量猛增，推动中大户型的成交。

从面积段占比变化看，面积在 70 平方米以上的占比出现不同程度的上升。其中，90—110 平方米的占比由 13.3%升至 14.7%，占比上升 1.5 个百分点；其次是 70—90 平方米，占比上升 1.4 个百分点。面积在 70 平方米以下的成交占比由 47.6%降至 43.1%，环比下降 4.5 个百分点。

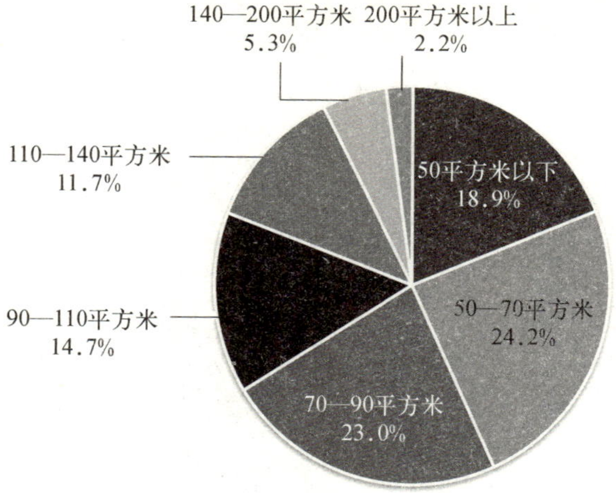

图 4-80 上海市二手住宅面积段成交结构(2015年)(单位:平方米)

数据来源:RES房地产数据分析系统,上海中原地产研究咨询部。

表 4-1 上海市2015年二手住宅板块成交套数前十位

板　　块	所属区域	成交套数(套)	成交面积(平方米)	网签均价(元/平方米)
松江新城	松江	10 374	1 097 143	16 694
周康	浦东	7 810	732 006	19 810
金桥	浦东	7 640	605 476	25 769
共康泗塘	宝山	7 614	532 235	22 328
三林	浦东	7 604	631 078	26 404
嘉定主城区	嘉定	6 967	608 061	14 996
浦东世博	浦东	6 817	426 679	26 919
彭浦	闸北	6 617	396 517	23 236
莘庄	闵行	6 309	569 558	24 100
古美罗阳	闵行	6 243	574 310	27 970
松江新城	松江	10 374	1 097 143	16 694

表 4-2 上海市2015年二手住宅板块成交金额前十位

板　　块	所属区域	成交套数(套)	成交面积(平方米)	网签均价(元/平方米)
徐汇中心	徐汇	2 285 466	496 521	45 643
陆家嘴	浦东	1 899 601	400 573	44 980

续表

板　　块	所属区域	成交套数（套）	成交面积（平方米）	网签均价（元/平方米）
松江新城	松江	1 852 053	1 097 143	16 694
三林	浦东	1 691 393	631 078	26 404
古美罗阳	闵行	1 632 438	574 310	27 970
金桥	浦东	1 581 108	605 476	25 769
周康	浦东	1 493 514	732 006	19 810
虹桥	长宁	1 434 191	383 963	35 332
莘庄	闵行	1 346 278	569 558	24 100
金虹桥	闵行	1 325 130	434 536	29 746
徐汇中心	徐汇	2 285 466	496 521	45 643

表 4-3　　上海市 2015 年二手住宅楼盘成交套数前十位

板　　块	所属区域	成交套数（套）	成交面积（平方米）	网签均价（元/平方米）
泗塘新村	共康泗塘	1 127	57 742	20 963
呼玛新村	共康泗塘	977	52 832	22 216
上海康城	莘庄	907	109 084	17 840
梅陇新村	长桥	894	53 115	26 773
新凯家园	泗泾	844	65 334	16 784
市光新村	中原	809	42 657	25 320
上海馨佳园	顾村	799	57 191	17 433
阳光威尼斯	桃浦	702	70 103	23 143
三林世博家园	三林	675	51 028	23 513
新泾新村	西郊	666	33 869	29 557
泗塘新村	共康泗塘	1 127	57 742	20 963

表 4-4　　上海市 2015 年二手住宅楼盘成交金额前十位

板　　块	所属区域	成交套数（套）	成交面积（平方米）	网签均价（元/平方米）
仁恒河滨城	联洋	418 547	77 638	53 429
世茂滨江花园	陆家嘴	342 142	65 003	53 269
翠湖天地	淮海中路	238 849	24 478	93 912
大华锦绣华城	北蔡	211 233	62 253	33 847

续表

板　　块	所属区域	成交套数（套）	成交面积（平方米）	网签均价（元/平方米）
上海康城	莘庄	193 439	109 084	17 840
复地御西郊	西郊	179 531	32 325	55 516
中远两湾城	武宁	176 192	51 155	32 904
陆家嘴中央公寓	花木	173 781	31 468	54 887
阳光威尼斯	桃浦	161 730	70 103	23 143
仁恒滨江园	陆家嘴	160 404	27 722	57 914
仁恒河滨城	联洋	418 547	77 638	53 429

数据来源：上海中原地产研究咨询部。

四、租赁供求两旺，租金涨幅接近 20%

2015 年，租赁市场交易持续多月保持活跃，租金一路上涨。从大环境看，利好政策频出带动二手房买卖，租赁热被带动起来，春节后租赁需求不断升温，租赁成交呈现稳步放量。配套完善、地段成熟的区域，租赁长期活跃，租金呈现快速上涨，三季度起租赁供应节奏缓慢，供求矛盾突出，部分租客向外围区域转移，低端区域租赁市场被激活，呈现供求两旺，租金稳步上涨。

2015 年，租赁市场继续原有的季节性规律，但持续期较长，成交比以往更为活跃。具体看，1 月外来务工人员集中返乡，租赁需求显著下降，市场进入传统淡季。2 月正值春节月，外来务工人员陆续返沪，租赁需求跌至低谷。3 月，伴随外来人员的集中返沪，租赁市场迎来旺季，供求升温，租赁成交迎来高峰期。4—5 月，经过 3 月交易高峰期后，租赁成交量出现惯性回落，但是需求较为稳定。6—8 月，毕业季的来临，学生租赁热带动需求量猛增，租赁市场又迎第二波旺季，租赁成交量稳步上升，合租现象集中，有轨交优势的中高层中大户型开始供不应求，业主加大涨租力度。9—10 月，受“金九银十”带动，部分业主转租为售，加上多月的租赁交易热，市面上可供出租的房源完全不能满足需求，尤其是配套成熟、轨交便捷的区域，租客面临无房可租的境地，供求矛盾突出，租客开始向外环以外的低端区域转移，配套有待完善的外围区域，租赁成交活跃。11 月，租赁市场开始降温，除低端区域租赁成交保持活跃外，外环以内区域供需明显回落，受此影响租赁成交量开始下滑。12 月，租赁需求量下滑 1—2 成，同时因合同到期解约的出租房增多，部分区域租赁挂牌量增多，租客为避开春节后的旺季提前找房,中低端住宅区域的租赁交易量出现小幅反弹。

从租赁结构看,中小套型依然是需求主力,以外来务工人员、上班族和学生族构成,属于中低收入群体,约占八成比重。租房以轨交作为首选要素,其次是租金。由于他们收入有限,多以合租为主,一房、两房户型。此外,随着古北、陆家嘴、联洋、碧云等国际化社区的成熟化,区域内的高端住宅集中,备受外企高管及境外人士的长期青睐,这类高收入群体需求量稳定,更看中房屋品质和舒适度,对于房屋装修配置、小区环境、地段及配套有较高的要求。

从租金看,2015 年全市租金(平均值)由 1 月的 62.7 元/平方米一路上扬,至 12 月租金高达 74.9 元/平方米,全年涨幅 19.5%。中心区域租金突破 110 元/平方米,其中静安租金高达 128.71 元/平方米,卢湾、长宁和徐汇租金分别上涨至 121.22 元/平方米、121.06 元/平方米和 113.56 元/平方米。从租金全年涨幅看,各行政区租金呈现不同程度地上涨,浦东新区全年涨幅高达 25.9%,杨浦、普陀、闸北和嘉定区租金涨幅超 20%。除宝山区外,其余区域租金涨幅保持在 15%—19%。

2014—2015 年,租赁指数连续 18 个月保持上涨。具体来看,2015 年 1—2 月,虽为传统淡季,但租金稳步上涨,指数环比涨幅在 0.2—0.8%。3—4 月,伴随租赁旺季的来临,供求两旺,指数涨幅扩大至 1.7%。5 月伴随租赁成交量的回落,租金涨速放慢,指数涨幅收窄至 0.65%。6—8 月,迎来毕业旺季,租赁需求量再度提升,房源供不应求,租金涨幅扩大,其中 7、8 两月指数环比涨幅高达 3.5%—3.8%。9—10 月,租赁市场延续交易热度,租金涨速放慢,指数涨幅收窄。11—12 月,进入传统淡季,伴随需求回落及退租现象的增多,末月挂牌量略有回升,交易量小幅波动,租金涨速放慢。

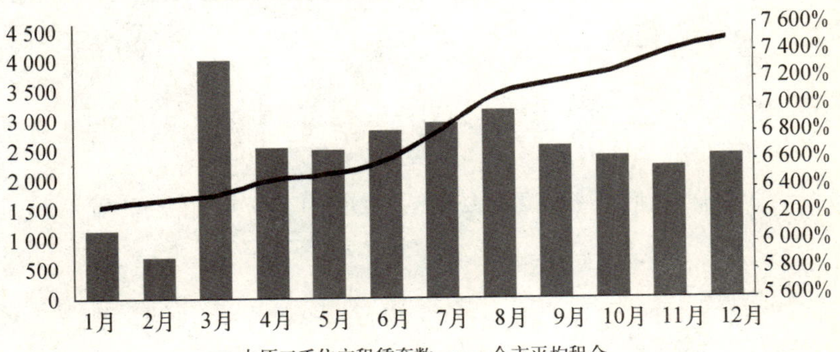

图 4-81 上海中原二手住宅租赁成交量价走势(2015 年 1 月—2015 年 12 月)

资料来源:上海中原研究咨询部。

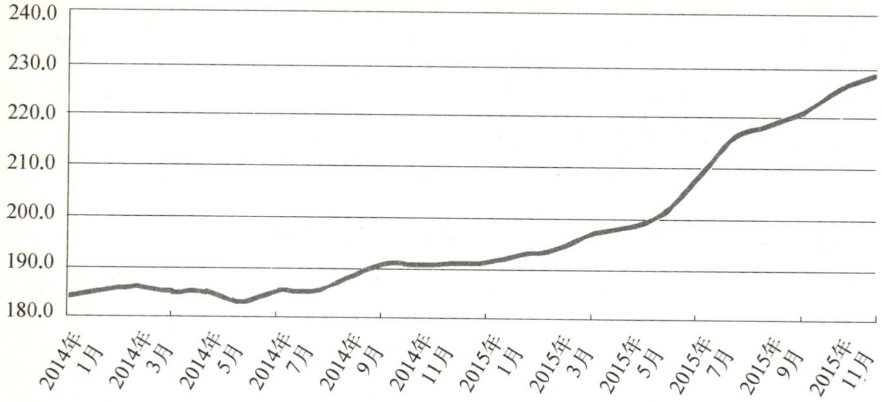

图 4-82 中原(上海)租金指数月度走势(2014 年 1 月—2015 年 12 月)

资料来源：上海中原研究咨询部。

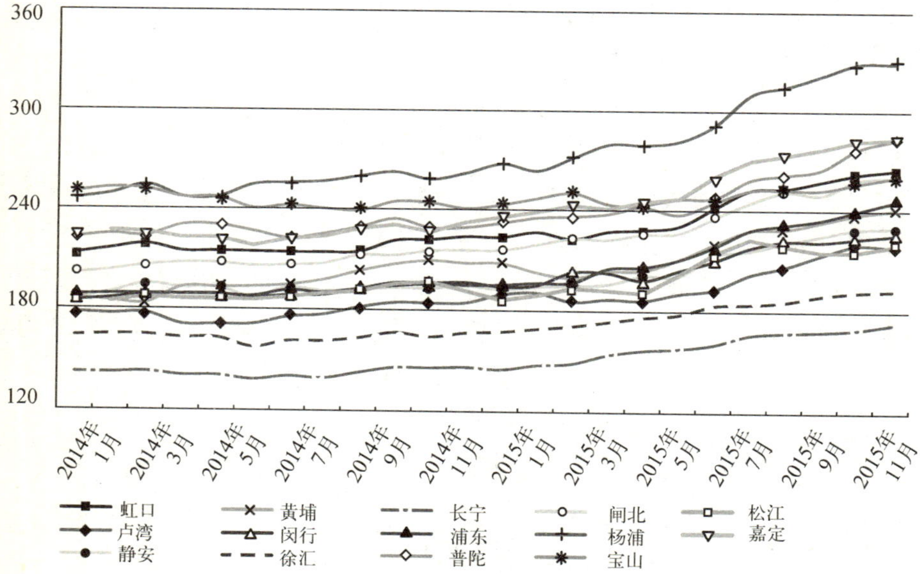

图 4-83 中原(上海)各行政区租金指数月度走势(2014 年 1 月—2015 年 12 月)

第三节 2016 年上海二手房市场展望

伴随“9.30”政策效应的弱化和春节因素，2015 年年初，二手房市场降温，1—2 月成交逐步转冷。3 月，“两会”上李克强总理给楼市打气，2015 年楼市风向发生转变，由调控转为刺激，二手房市场率先回暖。3月底“3.30”政策、营业税政策的发布则是一剂救市猛药，供求迅速升温，推动交易量大幅提升。4—5月，沪公积金贷款额度放宽、双降等政策继续为楼市助力，客户购买力得到进一步的提升，刚需和改善型需求集中释放，二手房成交步入快速拉升期。高峰期过后，6—8月交易量处惯性回落，但仍在高位运行。7—8月更是打破传统淡季规律。随后，在央行多次降准降息、公积金二套降首付等政策刺激下，“金九银十”如期而至，潜在的购房需求继续释放，成交量止跌回升，房价保持快速上涨。11—12月，双降、全面二胎的政策的微刺激，使改善型需求不断释放，为市场注入新能量，交易量屡创新高，强势收官。由此，2015年二手住宅交易总量创下历史新高。

综观2015年二手房市场的火爆表现，与一系列刺激政策息息相关，为2015年楼市营造了一个宽松的环境，尤其是信贷、双降政策起到了关键作用，直接为购房者减轻压力，购买力得到提升，二季度起二手房市场持续火热。政策面利好频出强化了卖家政策预期，涨价信心倍增，房价呈现加速上涨。从政策层面看，2015年政策救市效果显著，使二手房价呈现快速上涨，引起政府的关注，因此2016年政策面进一步松动的空间有限，尤其是上海限购政策仍会严格执行。在此背景下，判断2016年二手房市场由热转冷，下半年供求关系逐步平衡，房价涨速逐步放慢，三季度起有望停涨走稳。

第五章　中国房地产市场分析

2015年3月5日，在十二届全国人大三次会议开幕式上，国务院总理李克强在2015年政府工作报告中提出：要稳定住房消费，支持居民自住和改善住房需求，促进房地产市场平稳健康发展；把一些存量房转为公租房和安置房。可以明显看出政府对房地产的态度有了极大的改变：从两年前的“坚决抑制”、“加强调控”等字眼变化为2015年的“支持”、“促进”，由此可以看出政府对稳定、刺激市场和行业的信心和决心。为了达成房地产平稳健康发展，政府行政手段将逐步退出，地产行业趋于完全市场化运行。

第一节　2015年中国房地产政策分析

2015年，中国宏观经济受到国内外多重因素的影响，导致增长放缓。中央政府和地方政府频频出手调整，目前已初见成效，整体楼市企稳回升势头明显。为了解决我国房地产行业供大于求的基本格局，中央以及地方政府分别从供应端和需求端入手进行调整。供应方面实施“有供有限”的原则，从根源解决供应过剩的问题。需求方面不仅给予购房者购房成本和购房门槛上的相对宽松政策，更在资金面给予了一定的支持，全面支持房地产行业健康稳定发展。

一、中央政府层面

2015年3月，在十二届全国人大三次会议开幕式上，国务院总理李克强在2015年政府工作报告中提到5个与房地产相关的关键词：GDP增幅7%、稳增长调结构、稳定住房消费、存量房转保障房和限购继续松绑，由此可以看出政府对稳定、刺激市场和行业的信心和决心，继续延续2014年的宽松基调。

(一) 优化供地及用地结构,从土地根源控制库存过高

2015 年 3 月 27 日,国土资源部、住房城乡建设部出台了《关于优化 2015 年住房及用地供应结构促进房地产市场平稳健康发展的通知》,对房地产市场的各个供应阶段的政策进行调整,可谓煞费苦心。各个地方政府也积极响应国土部"有供有限"的指导方针。比如辽宁省发布文件要求全省根据自身土地市场和房地产市场的供求态势采取不同的政策。福建省下发通知要求各地摸清商品住房库存,进行分类调控,去化期限超 24 个月的,要明显减少供应商品住房用地,允许开发商进行项目住房套型结构调整及房地产项目转型。

此外,针对已经出让的土地,国土部也进行了相应的政策调整。比如在建的商品住宅项目可以根据市场需求调整住房户型,以及已经建成的商品住宅可以转化为棚改安置房和公共租赁住房等。目前已有部分地方政府出台文件,有计划收购商品房作为保障性住房,即保障了民生工程,又缓解了去化压力,一举两得。

(二) 降息、降准促进经济平稳发展,房地产行业受益匪浅

截至 11 月底,央行 2015 年已进行五次降息降准。从目前市场表现来看,降息、降准对房地产市场企稳回升起到了莫大的作用。银行资金量充足,"惜贷"现象消失,而且房贷利率出现了不同程度的优惠。配合"3. 30 新政",各城市的首付比例也出现了不同程度的降低。降准、降息不仅仅拉动了整体经济的发展,也提振了房地产市场。

(三) 降低二套房首付、营业税"5 改 2"等措施支持改善自住需求

国土部从供应端调整,而央行和财政部则从需求端入手,通过降低购房门槛、减轻还款压力、缩减交易税负等手段刺激需求释放,这也契合当前住房需求从首次刚需置业向首次改善和中端改善转变的实际情况,起到了事半功倍的效果。

"3. 30 新政"的调整力度大大超出市场预期,无论是刚需置业者,还是改善购房者,首付比例均有下调。对于使用公积金购置首套房屋者首付比例仅需 2 成,这对于房屋总价相对较低的三四线城市非常有效,缓解了三四线城市的库存压力。对于购置第二套房屋者,在贷款未结清的情况下房首付比例需 4 成,而结清贷款者仅需 3 成首付,这对于改善型购房者来说可谓雪中送炭。随着营业税免征年限由 5 年下调至 2 年,一方面,二手房市场供应量大增,购房者的选择范围扩大,极大程度地促进二手房成交。另一方面,二手房交易税费大幅降低,购房成本直接下降,置换型改善自主需求平稳释放。

(四) 国土资源部起草《不动产登记暂行条例实施细则》,进一步规范房地产市场

10 月 14 日,国土资源部召开不动产登记工作第四次部际联席会议,并通报了《不动产登记暂行条例实施细则》起草、征求意见情况,以及各地不动产登记工作进展,就其出台进一步征求意见。部际联席会议召集人、国土资源部部长姜大明表示,不动产统一登记是转变政府职能、建立现代国家治理体系的一项基础性制度。

截至 10 月 15 日,全国已有 198 个市(州)完成不动产登记市级职责整合,1 193 个县(区)完成县级职责机构整合,分别占全国市县总数的 60%、42%。地方不动产登记职责机构整合情况专项督察已全面启动。专项督察由不动产登记工作部际联席会议成员单位达成一致并经国务院同意,目标是强力推进,全面实现登记机构、登记簿册、登记依据和信息平台"四统一",并对 2015 年 12 月 31 日前不能如期基本完成不动产登记职责机构整合的地方提出问责。

不动产登记制度的正式实施,旨在理顺各种不动产的权属关系,也是后续住房长效机制建立的基础工作,将会为未来房地产税的铺开奠定基础。

(五) 全面实施"二胎",改善型、大户型受热捧,进一步促进房地产市场发展

2015 年 10 月 29 日党的十八届五中全会允许实行普遍二孩政策,政策规定:坚持计划生育的基本国策,完善人口发展战略,全面实施一对夫妇可生育两个孩子政策,积极开展应对人口老龄化行动。这是继 2013 年,十八届三中全会决定启动实施"单独二孩"政策之后的又一次人口政策调整。

统计显示,由于我国 25—44 岁的主力购房人口占比不断萎缩,老龄化和少子化导致房地产市场的持续性需求收缩,市场期盼已久的"全面二孩"政策尘埃落定,无疑能为房地产市场带来增量购买力,缓解目前供过于求的市场格局。且据民意调研结果显示,我国"单独"家庭中愿意生育第二胎的比例为 50.73%。如果照此推算,到了 2028 年,得益于全面二孩政策新增的人口将在 9 000 万—9 200 万之间,年均 700 万人左右,相当于每年新增住房需求 1.4 亿平方米。

在全面二孩政策落地后,随着家庭多子化成为趋势,相对于过去十年以首次置业需求为主的市场格局,改善型需求有望出现大幅回升,家庭住房需求结构也将颠覆现有格局。中小户型尤其是 90 平方米以下二房显然不能满足基本居住功能,而 120 平方米以上的大户型、三房或四房将成为市场需求主流。

目前首次改善型产品的面积均划定为 144 平方米以下,大部分为三居户型。对于生二胎的家庭来说,也许在拥有两个孩子以后,首改产品对他们而言将成为刚需,四房则成为市场上真正意义的改善型产品。

二、地方政府层面

2015 年来政府工作报告中提到要稳定住房消费,支持居民自住和改善住房需求,促进房地产市场平稳健康发展,把一些存量房转为公租房和安置房。从中可以明显看出政府对房地产的积极态度。

在中央政府"支持居民自住和改善型需求"的基调下,地方政府积极响应号召,落实中央政策,并且根据自身情况调整楼市政策,比如降低户籍准入门槛、给予购房补贴,以及放松公积金政策,很大程度上促进了楼市成交,缓解库存压力。

(一) 结合市场实际调整 2015 年土地供地计划

在国土部"有供有限"的指导下,部分城市根据自身土地市场及房地产市场的供求情况,纷纷调整 2015 年土地预计供应量。根据已经公布 2015 年国有建设用地供应计划的城市情况来看,多数城市下调了 2015 年的土地预计供应量,比如北京、上海、广州、哈尔滨、厦门等。商品住宅库存量偏高的海口、无锡、哈尔滨等城市大幅下调了 2015 年居住性用地预计供应量。类似福建省政府、辽宁省政府等,从供应端来控制未来土地出让量和优化土地出让结构的地方政府将越来越多。尤其是去化压力过大、商品房结构性失衡的城市,促进成交只能缓解短期的去化压力。若要彻底解决库存问题,还需从供应端入手调整,这已经成为共识。

(二) 公积金调整,提升购房者支付能力,有效去库存

购房补贴、契税补贴和公积金调整因为受众面广、效果直接,在 2014 年已是地方政府提振楼市的主要手段,2015 年更多的城市加入调整大军,并且在这些方面的调整力度明显加大。尤其是公积金调整,地方政府从提高公积金贷款额度、降低公积金首付比例、取消第二次公积金贷款利率上浮规定、延长还贷年限、实行异地互认等多方面入手调整。特别是在"3.30 新政"发布之后,多数地方政府大幅度提高公积金贷款额度,保障刚需置业者能够享受到 2 成的首付比例。对于二套房首付比例,各城市松紧不一,但最低仍可达到 3 成。随着公积金贷款发放的增多,部分城市出现公积金可贷余额紧张的情况,为了确保购房者正常的公积金贷款需求,"公转商"方案相继被不少城市采用。

(三) 货币化安置、购置商品房转安置房:扩大购房者选择范围,快速去化市场库存

楼市虽然有企稳的迹象,但库存压力仍高居不下。在降低购房者购房成本,刺激成交的同时,部分地方政府采用货币化安置和收购商品房作为保障性住房的方式快速去化市场中的存量房。比如福州市、宁波市、福建省、郑州市和杭州市相继发文,要求推进房屋征收货币化安置补偿购买存量商品房,着力打通商品房和保障性住房转换通道。一方面,被安置者的购房选择范围扩大,另一方面,市场中的存量房得以快速去化,可谓一举两得。

展望2016年,一是未来地方政府会根据当地经济、房地产市场、人口规模以及房价走势等多角度来权衡,尊重房地产市场规律,避免出现政策性的"跟风"和"一刀切"现象,未来的调控潮或仅限于房价上涨较快的部分一二线重点城市;二是落实中央"存量房转为公租房和安置房"政策,加大保障性安居工程建设力度。

三、货币政策

继续适应经济发展新常态,继续实施"宽财政+稳货币"的政策。

(一) 新增贷款总额

2016年将实现新旧动力的转换,保持经济金融平稳运行,宏观政策将保持宽松总基调,在扩大需求的同时,需要更加重视供给侧的管理和改革,主要着力点在加快改革步伐、释放制度红利,推进减税和降低企业生产成本,加快创新和提高产品质量,使新供给更好地满足新需求。

2015年货币政策是绝对的主角,但2016年由于融资成本降低,同时通胀掣肘货币宽松,因此2016年货币政策可能逐步退居配角,政策重心将逐步转向财政政策和供给侧改革。中国央行要求全年新增信贷控制在10万亿元人民币以内,已大幅调整合意贷款规模;各家银行也已开始行动,加大放款力度。11月人民币贷款增加7 089亿元,同比少增2 347亿元,但环比10月份则多增1 953亿元。央行持续投放较多基础货币,对银行表内信贷能力形成了一定支撑。

(二) M2

预计2016年货币供应保持总体充裕,M2调控弹性将进一步增大。2016年,有利于货币供应增长的因素主要有:一是经济下行压力依然较大,货币政策将继续保持宽松基调;二是随着地方政府债务置换规模的推进,存款性公司的地方政府债券等投资进一步扩大，通过银行体系派生货币的能力增强。

(三) 利率和准备金率

2016 年政策搭配上还将呈现“宽财政＋稳货币”的态势。稳健的货币政策方面，由于存款利率已经完成市场化改革，且无风险利率下行的同时 CPI 和 PPI 处于低位运行，降息的次数会明显减少，市场预计降息的次数在 1—2 次之间。

降准则有更大的空间。目前大型金融机构的存款准备金率还维持在 17.5％的高位，2016 年人民币贬值压力不减，央行为了对冲外汇占款的下降必须充分降准。

四、行业政策

2015 年的房地产行业在宏观经济环境增速持续放缓压力较大的背景下，信贷、税收、公积金等房地产调控政策的效果继续显现，持续刺激需求入市。与此同时，各地方房地产调控政策调整动作亦趋于频繁，通过信贷、公积金、全面二胎等方式鼓励刚需，一线城市房地产市场势头发展良好，但三四线城市仍面临较大的库存压力。

(一) “两会”定调稳定住房消费，鼓励自主和改善需求

2015 年在宏观经济形势压力较大的情况下，稳定住房消费成为房地产业的重中之重，亦是加快培育消费增长点的重要组成部分。中央对房地产稳消费的表态，有利于提振市场信心，稳定市场预期，为整体经济实现保增长目标提供基础。

(二) “330”新政降首付促消费，鼓励改善型需求释放

2015 年 3 月 30 日，央行、住建部、银监会联合发布个人住房贷款政策：对居民家庭购二套房，最低首付款比例调整为不低于 40％。使用住房公积金贷款购买首套普通自住房，最低首付 20％；拥有一套住房并已结清贷款的家庭，申请住房公积金购房最低首付 30％。

(三) 各地因城施策调整公积金，保障住房合理需求

1. 中央放宽公积金贷款门槛

2015 年以来，住建部多次提出要切实提高住房公积金的使用效率，3 月 20 日召开的全国加强住房公积金管理电视电话会议，强调要发掘住房公积金的巨大潜力，用好用足住房公积金，并要求各地进一步降低门槛，增加公积金贷款额度。“两会”期间李克强总理也强调要继续推进住房公积金领域改革。公积金首付比例的降低与贷款额度的提高，降低了购房群体特别是中低收入购房群体的购房门槛,刺激潜在自住需求释放。

2. 地方政府积极跟进中央政策,“闽七条”引领地方公积金调整

多省市调整公积金信贷政策,通过提高公积金贷款额度、降低首付比重等方式支持购房需求。3 月 20 日,福建“闽七条”出台,提出放款首套房首改房认定标准、降低首次申请住房公积金贷款首付比例,提升公积金利用率至 95%等方面政策,鼓励住房消费。之后,济南、株洲、上海等地也陆续放款公积金购房政策。

(四)“层次化”、“多元化”的保障体系

李克强总理在 2015 年政府工作报告中提出,针对不同城市情况分类调控,增加中小套型商品房和共有产权住房供应,抑制投机投资性需求,促进房地产市场持续健康发展。在报告中,李克强总理明确表示将加大保障性住房建设力度。2015 年保障性安居工程新安排 740 万套,新增保障性住房比去年增长 5.7%。

1. 保障性安居工程持续推进

2015 年,全国城镇保障性安居工程计划新开工 740 万套(其中各类棚改 580 万套),基本建成 480 万套。根据住建部公布数据,截至 2015 年 10 月底,已开工 747 万套,基本建成 688 万套,均超额完成年度目标任务,完成投资 1.28 万亿元。其中,棚改开工 575 万套,占年度目标任务的 99%。根据财政部公布的数据,截至 6 月底,中央财政已下拨 2015 年城乡保障性安居工程补助资金共 2 198.20 亿元。其中,下拨城镇保障性安居工程资金 1 968.20 亿元,下拨农村保障性安居工程资金 230 亿元。上半年,全国财政实际用于保障性安居工程支出 1 521.03 亿元,同比增长 36.6%。

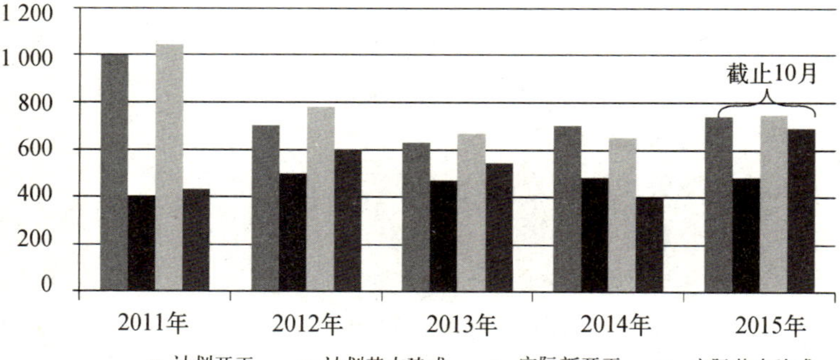

图 5-1 2011—2015 年保障性安居工程建设情况

资料来源:中国房地产数据研究院整理。

2. 用改革的办法解决城镇化难点问题

抓紧实施户籍制度改革，落实放宽户口迁移政策。对已在城镇就业和居住但尚未落户的外来人口，以居住证为载体提供相应基本公共服务，取消居住证收费。建立财政转移支付与市民化挂钩机制，合理分担农民工市民化成本。建立规范多元可持续的城市建设投融资机制。坚持节约集约用地，稳妥建立城乡统一的建设用地市场，完善和拓展城乡建设用地增减挂钩试点。加强资金和政策支持，扩大新型城镇化综合试点。

3. 加大城镇棚户区和城乡危房改造力度

2015 年保障性安居工程新安排 740 万套，其中棚户区改造 580 万套，增加 110 万套，把城市危房改造纳入棚改政策范围。农村危房改造 366 万户，增加 100 万户，统筹推进农房抗震改造。住房保障逐步实行实物保障与货币补贴并举，把一些存量房转为公租房和安置房。对居住特别困难的低保家庭，给予住房救助。坚持分类指导，因地施策，落实地方政府主体责任，支持居民自住和改善性住房需求，促进房地产市场平稳健康发展。

有消息称，住建部正密切关注并调研部分地方实行的棚改新模式，即政府回购商品房用于棚改安置房，并有可能将这种棚改新型式作进一步推广。湖南、江西、宁夏和北京等均出台文件指出政府可回购商品房作为保障房来源。在当前房地产市场整体下行的背景下，政府采取招标团购的方式，以低于市场的价格回购商品房用于保障性住房，可节省资金。此外，在部分商品房库存过剩的城市，政府回购商品房用于安置房，一方面避免了大拆大建，造成新的过剩和资源浪费，同时对库存过剩的市场也将是一个很好的对冲，有利于房地产市场的平稳健康发展。

国务院办公厅下发《关于进一步加强棚户区改造工作的通知》，提出落实财税支持政策，市、县人民政府要切实加大棚户区改造资金投入，落实好税费减免政策。同时提出加大对于棚户区改造的金融支持力度，进一步发挥开发性金融作用，明确各地要推进债券创新，支持承担棚户区改造项目的企业发行债券，优化棚户区改造债券品种方案设计，研究推出棚户区改造项目收益债券；与开发性金融政策相衔接，扩大“债贷组合”用于棚户区改造范围；适当放宽企业债券发行条件，支持国有大中型企业发债用于棚户区改造。多家房地产企业已开始积极参与其中，尤其是具有地方国资背景的房企，以及一些有旧城改造经验的房企，积极涉足棚户区改造。

(五) 金融、财税体制改革为房地产市场保驾护航

1. 推进金融体制改革

金融体制是社会主义市场经济体制的重要组成部分。改革开放以来,我国社会主义市场经济体制逐步建立健全,适应市场经济要求的金融体制基本建立,金融宏观调控和金融监管体制不断完善。金融资源是现代经济的核心资源,要使市场在资源配置中起决定性作用。

在 2015 年 3 月份国务院总理李克强的政府工作报告中,关于货币政策和金融改革的诸多提法都与我国银行业的改革和发展息息相关。其中关于 2015 年金融改革目标,提到以下几点:

(1) 以“围绕服务实体经济”为前提。2015 年金融改革的目标由 2014 年的“深化金融体制改革”改述为“围绕服务实体经济推进金融改革”。

(2) 从数量调控框架逐步转向利率调控框架。在推进利率市场化方面,由 2014 年的“扩大金融机构利率自主定价权”向“健全中央银行利率调控框架”的转变,是解决企业融资难融资贵问题的必然趋势。

(3) 农村金融和政策性金融改革提上日程。2015 年政府工作报告首次提出,深化农村信用社改革,稳定其县域法人地位。

央行发布一系列报告,明确指出要有效防范系统性金融风险,切实维护金融体系稳定。同时,要继续严格执行国家房地产调控政策和差别化住房信贷政策。李克强总理对此表示,运用适当的政策工具,适时适度预调微调,盘活资金存量,优化金融结构,保持货币信贷合理增长,推进金融改革。

表 5-1　2015 年中央推进金融体制改革进程

日　期	相　关　内　容
4 月 1 日	国务院批复同意《存款保险制度实施方案》,明确存款保险基金管理工作由中国人民银行承担,履行存款保险职责,要求人民银行会同有关部门按照《存款保险条例》等法律法规认真组织实施
4 月 20 日	中国人民银行下调金融机构人民币存款准备金率 1 个百分点。同时,有针对性地实施定向降准,对农信社、村镇银行等农村金融机构额外降低人民币存款准备金率 1 个百分点,统一下调农村合作银行存款准备金率至农信社水平,对中国农业发展银行额外降低人民币存款准备金率 2 个百分点

续表

日　期	相　关　内　容
5月9日	中国人民银行发布〔2015〕第9号公告，取消银行间债券市场交易流通审批，明确依法发行的各类债券发行完成后即可直接在银行间债券市场交易流通，并强化了信息披露、加强投资者保护等要求，进一步促进了债券市场规范发展
5月11日	中国人民银行下调金融机构人民币贷款和存款基准利率。其中，金融机构一年期贷款基准利率下调0.25个百分点至5.1%；一年期存款基准利率下调0.25个百分点至2.25%；同时结合推进利率市场化改革，将金融机构存款利率浮动区间的上限由存款基准利率的1.3倍调整为1.5倍；其他各档次存贷款基准利率及个人住房公积金存贷款利率相应调整
6月28日	中国人民银行针对性地对金融机构实施定向降准，同时下调金融机构人民币贷款和存款基准利率，以进一步降低企业融资成本。其中，金融机构一年期贷款基准利率下调0.25个百分点至4.85%；一年期存款基准利率下调0.25个百分点至2%；其他各档次贷款及存款基准利率、个人住房公积金存贷款利率相应调整
7月3日	中国人民银行发布《2014年中国区域金融运行报告》
7月14日	中国人民银行印发《关于境外央行、国际金融组织、主权财富基金运用人民币投资银行间市场有关事宜的通知》（银发〔2015〕220号），对境外央行类机构简化了入市流程，取消了额度限制，允许其自主选择中国人民银行或银行间市场结算代理人为其代理交易结算，并拓宽其可投资品种
7月15日	中国人民银行向全国人大财经委员会汇报2015年上半年货币政策执行情况
7月18日	为鼓励金融创新，促进金融健康发展，明确监管责任，规范市场秩序，经党中央、国务院同意，中国人民银行等十部委联合印发《关于促进互联网金融健康发展的指导意见》（银发〔2015〕221号）
8月7日	发布《2015年第二季度中国货币政策执行报告》
8月31日	中国人民银行发布《关于加强远期售汇宏观审慎管理的通知》（银发〔2015〕273号），将远期售汇纳入宏观审慎管理框架，对开展代客远期售汇业务的金融机构收取外汇风险准备金
9月6日	中国人民银行下调金融机构人民币存款准备金率0.5个百分点。同时，有针对性地实施定向降准，额外降低县域农村商业银行、农村合作银行、农村信用社和村镇银行等农村金融机构存款准备金率0.5个百分点，额外下调金融租赁公司和汽车金融公司存款准备金率3个百分点
9月30日	发布中国人民银行公告〔2015〕第31号，开放境外央行（货币当局）和其他官方储备管理机构、国际金融组织、主权财富基金依法合规参与中国银行间外汇市场
9月30日	为进一步改善住房金融服务，支持合理住房消费，中国人民银行和银监会联合发布《关于进一步完善差别化住房信贷政策有关问题的通知》（银发〔2015〕305号）

资料来源：中国房地产数据研究院整理。

2. 定向降准

2015年是宏观经济企稳和结构调整的关键性时期，为国民经济转方式、调结构、去杠杆营造良好的金融环境，存贷款基准利率持续下行和定向降准有利于为“十三五”时期金融改革提供更为充分的政策空间。

2015年央行已4次降准，通过增加金融体系流动性、降低实体经济融资成本以实现经济稳定运行，未来仍然需要微观审慎监管、金融业市场准入和直接投融资政策支持等一系列改革与发展举措相配合，才能使我国融资结构更趋合理，金融部门效率持续提升，实体经济健康发展。

表5-2　2015年降息降准情况

日　期	相　关　内　容
2月4日	自2015年2月5日起下调金融机构人民币存款准备金率0.5个百分点。同时，为进一步增强金融机构支持结构调整的能力，加大对小微企业、“三农”以及重大水利工程建设的支持力度，对小微企业贷款占比达到定向降准标准的城市商业银行、非县域农村商业银行额外降低人民币存款准备金率0.5个百分点，对中国农业发展银行额外降低人民币存款准备金率4个百分点
2月28日	自2015年3月1日起下调金融机构人民币贷款和存款基准利率。金融机构一年期贷款基准利率下调0.25个百分点至5.35%；一年期存款基准利率下调0.25个百分点至2.5%。同时，结合推进利率市场化改革，将金融机构存款利率浮动区间的上限由存款基准利率的1.2倍调整为1.3倍
4月19日	自2015年4月20日起下调各类存款类金融机构人民币存款准备金率1个百分点
5月10日	央行宣布自2015年5月11日起下调金融机构人民币贷款和存款基准利率。金融机构一年期贷款基准利率下调0.25个百分点至5.1%；一年期存款基准利率下调0.25个百分点至2.25%。同时，结合推进利率市场化改革，将金融机构存款利率浮动区间的上限由存款基准利率的1.3倍调整为1.5倍；其他个档次贷款及存款基准利率、个人住房公积金存贷款利率相应调整
6月28日	定向降准：面向“三农”、“小微企业”、“财务公司” 中国人民银行决定，自2015年6月28日起针对性地对金融机构实施定向降准 (1) 对“三农”贷款占比达到定向降准标准的城市商业银行、非县域农村商业银行降低存款准备金率0.5个百分点 (2) 对“三农”或小微企业贷款达到定向降准标准的国有大型商业银行、股份制商业银行、外资银行降低存款准备金率0.5个百分点

续表

日 期	相 关 内 容
	(3) 降低财务公司存款准备金率3个百分点，进一步鼓励其发挥好提高和企业资金运用效率的作用
8月26日	降准：普降＋定降。央行决定2015年9月6日起，下调金融机构人民币存款准备金率0.5个百分点。同时，为进一步增强金融机构支持“三农”和小微企业的能力，额外降低县域农村商业银行、农村合作银行、农村信用社和村镇银行等农村金融机构准备金率0.5个百分点。额外下调金融租赁公司和汽车金融公司准备金率3个百分点，鼓励其发挥好扩大消费的作用
10月23日	自2015年10月24日起，下调金融机构人民币存款准备金率0.5个百分点，以保持银行体系流动性合理充裕，引导货币信贷平稳适度增长

资料来源：中国人民银行，中国房地产数据研究院整理。

3. 进一步加快财税改革步伐

(1) 房地产税收正式列入立法规划

2015年10月30日，十二届全国人大常委会中将房地产税立法正式列入五年立法规划，目前房地产税法草案正由全国人大常委会预算工作委员会牵头起草，财税部门配合立法。作为我国税制改革的重要组成部分，房地产税改革是我国增加直接税、降低间接税，调节税制结构的重要一环。未来房地产税将由地方税务局征管，全部收入归地方，成为地方税源的重要补充。

(2) 地方政府债券管理暂行办法出台

2015年3月6日，财政部公布《2014年中央和地方预算执行情况与2015年中央和地方预算草案的报告(摘要)》，其中明确提到2015年地方公共财政赤字5 000亿元，政府性基金收支差额1 000亿元，国务院均批准通过发行地方政府债券予以弥补。而后，财政部新闻发言人在3月8日的答记者问中再次提到地方政府债券发行规模事项，一是提出“从2015年起，对地方一般债务比照中央国债实行余额管理，在限额内当年到期债务可以借新还旧，不再采取在发债额中扣抵”；二是明确“报经国务院批准，近期财政部已下达地方存量债务1万亿元置换债券额度，允许地方把一部分到期的高成本债务转换成地方政府债券”。

2015年4月7日，财政部公布了《地方政府专项债券发行管理暂行办法》。明确单只专项债券应当以单项政府性基金或专项收入为偿债来源。单只专项债券可以对应单一项目发行,也可以对应多个项目集合发行。专项债券采用记账式固定利率附息形式。

地方政府专项债券,即省、自治区、直辖市政府(含经省级政府批准自办债券发行的计划单列市政府)为有一定收益的公益性项目发行的、约定一定期限内以公益性项目对应的政府性基金或专项收入还本付息的政府债券。专项债券期限为1年、2年、3年、5年、7年和10年,由各地综合考虑项目建设、运营、回收周期和债券市场状况等合理确定,但7年和10年期债券的合计发行规模不得超过专项债券全年发行规模的50%。《办法》提出,各地组建专项债券承销团,承销团成员应当是在中国境内依法成立的金融机构,具有债券承销业务资格,资本充足率、偿付能力或者净资本状况等指标达到监管标准。专项债券发行利率采用承销、招标等方式确定。

(六) 土地政策

1.《土地利用年度计划管理办法(修订草案)》公开征求意见

该草案调整完善了土地计划指标体系,明确土地开发整理计划指标中包括存量建设用地整治利用计划指标。同时,该草案增加了土地利用总体规划规模控制的规定,明确要求以土地利用总体规划安排为基础,每三年根据经济社会发展状况和各地用地实际等情况,确定全国三年新增建设用地计划指标控制规模。此外,总结近年来的经验做法,对土地计划指标编制下达程序作了进一步修改完善。明确各省(区、市)按照年度间相对平衡(变化幅度控制在10%以内)的原则,提出分年度新增用地计划安排建议报国土资源部审核确定。新增建设用地计划指标下达前,各省、自治区、直辖市、计划单列市及新疆生产建设兵团,可以按照上一年度国家下达新增建设用地计划指标总量的30%预先安排使用。

(1) 强调对耕地的保护

本次土地管理计划的修改,首先是强调了耕地的保护,主要体现在特别强调耕地的质量以及生态。强调耕地保护数量、质量、生态这三者并重,而过去更多的是强调耕地的数量。过去普遍存在占优补劣,占水田补旱地现象。2015年6月,国家主席习近平强调,要实行最严格的耕地保护制度,依法依规做好耕地占补平衡,规范有序推进农村土地流转,像保护大熊猫一样保护耕地。此次草案中加入了“提高补充耕地质量”。进一步落实耕地占补平衡制度,坚持“占一补一,占优补优”标准,确保补充耕地数量质量双到位。

(2) 突出民生用地安排

该草案中,新增了"优先安排社会民生建设用地"内容,以及"因地震、洪水、台风、泥石流等重大自然灾害引发的抗灾救灾、灾后恢复重建用地等特殊情况,制定灾后重建规划,经发展改革、国土资源、民政等部门审核,省级以上人民政府批准,可以先行安排新增建设用地指标,列出具体项目,半年内将执行情况报国土资源部备案"。

土地计划管理将社会民生建设用地被提到了前所未有的高度,这与"十三五"规划建议中对于民生问题的重视相得益彰。在国家经济保持高速及中高速增长的同时,让国民待遇提高成为政府工作的重点之一。

(3) 新增与存量建设用地要区分管理

本次土地利用管理办法修订最多的地方在于,对新增建设用地与存量建设用地,进行区分管理。该草案中,对新增建设用地安排要求各省(区、市)依据国家确定的三年新增建设用地计划指标控制规模,按照年度间相对平衡(变化幅度控制在10%以内)的原则,提出分年度新增用地计划安排建议报国土资源部审核确定。

而存量建设用地整治利用计划指标分解,由国土资源部依据全国人民代表大会审议通过的全国土地利用年度计划中的存量建设用地整治利用计划总量指标,根据各地经济社会发展状况、规划安排、资源潜力和相关工作进展情况,提出分解方案,经部长办公会议审定后下达。

该草案中还强调了充分尊重群众意愿和群众权益。这关系到城镇化过程中,农民自愿退出宅基地及农村集体产权等问题。城镇低效用地的开发和利用也应充分考虑群众意愿和权益。在城市边界确定的情况下,新增建设用地有限,盘活存量建设用地将成为重点。

2. 2015年一线城市土地利用年度计划收紧

2015年北京市国有建设用地计划供应总量4 600公顷,较去年较少550公顷;包括住宅用地1 200公顷,较去年较少450公顷。其中新增建设用地控制在2 100公顷以内,鼓励和引导利用存量建设用地2 500公顷。

2015年上海国有建设用地供应计划总量为1 950公顷,其中必须保障类建设用地计划供应897公顷,主要是保障性安居工程用地和重大基础设施用地。此外,包括保障性安居工程用地37公顷、工业项目及工业园区基础设施用地500公顷、仓储用地80公顷、商服(含商贸物流)用地210公顷、普通商品住房用地263公顷。

2015 年深圳市(含前海)将供应建设用地 1 600 公顷,其中居住用地(含商品住房用地和保障性安居工程用地)计划供应 170 公顷。其中,新增建设用地 430 公顷,安排存量建设用地 1 170 公顷。存量土地供应量超过新增土地,已成为深圳土地资源开发利用的常态。

2015 年广州供应建设用地推出 1 621.45 公顷,其中包括保障房和商品住宅在内的住宅用地,共有近 528 公顷,占比 32.6%。

3. 明确将土地经营权分开,土地承包权不得流转

中央全面深化改革组第五次会议,审议了农村土地流转、农民股份合作等改革方案,被外界解读为基层改革箭在弦上。此次会议还第一次明确提出了在坚持农村土地所有制前提下,促使承包权经营权分离,形成所有权、承包权、经营权三权分置的新格局,为未来农地改革的制度创新奠定了基础。

2015 年 1 月 22 日,国务院发布农村土地产权交易最新政策《国务院办公厅关于引导农村产权流转交易市场健康发展的意见》,明确将土地经营权分开来,把土地所有权、承包权和经营权明确划分开,指出土地承包权不得流转。

近年来农村承包土地经营权和农村产权流转交易有增长态势,很多地方建立了农村产权交易市场和平台。据统计,2014 年我国土地流转面积 3.8 亿亩。

将土地经营权从原有的土地承包权中独立出来,让土地流转过程权属更加清楚明白。农民以后可以放心地把自己的土地承包出去,又不用担心失去对土地的承包关系,为多元化农村经营模式创造了条件。

对于农村土地产权的流转将会有更多的机构提供抵押担保服务。针对农村产权流转的第三方的机构还很少,政策监管也是空白,产权交易的规范性应该提升,配套服务业也要逐步健全。

(1) 土地流转提速亟待顶层设计

在城镇化、工业化加快推进的背景下,加快农村土地流转、发展适度规模经营,已成为中国农业发展的必由之路。但是,由于相关政策体系尚不健全,当前一些农村土地流转中也存在着承租关系不稳定、土地过度规模化、农村土地抵押难等问题,新型农业经营主体在发展中也面临诸多掣肘。外界期待,“十三五”期间,国家能进一步加强顶层设计,完善相关政策。

(2) 承租关系不稳定,规模欠适度

尽管在国家政策引导下,农村土地流转速度明显加快,但由于相关政策体系尚不健全,当前农村土地流转中也存在着承租关系不稳定、土地过度规模

化、农村土地抵押难等问题,成为制约农业规模化经营的掣肘。

由于承租关系不稳定,承租人也不敢对农田基础设施做长期投入。当前中国农村土地流转过程中,虽然国家政策层面一直强调“适度规模经营”,但由于缺乏相关的制度设计,再加上地方政府盲目追求政绩,导致各地在实践中往往过度强调“规模”而忽视了“适度”,土地过度集中趋势明显,一些工商企业或拥有一定资金的种粮大户,流转土地面积动辄成千上万亩,一些地方甚至整村、整镇流转。

农村土地流转的本质是通过人、地资源的优化配置实现人地关系的最优化,既能带动农民增收致富,又能使土地效益最大化。“农业过度规模化经营往往不能精耕细作,不利于农业生产发展,还会造成大量农民从农村农业转移,不仅不能带动农民增收,还会造成农村的空心化,不利于激发农村社会的活力。”

除流转不稳定、不规范外,农地流转配套政策也不完善。当前的农业政策扶持体系与土地加速流转的现状不相适应,规模经营主体面临诸多困难,比如农民流转土地需要有一定的资金,现在一百亩田一般要四五万元,这对于一个农民家庭来说不是一笔小数目,可现在银行贷款很难,农民又没有可抵押的财产,阻碍了农村经济的发展。

(3) 惠民制度还未完全“落地”

针对当前农村土地流转中存在的诸多问题,基层农民和干部希望国家能进一步加强顶层设计,完善相关政策。

首先,加快推进新一轮农村土地确权登记颁证工作,鼓励土地流转,促进农业规模化经营。从长远来看,土地确权能加速土地流转,但在操作中,由于一些地方确权工作进展较慢,农民担心土地流转会影响土地权属的确定,不愿流转。现在农民把土地看得越来越重,国家又在开展新一轮土地确权,很多人不愿意在确权前流转,因为他们担心会确到别人名下。而且,当前登记的土地面积普遍不准,现在流转会影响收益。

其次,完善制度设计,引导适度规模经营。虽然中国一直强调要发展多种形式的适度规模经营,却缺乏相关的制度设计,真正的适度规模经营主体没有得到应有的政策扶持。

(七) 新型城镇化建设

1.《不动产登记暂行条例实施细则》法定程序完成

10月14日,不动产登记工作第四次部际联席会议在北京召开。会议通报了《不动产登记暂行条例实施细则》(以下简称《细则》)起草、征求意见情况,以及各地不动产登记工作进展,就《细则》的制定出台进一步征求意见。会议强调,要采取有效措施,全面实现登记机构、登记簿册、登记依据和信息平台“四统一”。并指出,不动产统一登记是转变政府职能、建立现代国家治理体系的一项基础性制度。自 2015 年 3 月《不动产登记暂行条例》颁布实施后,国务院高度重视《细则》的制定工作。按照国务院的部署要求,在不动产登记部际联席会议成员单位的支持配合下,目前《细则》制定的法定程序已经基本完成,出台实施的条件已初步具备。

为加快实施不动产统一登记制度,会议要求,继续坚持“积极推进、稳妥把握、统筹兼顾、科学安排、因地制宜、分类指导”的工作原则,采取有效措施,全面实现“四统一”。一是加快推进地方职责机构整合,按照 2015 年年底前完成市县级职责机构整合的要求,明确地方政府责任,倒排时间,加强对地方的指导支持和监督检查。二是继续指导地方做好新证与旧证的有效衔接,坚持便民利民、“不变不换”原则,不得增加企业和群众负担。三是进一步完善相关配套制度,尽快启动不动产登记相关信息互通共享的办法和标准、不动产权属争议和相关确权政策的研究制定工作。四是抓紧上线试运行信息平台,积极推进重点城市接入信息平台并开展联调联试。五是加强宣传引导,为不动产登记工作的顺利开展创造良好的舆论环境。

表 5-3　　不动产统一登记工作进程

日　期		相　关　内　容
2007 年		《物权法》明确“国家对不动产实行统一登记制度”
2013 年	3 月	《国务院机构改革和职能转变方案》进行任务分工,提出整合房屋登记和土地登记的职责,由国土部、住建部会同法制办、税务总局等有关部门,2014 年 6 月底前出台不动产登记条例
	11 月	十八届三中全会提出“完善产权保护制度”、“健全自然资源资产之都”“建立全社会房产、信用等基础数据统一平台,推进部门信息共享”
		国务院总理李克强主持召开国务院常务会议,进一步明确整合不动产登记职责、建立不动产统一登记制度
		国土部召开 17 次部长办公会,研究不动产统一登记工作,强调下一步要着手建立国家不动产统一登记协调机构和工作机构
2014 年	2 月	经国务院批复同意,由国土部牵头,九部门建立不动产登记工作部际联席会议制度

续表

日　期		相　关　内　容
	3月	不动产登记工作第一次部际联席会议在北京召开,明确不动产统一登记制度完成时间表
		用三年时间全面建立不动产登记制度,用四年时间运行统一的不动产信息管理基础平台
		2014年不动产登记工作的主要内容为建立统一登记的基础性制度,同时要求在2014年6月前出台不动产登记条例
	4月	国土部办公厅正式印发关于成立不动产统一登记工作领导小组的通知,不动产登记工作领导小组成立
	5月	国土部办公厅下发《关于在地籍管理司加挂不动产登记局牌子的通知》
	6月	不动产登记信息平台顶层设计研讨会在北京召开,不动产登记信息平台研究设计正式启动
	8月	国务院法制办公室公布《不动产登记暂行条例(征求意见稿)》,对全社会公开征求意见
		不动产登记局工作职责明确,时间表公布
2015年	1月	国土资源部关于贯彻实施《不动产登记暂行条例》的通知
	3月	《不动产登记暂行条例》颁布实施
		《不动产登记暂行条例实施细则》启动社会公开意见征求
	6月	第3次部务会审议原则通过《不动产登记暂行条例实施细则》
	9月	全国省级不动产登记职责整合完成
	10月	全国已有198个市(州)完成市级职责整合,1 193个县(区)完成县级职责机构整合,分别占全国市县总数的60%、42%
		地方不动产登记职责机构整合情况专项督察已全面启动,对2015年12月31日前不能如期基本完成不动产登记职责机构整合的地方提出问责
		《不动产登记暂行条例实施细则》法定程序完成
	11月	全国县级不动产登记职责机构整合实现"双两千"目标
		我国国家层面的不动产登记资料移交完成
	12月	不动产统一登记数据整合研讨会召开

资料来源:中国房地产数据研究院整理。

2. 学习贯彻党的十八届五中全会精神,推进以人为核心的新型城镇化

2015年11月27日,国家发改委等11部委联合发布《关于公布第二批国家新型城镇化综合试点地区名单的通知》(以下简称《通知》),北京市房山区、天津东丽区等73个城市(镇)开展试点。此次国家新型城镇化综合试点扩围

之后,33 个农村土地制度改革试点全部纳入新型城镇化综合试点。

当前,我国城镇化发展面临巨大机遇,也面对许多重大挑战。在一个 13 亿多人口的大国推进城镇化,没有先例可循,不能照搬国外模式,必须按照《中共中央关于制定国民经济和社会发展第十三个五年规划的建议》要求,从我国社会主义初级阶段基本国情出发,遵循规律,因势利导,把握好方向,积极推进以人为核心的新型城镇化。

(1) 深化户籍制度改革,促进有能力在城镇稳定就业和生活的农业转移人口举家进城落户

推进以人为核心的新型城镇化,当前的首要任务是促进有能力在城镇稳定就业和生活的已进城常住人口有序实现市民化。在此基础上,提高全体城镇人口素质和生活质量。加快推进户籍制度改革,是推进新型城镇化的重大任务之一。当前,深化户籍制度改革,重点是落实好农业转移人口在不同类型城镇落户的政策,主要任务是解决已经转移到城镇就业、居住的农业转移人口的落户问题。要全面放开建制镇和小城市落户条件,有序放开中等城市落户限制,合理确定大城市落户条件,严格控制特大城市人口规模。建立城乡统一的户口登记制度,基本建立以合法稳定住所和合法稳定就业为基本条件、以经常居住地登记为基本形式的户口迁移登记制度,建成国家人口基础信息库,实现跨部门、跨地区的信息整合和共享,为城镇编制经济社会发展规划、安排基础设施建设、制订公共政策等提供依据。分类指导农民工市民化,建立完善与居住年限等条件相挂钩的积分落户制度,为公平有序落户提供阶梯式政策通道,加快提高户籍人口城镇化水平。

(2) 实施居住证制度,努力实现基本公共服务常住人口全覆盖

根据国家新型城镇化战略部署,到 2020 年要努力解决 1 亿左右已进城农业转移人口和其他常住人口的落户问题,其他已进城但未落户的人口则要通过建立居住证制度来解决他们的基本公共服务问题。2015 年的《政府工作报告》明确提出,"对已在城镇就业和居住但尚未落户的外来人口,以居住证为载体提供相应基本公共服务"。实施居住证制度,是在现阶段不同城镇分类落户的条件下逐步放宽对人口迁移限制的一种有益探索,是一项过渡性制度安排。实行居住证制度的目的,是建立与居住年限等条件相挂钩的基本公共服务供给机制,为持证人提供与当地户籍人口同等的基本公共服务和便利,特别是为那些已经在城镇就业居住但尚未落户的农业转移人口及其他常住人口解决子女义务教育、基本医疗、基本养老、就业服务等方面的实

际困难。各级政府应根据经济社会发展情况积极创造条件，不断扩大为居住证持有人提供公共服务和便利的范围，提高服务标准，实现基本公共服务对城镇常住人口全覆盖，让更多流动人口能够融入城镇，使他们对居住的城镇更有归属感和认同感。

(3) 健全财政转移支付同农业转移人口市民化挂钩机制

在我国国情下，农村人口向非农业转移的过程将持续相当长时间。目前，我国农民工总数已达2.74亿，约占全国人口总量的1/5，但农业转移人口的户籍地与常住地大多并不一致，这使得现有的财政支出预算体制与各地常住人口的现状不相吻合。实现在常住地的农业转移人口“有活干、有学上、有房住、有保障”的目标，需要首先解决他们迫切需要的基本公共服务问题。这无疑需要庞大的公共财政资金支持。应逐步理顺事权关系，建立事权与支出责任相适应的制度体系，实现财政转移支付测算分配由户籍人口向常住人口扩展，将现有主要针对城镇户籍居民的义务教育、社会保障、就业支持和保障性住房等基本公共服务扩大到已进入城镇就业的农业转移人口，推进基本公共服务向常住人口全覆盖。

(4) 维护进城落户农民土地承包权、宅基地使用权、集体收益分配权

切实保障进城落户农民土地承包权、宅基地使用权、集体收益分配权，对于提高农民进城落户积极性、顺利推进户籍制度改革、促进新型城镇化健康发展至关重要。改革开放以来，随着法律法规和政策体系的不断完善，农民的“三权”保障工作取得明显进展。推进以人为核心的新型城镇化，需要进一步维护好进城落户农民的“三权”。

当前，应重点做好以下工作：一是进一步稳定农村土地承包关系，维护进城农户的土地承包经营权。抓紧出台现有土地承包关系保持稳定并长久不变的具体办法，修订完善相关法律法规。加快推进和确保如期完成农村土地承包经营权的确权登记颁证工作，构建农民土地权利保障的基础体系。加强规范承包土地经营权的流转，健全土地经营权流转市场及服务体系，健全工商企业租赁农户承包地的准入和监管制度。二是稳步推进农村土地制度改革试点。2015年，中央已经部署分类实施农村土地征收、集体经营性建设用地入市、宅基地制度改革的试点工作，明确提出在确保土地公有制性质不变、耕地红线不突破、农民利益不受损三条底线的前提下，审慎稳妥推进农村土地制度改革。要尽快研究制定缩小征地范围的具体办法，建立兼顾国家、集体、个人利益的土地增值收益分配机制，完善对被征地农民合理、规范、多元保障机制，特别是注意保障进城落户农民土地承包经营权和宅基地使用权被征收时得到

公平合理补偿,禁止剥夺进城落户农民获得征地补偿的合法权利。三是推进农村集体产权制度改革,有效保障进城落户农民集体收益分配权。探索农村集体所有制经济有效实现形式,创新农村集体经济运行机制,稳步开展赋予农民对集体资产股份权能改革试点工作。各项试点必须严格限制在本集体经济组织内部进行,防止侵蚀集体经济和农民利益。引导农村产权流转市场健康发展。探索农户对"三权"的自愿、有偿退出机制,支持引导其依法自愿有偿转让上述权益。

(5) 加大城镇棚户区和城乡危房改造力度

推进以人为核心的新型城镇化,关键是急群众之所急、想群众之所想。完善住房保障制度,既要将符合条件的农民工及其家属纳入城镇住房保障实施范围,也要着力改善城乡住房困难群众的住房条件。当前,各类棚户区群众住房简陋,环境较差,安全隐患多;农村困难群众对住上安全住房的诉求强烈。改善住房困难群众的住房条件是推进新型城镇化过程中的一件大事。棚户区改造等保障安居工程不但是重大的民生工程和发展工程,也是城镇化健康发展的"压舱石"。在经济发展面临较大下行压力的形势下,棚户区改造和城乡居民危房改造也是调结构、稳增长的重要抓手。截至2014年底,全国共改造各类棚户区住房2 080万套、农村危房1 565万户,既有效改善了困难群众的住房条件,也发挥了带动消费、扩大投资的积极作用,促进了社会和谐稳定。但也应看到,这与党中央、国务院确定的改造约1亿人居住的城镇棚户区和城中村的目标相比还有很大差距,任务依然十分艰巨,特别是在创新投融资机制、完善配套基础设施建设等方面还存在不少困难和问题。

五、国内房地产政策展望与建议

(一) 本轮调控路径

2015年以来,国内宏观经济环境大致上是:经济增长目标继续下调,结构性通货紧缩严重。房地产调控坚持的方向是:稳定住房消费,支持居民自住和改善住房需求,促进房地产市场平稳健康发展。

当前国内房地产政策总体上是需求管理与供给管理并重。需求方面,通过多次降息、降准刺激房地产需求;供给方面,大力推进保障性安居工程建设,增加有效住房供给。这样的政策思路短期内不会有大的改变。

2015年,我国整个宏观经济环境呈现继续下行状态,但房地产市场受益于

表 5－4　**本轮房地产政策路径及其演变**

时　间	2010 年 1 月	2010 年 4 月	2010 年 9 月	2011 年 1 月	2013 年 2 月	2014 年 5 月	2015 年 3 月
政　策	"国十一条"	"国十条"	"9.29 新政"	"国八条"	新"国五条"	"央五条"	"3.30 新政"
信贷政策	二套房首付比例不低于 40%	90 平方米以上首付 30%，二套房首付 50%，利率 1.1 倍	首套房首付 30%（无论面积大小）；二套房首付 50%利率 1.1 倍，暂停三套房贷	二套房首付 60%，利率 1.1 倍	根据城市新建商品住房价格控制目标和政策要求，将进一步提高第二套住房贷款的首付款比例和贷款利率	合理配置信贷资源，优先满足居民家庭首次购买自住普通商品住房的贷款需求	调整公积金贷款首付比例 二套房商业贷款从此前的 7 成首付降低为 4 成首付 营业税免征 5 年改 2 年
限购政策	—	地方政府可根据实际情况实行限购，但只有北京出台"限购令"	房价过高、上涨过快城市要"限购"，上海、深圳等近 20 个城市先后出台"限购令"，多数城市政策为"无论已有几套住房均可再买一套"	明确要求 35 个大中城市及房价上涨过快城市限购，上海市居民有 2 套，外地居民有 1 套不得购买、不能提供纳税证明不能购买	购房资格审查前移至签订购房合同（认购）前，限购范围扩大到全部行政区域，限购住房包括所有新建商品住房和二手住房	众多二三线城市均面临楼市较大的库存压力，目前全国已有 40 多个城市相继取消或者大幅度松绑限购	除一线城市外，其他城市基本取消限购

续表

时　间	2010年1月	2010年4月	2010年9月	2011年1月	2013年2月	2014年5月	2015年3月
增加有效供给	加快中低价位、中小套型普通商品住房建设，力争到2012年末，基本解决1 540万户低收入家庭住房困难	三类房用地不低于住房用地的70%，总供地18.5万公顷，建设保障房580万套	房价上涨过快的城市，要增加居住用地的供应总量	建设保障性住房1 000万套，商品住房用地供应不得低于前2年年均供应量	2013年住房用地供应总量不低于过去五年平均实际供应量，2013年城镇保障性安居工程基本建成470万套、新开工630万套。	计划新开工城镇保障性安居工程700万套以上(其中各类棚户区470万套以上)，基本建成480万套	计划新开工740万套(其中各类棚改580万套)，基本建成480万套

资料来源：中国房地产数据研究院。

财政、货币等政策的一系列刺激，一二线城市呈现较为火爆的场面，但三四线城市库存压力依然较大。

（二）未来行业与政策展望

就目前而言，货币政策在总体稳健同时坚持差别化，宏观政策保持定力。我国正处于“三期叠加”的特殊时期，经济发展存在一定的压力，但是中央仍将坚持定向调控，精准发力，注重改革，利用改革红利激发经济活力。对房地产业而言，平稳的宏观环境将更有利于建立市场自身的调节机制，避免因经济发展需要对产业形成明显冲击。

1. 开发投资将在探底过程中企稳，但不会出现大幅度反弹

作为国民经济的支柱产业，房地产开发投资不能再继续下滑，必须要通过一系列政策让行业稳住，所以稳定房地产行业的政策 2016 年仍将持续甚至加码，房地产开发投资也会在探底过程中逐步企稳。

另一方面，鉴于当前行业库存高企以及部分二线和多数三四线城市商品房供过于求的情况，虽然行业开始触底上升，但实质上开发投资增加只是由于一线城市和部分基本面较好的二线城市带动，多数城市开发投资仍将低迷，导致总体房地产开发投资不会出现大幅反弹。

2. 新开工降幅将持续收窄，仅一线及部分二线城市会有明显增长

降息、降准之后，企业融资成本有一定的降低，加之一系列稳定住房消费政策出台，市场销售已有明显好转，企业新开工动力提升。因此，新开工面积不断下滑的态势也将得到缓解，新开工降幅将不断收窄。

但与房地产开发投资一样，新开工量也会出现城市之间的明显分化，一线城市和部分二线城市会出现新开工的大幅增长，而多数三四线城市依然会开工不足，使得总体新开工面积不会出现大幅上升，全年同比增幅转正的可能性较小。

3. 销售回升趋势短期仍会持续

从 2015 年的市场表现来看，销售回暖势头明显。而年终又是企业冲刺业绩的重要时期，也是回笼资金、加速去库存的良机。另外，从统计局的数据来看，房价保持在稳定的区间内，也给市场营造出了良好的空间。

4. 整体处于结构性过剩背景下，土地市场分化将更加明显

从土地供应端来看，各地都根据实际情况调整了供地计划，基本都缩减了 2015 年的土地出让规模。从企业土地购置意愿来看，部分企业在销售回款上升时，拿地态度积极，但主要依然集中在一线城市和部分二线城市。大部分房企青睐性价比高的地块，拿地态度比较理性。

(三) 政策建议

基于国内当前的房地产市场形势、国家调控政策实施的效果以及房地产业内外的期望,笔者总结房协相关领导汇报内容,特作以下几点政策建议,以供各方人士参考。

1. 推进房地产税改革

建设完善地方税体系是个渐进的过程。从长远来看,在不动产保有环节征收的房产税和对矿产资源征收的资源税可分别作为东部发达地区和西部欠发达但资源富集地区的市县政府主体税种。

房产税可按照住房属性适用差别化税率,将城镇住房分为基本住房(第一套)、改善性住房(第二套)、投资性住房(第三套)、投机性住房(第四套)四类,以此提高税率档次。其中居民基本住房应免征房产税。由此,政府在2016年推进房地产税制改革的同时,对房产税的征收方式给出了具体思路。

2. 继续改进住房金融服务断,降低刚需购房成本

2015年四季度以来,在宏观经济增速下台阶的背景下,地产行业密集出台了一些列宽松的政策。同时,高层对于房地产去库存的表态,也催生了市场对于后续跟进政策的预期。从已经出台的政策来看,主要出发点是改进住房金融服务、支持合理住房消费、降低刚性需求的购房成本。笔者认为,在中国宏观经济三期叠加的背景下,地产行业作为宏观经济的稳定器作用更显得关键。

宏观政策应配合市场的逐步出清,提高交易效率,降低交易成本。对首付比例、二套房认定、贷款利率、公积金管理办法、交易税费等影响交易的制度和规则提供更为科学、有利的政策支撑,进一步释放刚性需求和改善性需求。提供正常化和市场化的融资渠道,降低资金使用和借贷成本,满足一部分合理的投资性需求,活跃房地产金融交易市场。同时,适当解决房地产企业的融资问题。通过资本市场和信贷渠道双管齐下,积极探索房地产资产证券化,拓宽融资渠道。

3. 出台更多利好政策,长期利于行业发展

高库存依然是问题所在,当前还是应当首先着力于需求端。继续实行较有利于房地产销售和购买的相关政策,应让房地产市场运行机制自主发挥资源配置作用,实现房地产交易价格和数量的市场均衡。

在未来政策预期方面,则是着眼于化解房地产库存问题,特别是库存绝对量较高、新增供给大于新增需求的三四线城市,市场对于政府尝试推行“保障房货币化”的政策预期较浓,短期能否落实要看各部门协调能力,以及较好的制度设计避免寻租。

第二节　2015 年中国土地市场分析

一、土地供应：一线城市年末供应放量，同环比均有所增长

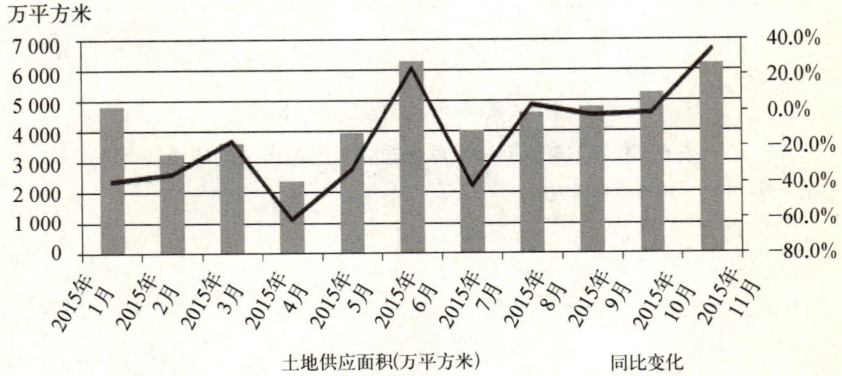

图 5-2　2015 年 1—11 月全国 300 个城市土地供应量

数据来源：中国房地产数据研究院。

2015 年 1—11 月全国 300 个城市共推出土地 11 106 宗，同比减少 20.5%；推出土地面积 49 143 万平方米，同比减少 31.8%。2015 年 11 月，全国 300 个城市共推出土地 1 348 宗，环比增加 28%，同比增长 25%；推出土地面积 6 215 万平方米，环比增加 18%，同比增长 34%。

二、土地成交：下半场成交量受供地影响，同环比均有增长

2015 年 1—11 月全国 300 个城市成交土地 8 757 宗，同比减少 12.7%；推出土地面积 41 832 万平方米，同比减少 17.3%。2015 年 11 月，全国 300 个城市共成交土地 943 宗，环比减少 2.3%，同比增长 48%。

三、住宅土地市场：2015 年下半年住宅土地市场升温，但总体仍弱于 2014 年同期

2015 年 1—11 月，全国 300 个城市住宅土地供应面积 19 726.6 万平方米，同比减少 17.4%；其中 11 月土地供应面积为 2 566.1 万平方米，环比上涨 48.6%，同比上涨 16.3%。

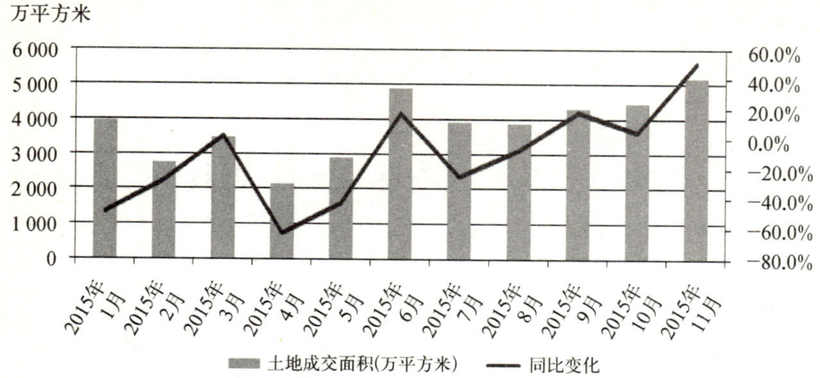

图 5－3 2015 年 1—11 月全国 300 个城市土地成交量

数据来源：中国房地产数据研究院。

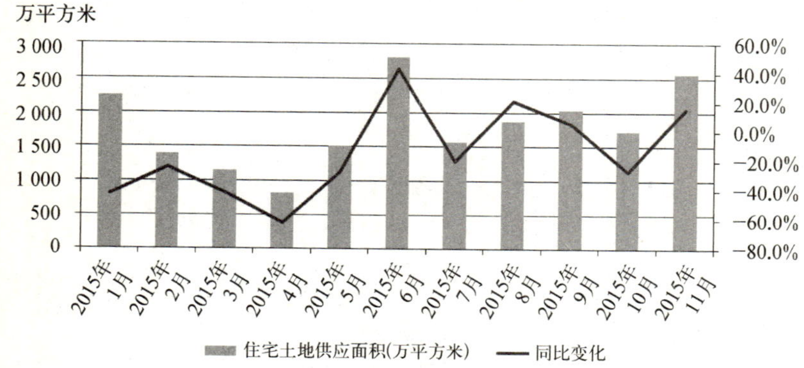

图 5－4 2015 年 1—11 月全国 300 城市住宅土地供应量

数据来源：中国房地产数据研究院。

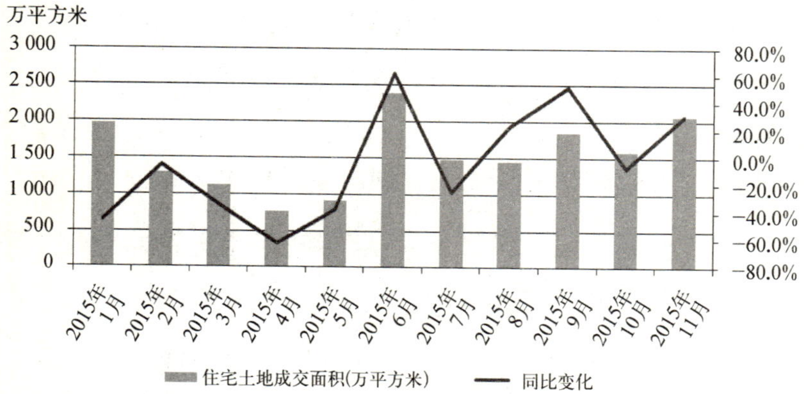

图 5－5 2015 年 1—11 月全国 300 城市住宅土地成交量

数据来源：中国房地产数据研究院。

2015年1—11月，全国300个城市住宅土地成交面积16 882万平方米，同比减少12.9%；其中11月土地成交面积为2 072万平方米，环比上涨30.8%，同比上涨30.4%。

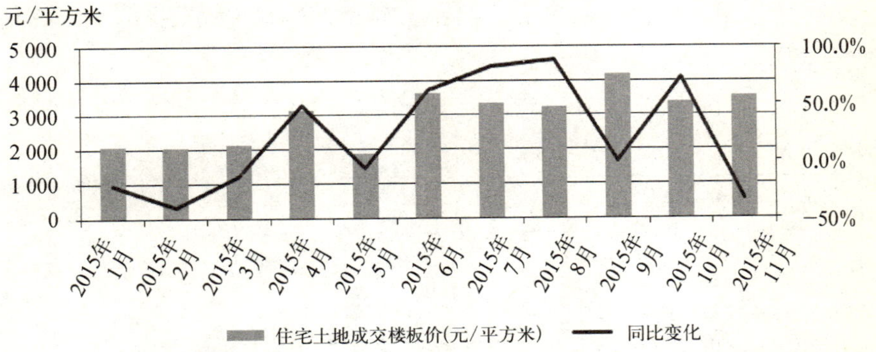

图5-6 2015年1—11月全国300城市住宅土地成交楼板价

数据来源：中国房地产数据研究院。

2015年11月，全国300个城市住宅土地成交楼面均价为2 065元/平方米，环比上涨39%，同比上涨19%；其中住宅类用地成交楼面均价为3 541元/平方米，环比上涨5.4%，同比下跌32.9%。

四、重庆、上海、武汉累计供应量占据全国前三甲，但同比均下降

2015年11月，10个重点城市中除深圳、天津外均有住宅用地推出，北京

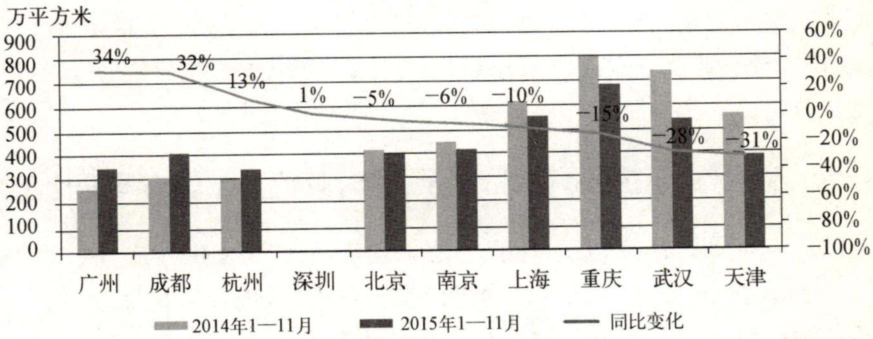

图5-7 2015年1—11月10个重点城市住宅用地供应情况

数据来源：中国房地产数据研究院。

供应量最大，为 104 万平方米。1—11 月，广州、成都、杭州、深圳 4 城市累积供应量超过去年同期，重庆、上海、武汉分别以 682 万平方米、553 万平方米、536 万平方米的累积供应量排名前三位。

五、一线城市在供需两方面均领涨全国，市场热度飙升，高溢价现象突出

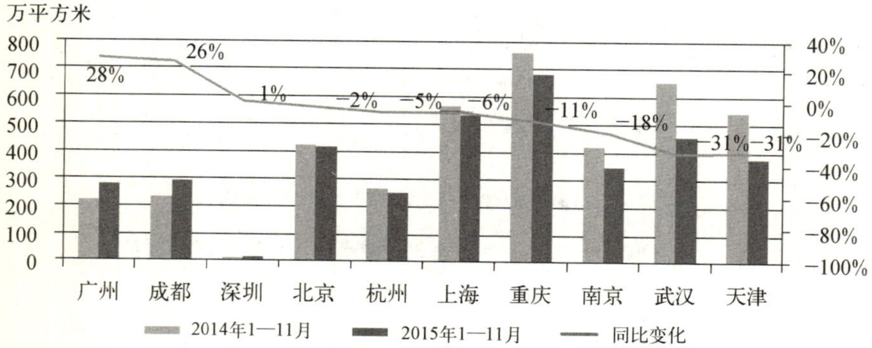

图 5-8 2015 年 1—11 月 10 个重点城市住宅用地成交情况

数据来源：中国房地产数据研究院。

2015 年 11 月，一线城市在供需两方面均领涨全国，市场热度飙升，部分地块价格高于周边项目均价，高溢价现象突出。1—11 月，10 重点城市宅地供求总量同比仍缩水，但出让金总额降幅已收窄至 3%，北京宅地收金创纪录。

11 月，10 个重点城市中除深圳外均有住宅用地成交，北京以 123 万平方米的成交量居首位。1—11 月，广州、成都、深圳 3 城市累积成交量超过去年同期，重庆、上海、武汉分别以 676 万平方米、528 万平方米、451 万平方米的累积成交量排名前三位。

六、除成都、重庆平均溢价不及去年，其他重点城市均同比上涨

2015 年 11 月，南京以 93% 的宅地平均溢价率继续排在 10 城市首位。1—11 月，仅成都、重庆两城市平均溢价率不及去年，南京同比涨幅较大。12 月重点城市供地量继续增加，土地市场进入年终旺季，溢价率仍维持高位水平。

表 5－5　　2015 年 1—11 月住宅土地总价前二十位

排名	宗地名称	城市	规划用途	成交总价（万元）	规划建筑面积（平方米）	建设用地面积（平方米）	楼面价（元/平方米）	溢价率（%）
1	海珠区广纸片区地块二 AH050108、AH050114、AH050201、AH050203、AH050204、AH050316、AH050323 地块	广州市	商住混合用地（R2/B1）、商业商务用地（B1/B2）	889 772	556 107	257 692	16 000	0.00
2	闸北区上海火车站北广场以北地块	上海市	办公楼、商业用地、居住用地、文体用地	881 500	326 211	77 274	27 022	50.12
3	闸北区市北高新技术服务业园区 N070501 单元 09－03 地块	上海市	住办	879 500	231 073	87 197	38 062	26.87
4	丰台区花乡白盆窑村 1516－0665 等地块（丰台区城乡一体化白盆窑村旧村改造一期二期）二类居住及基础教育用地	北京市	R2 二类居住用地、A33 基础教育用地	862 500	418 693	155 676	20 600	21.99
5	丰台区南苑乡槐房村和新宫村 1404－657、659、1401－607 地块（丰台区城乡一体化槐房村、新宫村旧村改造项目第一期 A 组团）	北京市	R2 二类居住用地、A33 基础教育用地	859 500	254 197	132 433	33 812	50.00
6	丰台区南苑乡槐房村和新宫村 1404－669、670、665、666、668 地块（丰台区城乡一体化槐房村、新宫村旧村改造项目第一期 B 组团）	北京市	R2 二类居住用地、A33 基础教育用地、A6 社会福利用地、A2 文化设施用地、S31 公交枢纽用地	834 000	239 373	117 633	34 841	50.00

续表

排名	宗地名称	城市	规划用途	成交总价（万元）	规划建筑面积（平方米）	建设用地面积（平方米）	楼面价（元/平方米）	溢价率（%）
7	杨浦区新江湾城 N091104 单元 C1－02(D7)地块	上海市	居住用地	729 900	148 498	131 998	49 152	81.69
8	闸北区市北高新技术服务业园区 N070501 单元 10－03 地块	上海市	住办	705 200	202 234	76 315	34 871	16.24
9	朝阳区孙河乡北甸西村 2902－18、2902－19、2902－27 地块	北京市	F1 住宅混合公建用地、R2 二类居住用地、R22 社区配套服务设施	648 300	143 685	121 096	45 120	50.00
10	门头沟区永定镇 MC00－0017－6018、6020 地块	北京市	R2 二类居住用地	570 000	202 725	72 402	28 117	50.00
11	海淀北部地区整体开发中关村永丰产业基地 HD－0402－0030 地块	北京市	F1 住宅混合公建用地	564 000	208 702	65 219	27 024	48.93
12	东湖新技术开发区珞喻东路以南，关山大道以东	武汉市	住宅、商服用地	560 500	635 699	142 215	8 817	46.95
13	仓山区凤山路南侧，金洲南路东侧，台屿旧屋区改造项目	福州市	G－04 商服(商业)用地、住宅用地；G－06 商服(商业、商务办公)用地、住宅用地；G－16住宅用地；G－21 公共管理与公共服务设施(幼儿园)用地	515 000	400 045	213 814	12 874	34.22

续表

排名	宗地名称	城市	规划用途	成交总价（万元）	规划建筑面积（平方米）	建设用地面积（平方米）	楼面价（元/平方米）	溢价率（%）
14	丰台区南苑乡石榴庄村0517－659等地块（丰台区城乡一体化石榴庄村旧村改造项目（二期））	北京市	F1住宅混合公建用地、A33基础教育用地、A5医疗卫生用地	502 500	166 387	84 985	30 201	50.00
15	丰台区花乡樊家村危改6号、12号、2号（教育用地）项目	北京市	R2二类居住用地、A61机构养老设施用地、A5医疗卫生用地、A334托幼用地、A331中学用地	495 000	203 821	104 578	24 286	50.00
16	丰台区小屯西路棚户区改造项目前期工作及拟改造土地使用权	北京市	R2二类居住用地、R53托幼用地	485 745	290 000	93 400	16 750	—
17	江宁区东山街道新亭路以南、竹山路以西（杨家圩一期）地块	南京市	R2二类居住用地Rb商住混合用地	477 000	376 243	151 102	12 678	51.43
18	东湖新技术开发区光谷创业街以北、关山大道以东	武汉市	住宅、商服用地	472 000	534 493	107 544	8 831	47.29
19	门头沟区永定镇MC00－0020－0009、0012地块	北京市	B4综合性商业金融服务业用地、F1住宅混合公建用地	460 000	252 082	65 821	18 248	12.20
20	蜀山区望江西路以南、金寨路以西	合肥市	商业、居住用地	455 142	0	244 712	—	148.00

数据来源：中国房地产数据研究院整理汇总。

表 5-6 2015 年 1—11 月住宅土地单价前二十位

排名	宗地名称	城市	规划用途	成交总价(万元)	规划建筑面积(平方米)	建设用地面积(平方米)	楼面价(元/平方米)	溢价率(%)
1	杨浦区平凉社区 02C1-12(大桥街道101 街坊)地块	上海市	居住用地	173 000	35 137	15 277	49 236	59.60
2	杨浦区新江湾城 N091104 单元 C1-02(D7)地块	上海市	居住用地	729 900	148 498	131 998	49 152	81.69
3	朝阳区孙河乡北甸西村 2902-18、2902-19、2902-27 地块	北京市	F1 住宅混合公建用地、R2 二类居住用地、R22 社区配套服务设施	648 300	143 685	121 096	45 120	50.00
4	杨浦区平凉社区 01E2-01、02 地块(12、13 街坊)	上海市	商住办,居住用地	345 400	80 842	32 360	42 725	46.12
5	闸北区市北高新技术服务业园区 N070501 单元 09-03 地块	上海市	住办	879 500	231 073	87 197	38 062	26.87
6	泽国镇前陈村	台州市	住宅用地	3 736	992	468	37 650	—
7	闸北区市北高新技术服务业园区 N070501 单元 10-03 地块	上海市	住办	705 200	202 234	76 315	34 871	16.24
8	丰台区南苑乡槐房村和新宫村 1404-669、670、665、666、668 地块(丰台区城乡一体化槐房村、新宫村旧村改造项目第一期 B 组团)	北京市	R2 二类居住用地、A33 基础教育用地、A6 社会福利用地、A2 文化设施用地、S31 公交枢纽用地	834 000	239 373	117 633	34 841	50.00

续表

排名	宗地名称	城市	规划用途	成交总价（万元）	规划建筑面积（平方米）	建设用地面积（平方米）	楼面价（元/平方米）	溢价率（%）
9	丰台区南苑乡槐房村和新宫村 1404-657、659、1401-607 地块（丰台区城乡一体化槐房村、新宫村旧村改造项目第一期 A 组团）	北京市	R2 二类居住用地、A33 基础教育用地	859 500	254 197	132 433	33 812	50.00
10	朝阳区孙河乡西甸村 2902-L01、2902-L02 地块	北京市	A61 机构养老设施用地、R2 二类居住用地	294 000	89 860	69 123	32 718	50.00
11	虹口区江湾镇 A06-02 号地块	上海市	居住用地	65 200	20 508	8 916	31 793	59.02
12	苏地 2015-WG-24 号	苏州市	批发零售和城镇住宅	59 728	19 264	27 520	31 005	55.02
13	丰台区南苑乡石榴庄村 0517-659 等地块（丰台区城乡一体化石榴庄村旧村改造项目（二期））	北京市	F1 住宅混合公建用地、A33 基础教育用地、A5 医疗卫生用地	502 500	166 387	84 985	30 201	50.00
14	浦东新区唐镇新市镇 D-04-07 地块	上海市	居住用地	217 000	73 072	52 194	29 697	67.57
15	宝山区大场镇祁连社区 121601 单元 B3-03 地块	上海市	居住用地	346 500	120 500	60 250	28 755	91.70
16	丰台区亚林西居住区一期（0501-626、627 地块）二类居住、综合性商业金融服务业用地	北京市	R2 二类居住用地、B4 综合性商业金融服务业用地	449 000	159 559	54 060	28 140	49.67
17	门头沟区永定镇 MC00-0017-6018、6020 地块	北京市	R2 二类居住用地	570 000	202 725	72 402	28 117	50.00

续表

排名	宗地名称	城市	规划用途	成交总价（万元）	规划建筑面积（平方米）	建设用地面积（平方米）	楼面价（元/平方米）	溢价率（%）
18	朝阳区常营乡 1201－602、603 地块	北京市	F1 住宅混合公建用地	330 000	117 498	41 964	28 086	50.00
19	浦东新区唐镇新市镇 D－03－05a 地块	上海市	居住用地	290 600	104 123	61 249	27 909	69.15
20	青浦区徐泾镇徐南路北侧 08－02 地块	上海市	居住用地	110 400	40 427	25 267	27 309	95.10

数据来源：中国房地产数据研究院。

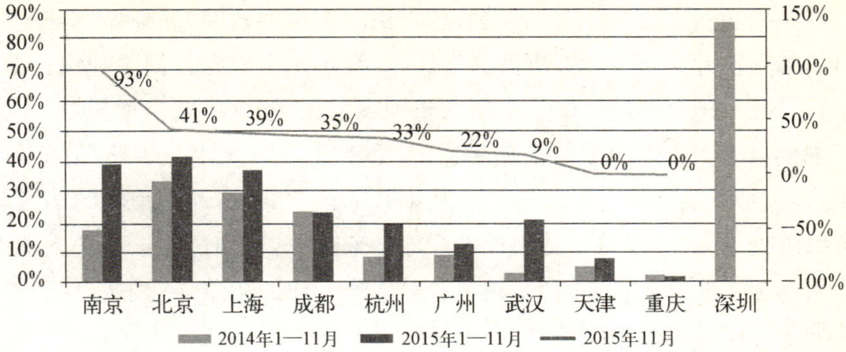

图 5-9　2015 年 1—11 月 10 个重点城市住宅用地溢价水平变化情况

数据来源：中国房地产数据研究院。

第三节　2015 年中国典型城市住宅市场分析

一、一线城市住宅市场分析

（一）一线城市会有意控制土地出让节奏，实行较紧的土地供应政策

一线城市中，北京、上海、广州住宅平均月度供应面积减少，只有深圳小幅上涨。其中北京、上海住宅平均月度供应面积都减少 30 万平方米左右。2015

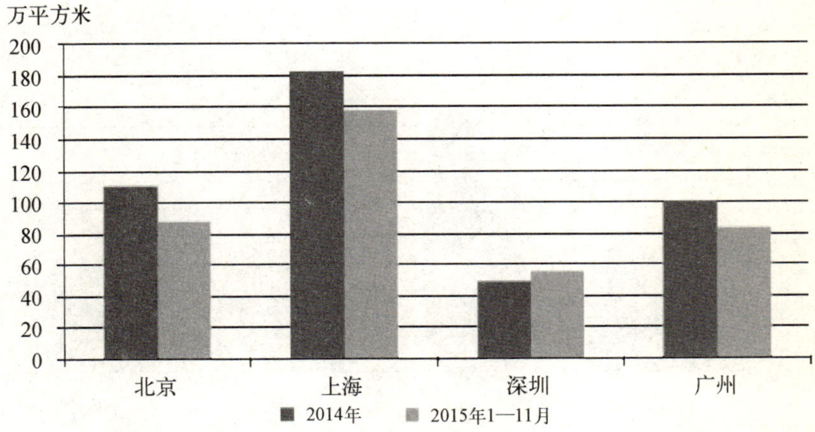

图 5-10　2014 年以来一线城市新建商品住宅平均月度供应面积

数据来源：中国房地产数据研究院。

年一线城市仍然面临去库存的问题，随着供求关系的改变，库存压力开始逐渐缓解。加上房地产行业整体下滑的态势，一线城市会有意控制土地出让节奏，实行较紧的土地供应政策。从小幅增长到零增长，甚至步入负增长，所以土地供应规模会减少。因有限的土地供应，房企对于一线城市土地市场的争夺更为激烈，土地价格已明显处于高位。从未来的预期看，房地产市场的刺激政策还会继续出现，而一线城市的土地供给却越来越少，这种情况下未来土地市场的价格将会不断升高，必然会激化企业对优质土地的竞争，一线城市核心区域地块的争夺将进一步加剧。

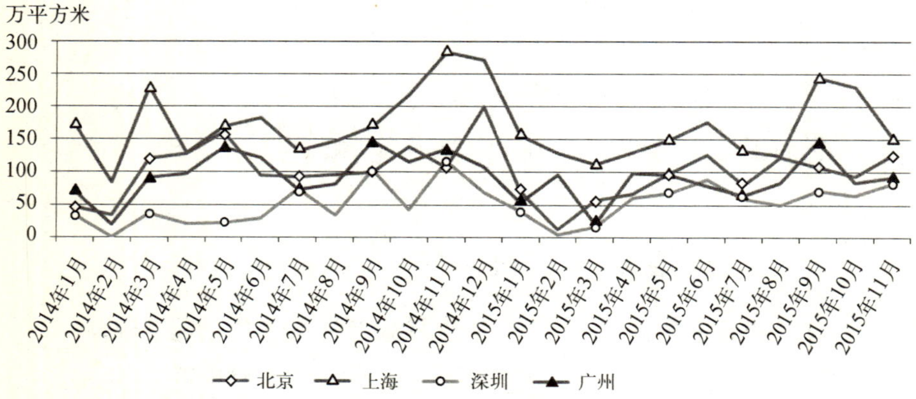

图 5 - 11　2014 年以来一线城市新建商品住宅供应面积月度走势

数据来源：中国房地产数据研究院。

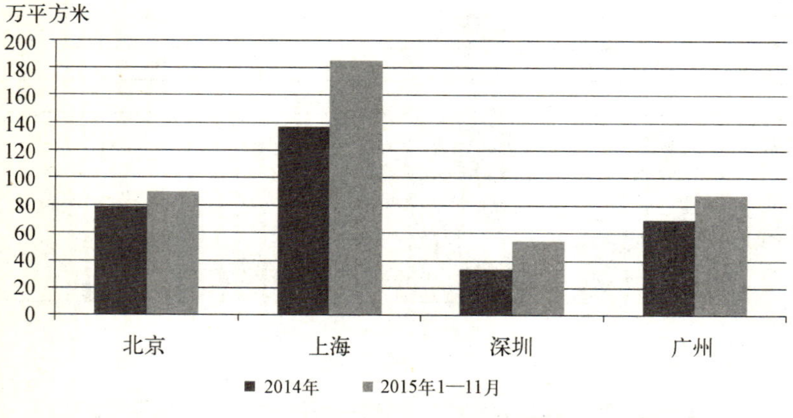

图 5 - 12　2014 年以来一线城市新建商品住宅平均月度成交面积

数据来源：中国房地产数据研究院。

(二) 楼市低迷格局在扭转,市场积极乐观情绪正不断注入楼市成交中

从 2015 年 11 月来看,11 月份 4 个一线城市新建商品住宅成交面积为 465 万平方米,环比增长 30%,同比增长 10%。从环比值看,一线城市 11 月成交行情较好。具体城市看,北上广深 4 个城市分别出现了 10.71%、3.91%、5.26%和 7.41%的环比增幅。

(三) 销供比:一线城市的新建商品住宅库存规模在高位盘整,但去化速度有所加快

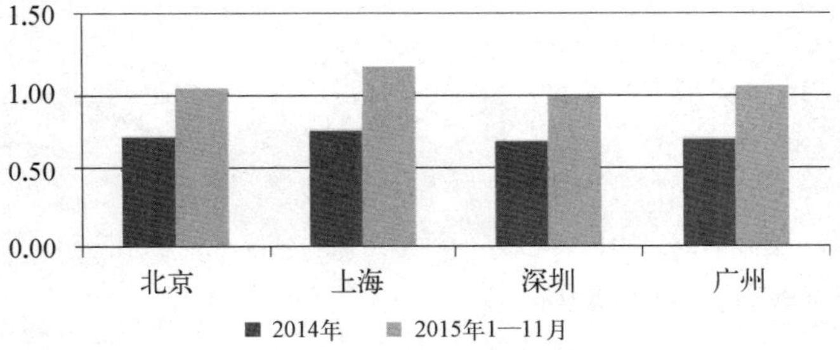

图 5-13 2014 年以来一线城市新建商品住宅销供比走势

数据来源:中国房地产数据研究院。

2015 年 11 月,一线城市总体新建商品住宅存销比为 10 个月,随着此类城市改善型购房需求的积极释放,以及市场预期在逐渐发生变化,总体上此类城市去库存压力减少。由于一线城市各类利好政策效应的叠加,购房者入市门槛和购房成本都在降低,这会促进一线城市市场成交量继续上行。在去库存压力逐渐减少的背景下,此类城市的房企将逐渐淡化以价换量的策略,进而尝试涨价。因此,一线城市房价上涨的概率在加大。

(四) 一线城市土地稀缺,成交价格不断上涨

2015 年 11 月,一线城市新建商品住宅成交均价为每平方米 28 094 元,环比增长 14%,同比增长 19%。11 月成交均价比 10 月每平方米增加了 3 448 元。人口红利结束之后,人继续往大城市迁移,大城市房地产供求矛盾愈加突出,一线房地产有销量没土地,表现为价格的上涨和地王的再现,未来 10 年一线城市房价上涨概率加大。

(五) 一线城市新建商品住宅库存逐渐下降

2015 年 1—11 月,一线城市中,新建商品住宅库存量都有所下降。上海 11 月底新建商品住宅可售面积为 1 230 万平方米,较年初的 1 300 万平方米下

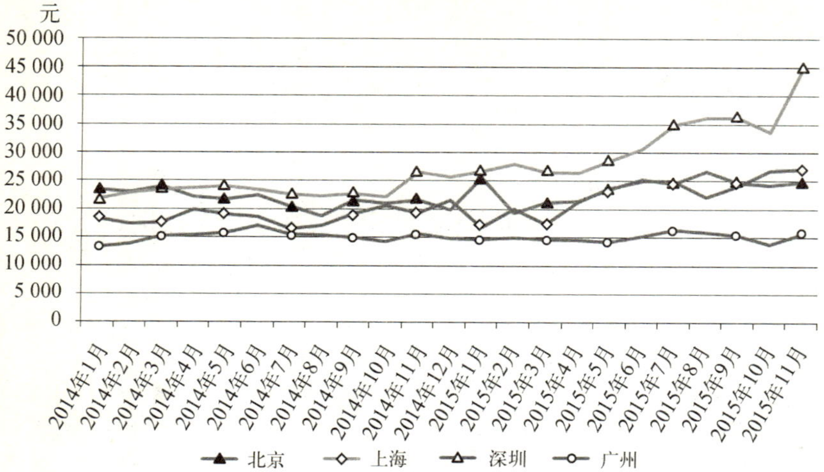

图 5-14 2014 年以来一线城市新建商品住宅价格走势

数据来源：中国房地产数据研究院。

降了 5.4%，全年连续第 11 个月维持 1 000 万平方米的高位。2015 年以来，广州新建商品住宅库存总体上缓慢下降，截至 11 月库存为 889 万平方米，比年初 998 万平方米减少 10%。一线城市新建商品住宅库存量为 3 643 万平方米。一线城市 11 月份新建商品住宅存销比为 10 个月，未来几月存销比有望继续降低。

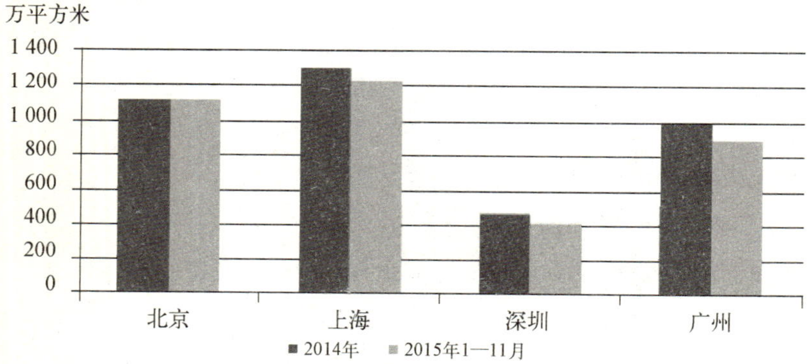

图 5-15 2014 年以来一线城市新建商品住宅库存

数据来源：中国房地产数据研究院。

(六) 一线城市新建商品库存去化明显

11 月份，从新建商品库存和库存去化周期等指标来看，一线城市的库存规模在高位盘整，但去化速度有所加快。随着此类城市改善型购房需求的积极释放，以及市场预期在逐渐发生变化，总体上此类城市去库存压力减少。

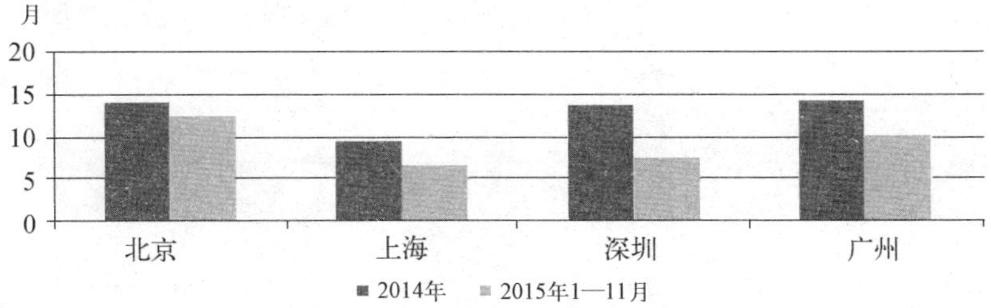

图 5－16　2014 年以来一线城市新建商品住宅库存去化周期(单位：月)

数据来源：中国房地产数据研究院。

二、二三线城市新建商品住宅市场分析

二线城市中，新建商品住宅供应面积有增有减，但总体来看，房企拿地慎之又慎，原因在于这些地区房价上涨的空间没有预期中大。二线城市新建商品住宅存量高位运行，去化周期较长，短期内库存压力大。

(一) 2014 年在二线城市中，天津、重庆、苏州新建商品住宅供应面积减少

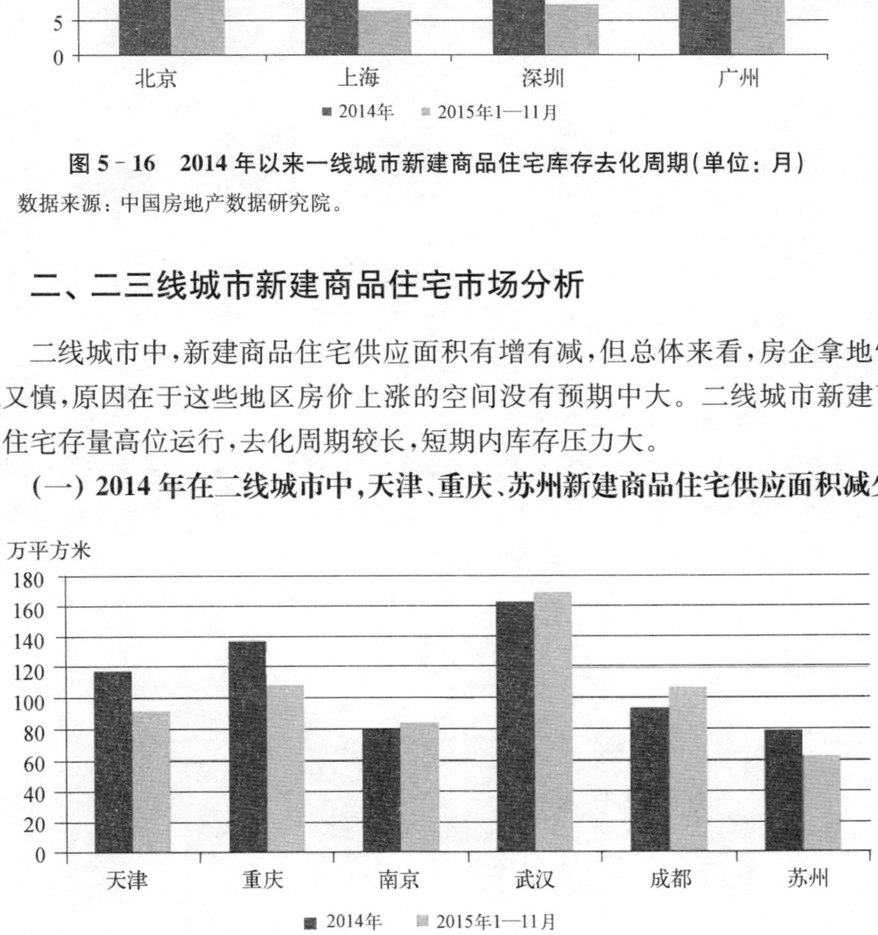

图 5－17　2014 年以来二线典型城市新建商品住宅平均月度供应面积

数据来源：中国房地产数据研究。

(二) 2014 年三线新建商品住宅供应面积增加趋势不大，比较一二线城市来看，其同比变动幅度较小

2015 年三线城市价格降幅或约为 4%左右，仍小于供应过剩的二线城市。

三线城市的房价相对较低，价格敏感度也较低。三线城市的新建商品住房主要是供给改善住房、结婚刚需一族，但是各大房企在一二线城市大范围地扩张版图后，已经开始布局三线城市。

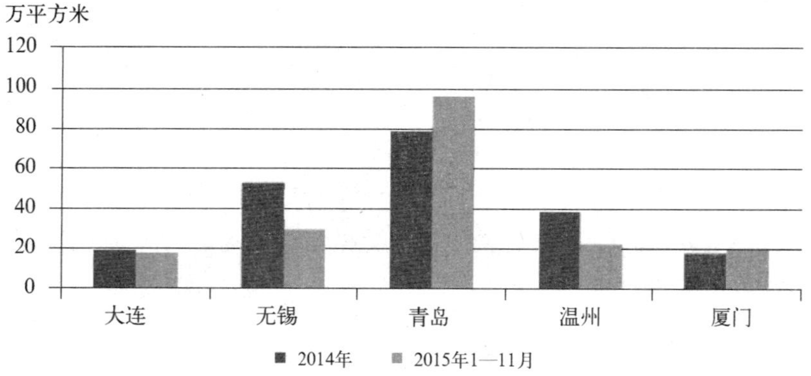

图 5-18 2014 年以来三线典型城市新建商品住宅平均月度供应面积

数据来源：中国房地产数据研究院。

(三) 二线城市刚需市场火爆

2015 年二线重点城市刚需及改善型购房者积极入市，成交量出现明显上升。在房价总体环比上升态势下，部分购房者担忧未来房价出现止跌反弹的态势，所以积极入市。成交行情较好，在一定程度上说明楼市暖冬态势已出现。同时二线重点城市楼市成交量较快上升，将带动年底全国楼市提振。

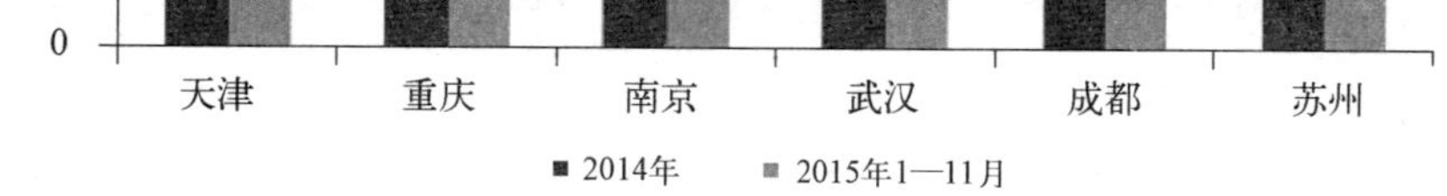

图 5-19 2014 年以来二线典型城市新建商品住宅平均月度成交面积

数据来源：中国房地产数据研究院。

(四) 分城市来看，三线城市新建商品住宅平均月度成交面积同比略有上升

三线代表城市新建商品住宅平均月度成交面积同比则有所上升，但就环

比来看，整体三线城市楼市已悄然出现转机。三线城市成交回暖带有滞后性，有的城市成交量甚至出现下跌。三线城市房地产市场结构性过剩与结构性短缺并存。城市住房供求矛盾突出，城市住房库存阶段性过剩。

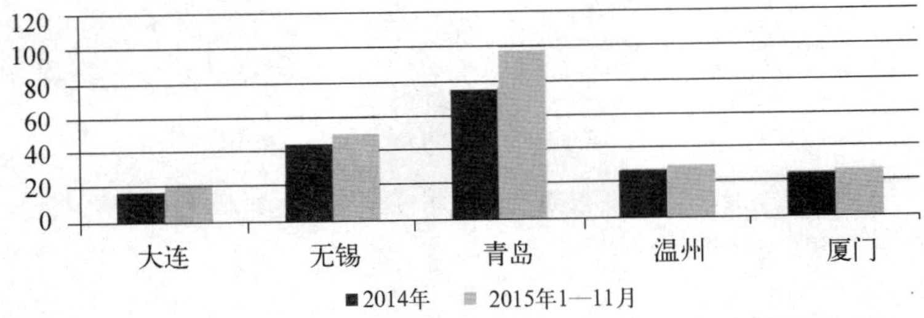

图 5-20　2014 年以来三线典型城市新建商品住宅平均月度成交面积

数据来源：中国房地产数据研究院。

（五）除成都以外其他城市，新建商品住宅供大于求

二线城市中，新建商品住宅销供比低于 1 的城市只有成都，在 0.7 左右。其他城市，供大于求的现象仍然严重，主要出现在城区内的楼盘，城区周边楼盘，新盘去化率较高。天津、南京、苏州 2015 的成交市场较旺盛，主要因为房贷政策的影响和产业转移的影响。

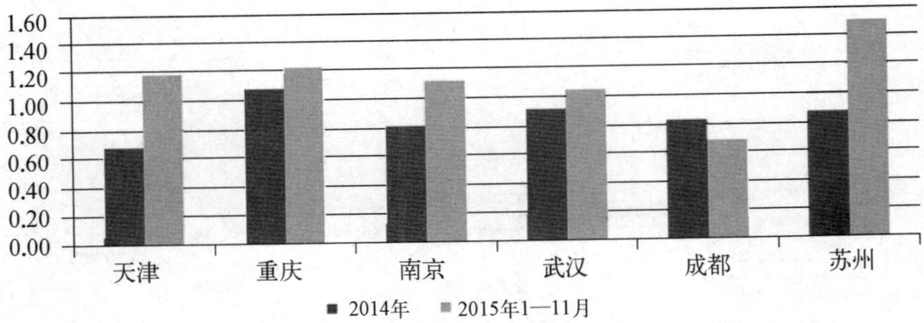

图 5-21　2014 年以来二线城市新建商品住宅销供比走势

数据来源：中国房地产数据研究院。

（六）三线城市相比二线城市有较好的市场表现，销售情况整体表现平稳

2015 年整体三线典型城市新建商品住宅供销比在 1 以上，供大于求。此类三线城市基本上属于经济条件较好的城市，市场交易相对活跃。近两年土地出让方面也相对严格，也一定程度上抑制了新建商品住宅库存的大规模上涨。其去库存的思路，能够为其他三线城市所借鉴。在三线城市中布局过多

的房企,正在加速清理库存。

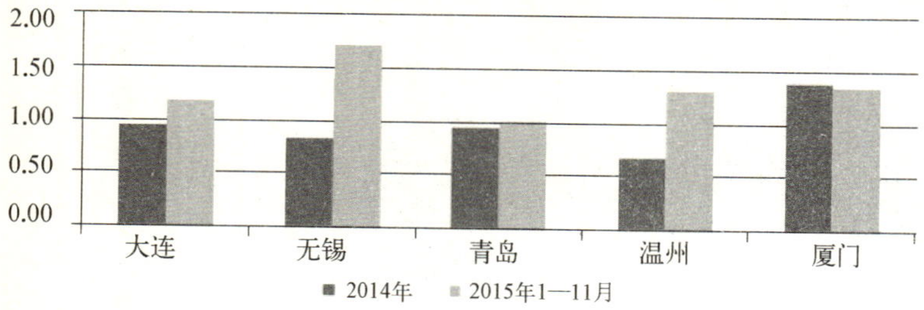

图 5-22　2014 年以来三线城市新建商品住宅供销比走势

数据来源:中国房地产数据研究院。

(七) 同比来看上涨趋势的城市较多,主要受到利好政策影响的城市较多

2015 年前 11 个月,二线城市中,仅天津的新建商品住宅均价同比去年有所下降,跌幅不大,为 1.44%。其余二线城市均价均出现不同幅度的上涨。其中,涨幅居前两位的城市分别是苏州和南京,同比分别增长分别为 25.59%和 17.69%。三线城市中,除温州和青岛外,其余城市新建商品住宅均价同比 2014 年同期均有不同程度的增长。其中厦门的涨幅最大,为 4.73%;其次为大连,涨幅达到 3.84%;其余城市涨幅均在 3%以内。温州的城市住宅均价发生下降,为 8%。其余三线城市均价均出现不同幅度的上涨。

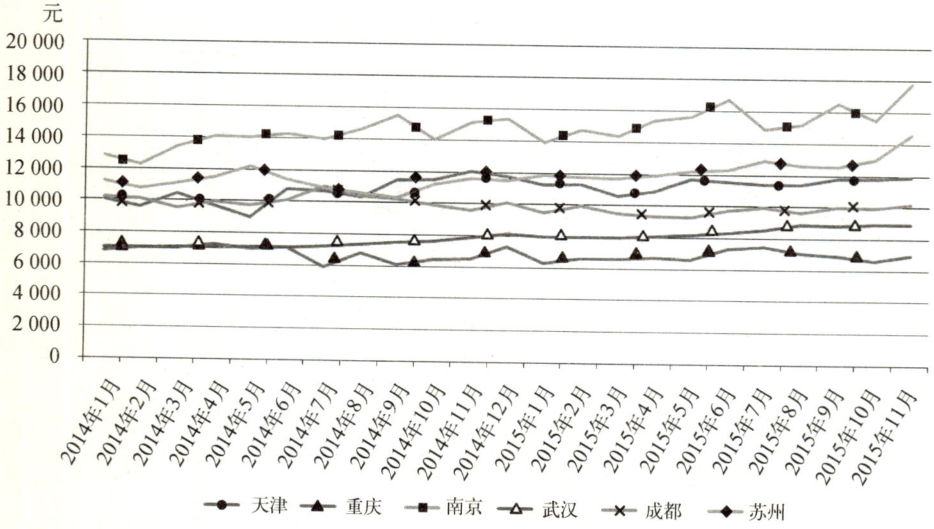

图 5-23　2014 年以来各二线城市新建商品住宅均价变化

数据来源:中国房地产数据研究院。

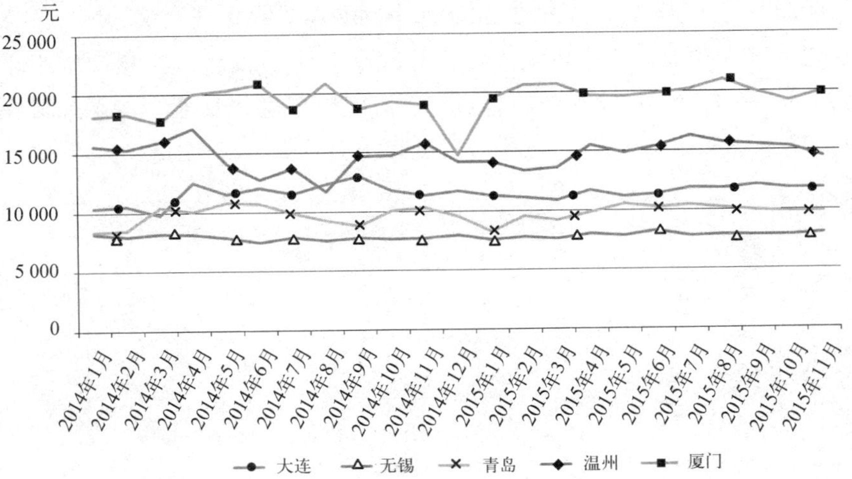

图 5－24　2014 年以来各三线城市新建商品住宅均价变化

数据来源：中国房地产数据研究院。

(八) 2015 年典型城市新建商品住宅库存量同比减少,但各城市去化压力均较大

2015 年二三线城市新建商品住宅存销比平均为 12 个月,这也意味着市场需要用 12 个月的时间才能消化完这些库存。二三线城市去库存并非短期独有现象,而是未来 3 至 5 年“新常态”。其主要原因是很多城市,尤其是一些产业吸纳能力不强的二三线城市,已经出现了新增常住人口数量下降的情况。

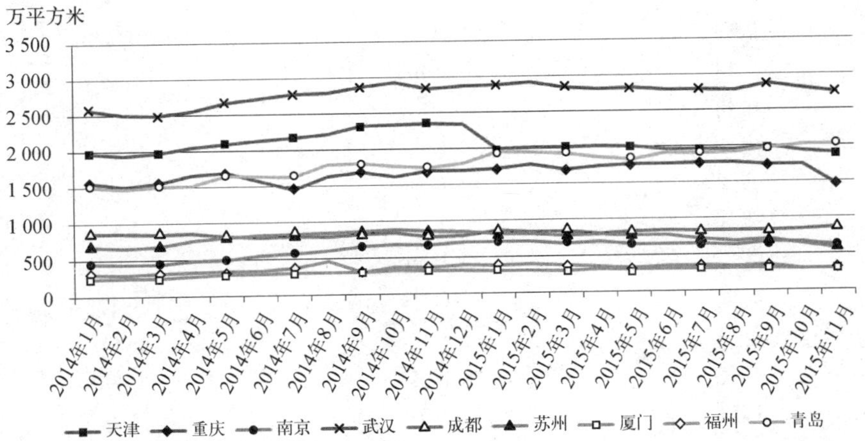

图 5－25　2014 年以来二三线典型城市新建商品住宅库存走势

数据来源：中国房地产数据研究院。

(九) 二三线典型城市去化周期中,不同城市风险正在分化

二线城市的新建商品住宅库存消化周期介于一线城市与三线城市之间,目前来看,整体市场成交相对平稳,供应却激增,库存大量累积的隐患显现,但不同城市的风险正在分化。三线城市库存压力较大。

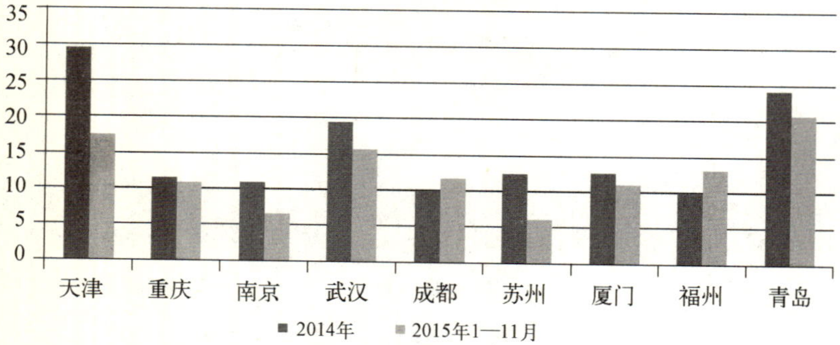

图 5-26 2014 年以来二三线城市新建商品住宅库存去化周期

数据来源:中国房地产数据研究院。

表 5-7 2015 年主要城市 1—11 月累计新建商品住宅成交量和成交均价

城　市	成交面积(万平方米)	均价(元/平方米)
北京	984	23 794
上海	2 039	22 667
天津	1 206	11 411
重庆	1 480	6 834
深圳	593	32 028
广州	963	15 031
杭州	442	15 685
南京	1 039	15 502
武汉	1 996	8 427
成都	806	9 731
苏州	1 040	12 485
大连	214	10 473
厦门	297	20 216
西安	1 288	6 751
长沙	1 109	5 367
宁波	456	11 238
无锡	549	7 864

续表

城 市	成交面积(万平方米)	均价(元/平方米)
福州	210	14 714
沈阳	1 257	6 226
青岛	1 067	9 904
济南	903	7 817
南昌	519	8 348
合肥	969	8 173
郑州	949	8 754
太原	451	7 632
石家庄	321	7 498
长春	709	6 227
哈尔滨	277	7 967
呼和浩特	264	5 010
海口	209	8 175
兰州	338	6 704
昆明	574	7 865
贵阳	716	4 469
西宁	244	4 653
银川	289	5 022
乌鲁木齐	378	6 333
温州	325	14 952
北海	167	4 939
三亚	117	19 349

表 5-8 2015 年 1—11 月典型城市新建商品住宅可售面积排名

排序	城市	可售套数(万)	环比(%)	可售面积(万平方米)	环比(%)
1	南京	5.50	−0.52	671.86	0.26
2	成都	8.58	−2.03	841.57	−5.77
3	深圳	3.44	−1.86	374.63	−0.05
4	惠州	1.98	−6.93	233.64	−6.76
5	济南	5.44	−6.14	642.17	2.06
6	广州	7.41	−1.62	940.26	−1.24
7	上海	8.78	3.04	1 267.00	1.60
8	苏州	4.17	−10.86	645.95	−8.80
9	郑州	7.97	27.57	762.72	33.02

续表

排序	城市	可售套数(万)	环比(%)	可售面积(万平方米)	环比(%)
10	北京	8.42	−1.05	1 071.89	−1.43
11	厦门	2.10	3.97	301.11	4.37
12	常州	5.17	14.43	703.50	14.29
13	大连	6.40	2.04	683.50	0.15
14	太原	3.55	9.20	410.81	9.07
15	宁波	4.33	−6.29	579.20	−4.12
16	南昌	2.75	−6.56	340.97	−4.59
17	杭州	12.48	−2.96	1 532.92	−2.29
18	长春	9.51	1.32	995.63	1.24
19	长沙	11.68	−0.50	1 393.83	−0.49
20	东莞	11.32	−0.42	949.02	−0.43
21	天津	17.00	−1.29	2 027.22	−1.29
22	无锡	7.95	−3.37	934.99	−3.04
23	武汉	24.12	−0.71	2 672.14	−0.60
24	海口	4.03	7.77	506.37	5.12
25	昆明	14.48	132.75	1 404.07	111.86
26	三亚	1.45	8.51	122.24	11.02
27	青岛	19.09	4.71	2 074.55	4.15
28	沈阳	33.02	−0.51	3 113.37	−0.61
29	西安	18.05	0.89	1 943.61	0.90
30	烟台	10.86	1.84	1 093.76	2.21

表 5-9　2015 年 11 月末主要城市新建商品住宅销售去化情况

排　序	城　市	去化周期(月)
1	烟台	36.34
2	西安	26.78
3	沈阳	26.34
4	青岛	22.90
5	三亚	20.61
6	昆明	18.58
7	海口	18.06
8	武汉	15.90
9	无锡	13.28
10	天津	12.55

续表

排　序	城　市	去化周期(月)
11	东莞	12.36
12	长沙	11.63
13	长春	11.23
14	杭州	10.94
15	南昌	10.79
16	宁波	10.56
17	太原	10.23
18	大连	9.72
19	常州	9.53
20	厦门	9.12
21	北京	8.82
22	郑州	7.65
23	苏州	6.27
24	上海	6.11
25	广州	5.46
26	济南	4.66
27	惠州	4.31
28	深圳	4.26
29	成都	4.06
30	南京	3.94

数据来源：中国房地产数据研究院。

表 5-10　　中国主要城市房地产投资潜力排名前 100 位

排名	城市	排名	城市	排名	城市	排名	城市
1	北京	11	杭州	21	宁波	31	常州
2	上海	12	西安	22	东莞	32	南通
3	重庆	13	郑州	23	昆明	33	绍兴
4	广州	14	长沙	24	佛山	34	泉州
5	深圳	15	合肥	25	无锡	35	唐山
6	成都	16	沈阳	26	济南	36	长春
7	天津	17	大连	27	南昌	37	徐州
8	武汉	18	福州	28	石家庄	38	温州
9	南京	19	青岛	29	烟台	39	嘉兴
10	苏州	20	厦门	30	哈尔滨	40	扬州

续表

排名	城市	排名	城市	排名	城市	排名	城市
41	珠海	56	大庆	71	呼和浩特	86	银川
42	贵阳	57	金华	72	三亚	87	江门
43	潍坊	58	包头	73	齐齐哈尔	88	漳州
44	惠州	59	兰州	74	洛阳	89	株洲
45	南宁	60	海口	75	赣州	90	榆林
46	镇江	61	保定	76	威海	91	德州
47	台州	62	吉林	77	沧州	92	连云港
48	太原	63	泰州	78	襄阳	93	乌海
49	中山	64	玉林	79	咸阳	94	营口
50	廊坊	65	临沂	80	湖州	95	柳州
51	淄博	66	济宁	81	宜昌	96	鄂尔多斯
52	乌鲁木齐	67	盐城	82	资阳	97	秦皇岛
53	聊城	68	淮安	83	泰安	98	新乡
54	东营	69	鞍山	84	莆田	99	遵义
55	芜湖	70	黄冈	85	南充	100	盘锦

表 5-11　2014—2015 年重点城市房地产投资进入风险对比表

建议进入城市(风险较小)	谨慎进入城市(风险较大)
北京	烟台
上海	沈阳
重庆	青岛
广州	三亚
深圳	海口
成都	常州
天津	营口
武汉	贵阳
南京	乌鲁木齐
苏州	呼和浩特
厦门	鄂尔多斯

表 5-12　县级城市房地产投资潜力前 100 名

排名	城市	排名	城市	排名	城市	排名	城市
1	昆山市	3	晋江市	5	海宁市	7	海城市
2	慈溪市	4	长沙县	6	章丘市	8	迁安市

续表

排名	城市	排名	城市	排名	城市	排名	城市
9	双流县	32	孟州市	55	前郭县	78	定州市
10	海安县	33	荥阳市	56	大冶市	79	天长市
11	肇东市	34	涉县	57	句容市	80	平罗县
12	宁国市	35	当涂县	58	磐石市	81	禹城市
13	莱西市	36	莱州市	59	宜都市	82	盖州市
14	南昌县	37	凤翔县	60	贺兰县	83	新建县
15	龙游县	38	庄河市	61	灌云县	84	仁怀市
16	玉环县	39	平阳县	62	柳林县	85	睢宁县
17	郫县	40	孝义市	63	阿克苏市	86	盘县
18	肥城市	41	怀宁县	64	肥东县	87	樟树市
19	安达市	42	灵武市	65	横山县	88	永兴县
20	新建县	43	霍林郭勒市	66	昌邑市	89	阳高县
21	南安市	44	托克托县	67	滦县	90	金湖县
22	禹州市	45	灵宝市	68	肥西县	91	宁安市
23	仙桃市	46	桓台县	69	四会市	92	北流市
24	盱眙县	47	高邮市	70	岐山县	93	沁源县
25	滕州市	48	贵溪市	71	沂水县	94	耒阳市
26	东海县	49	永康市	72	榆树市	95	宜城市
27	邳州市	50	新泰市	73	高平市	96	岫岩县
28	汉川市	51	茌平县	74	丰县	97	建平县
29	瑞安市	52	启东市	75	辛集市	98	穆棱市
30	安宁市	53	天门市	76	醴陵市	99	嫩江县
31	安溪县	54	正定县	77	大英县	100	西昌市

表 5-13　　中国 289 地级市及以上城市发展潜力变化

城　市	2015 年排名	2014 年排名	排名升降	城　市	2015 年排名	2014 年排名	排名升降
北京	1	1	0	武汉	8	9	1
上海	2	2	0	南京	9	10	1
重庆	3	3	0	苏州	10	8	−2
广州	4	4	0	杭州	11	14	3
深圳	5	5	0	西安	12	12	0
成都	6	7	1	郑州	13	16	3
天津	7	6	−1	长沙	14	15	1

续表

城　市	2015 年排名	2014 年排名	排名升降	城　市	2015 年排名	2014 年排名	排名升降
合肥	15	19	4	廊坊	50	55	5
沈阳	16	13	−3	淄博	51	53	2
大连	17	11	−6	乌鲁木齐	52	44	−8
福州	18	20	2	聊城	53	54	1
青岛	19	17	−2	东营	54	51	−3
厦门	20	18	−2	芜湖	55	49	−6
宁波	21	27	6	大庆	56	48	−8
东莞	22	23	1	金华	57	83	26
昆明	23	22	−1	包头	58	52	−6
佛山	24	21	−3	兰州	59	71	12
无锡	25	25	0	海口	60	68	8
济南	26	30	4	保定	61	70	9
南昌	27	26	−1	吉林	62	67	5
石家庄	28	33	5	泰州	63	73	10
烟台	29	29	0	玉林	64	56	−8
哈尔滨	30	32	2	临沂	65	77	12
常州	31	31	0	济宁	66	75	9
南通	32	35	3	盐城	67	90	23
绍兴	33	34	1	淮安	68	72	4
泉州	34	50	16	鞍山	69	63	−6
唐山	35	36	1	黄冈	70	64	−6
长春	36	40	4	呼和浩特	71	69	−2
徐州	37	41	4	三亚	72	59	−13
温州	38	60	22	齐齐哈尔	73	61	−12
嘉兴	39	42	3	洛阳	74	66	−8
扬州	40	38	−2	赣州	75	87	12
珠海	41	24	−17	威海	76	62	−14
贵阳	42	28	−14	沧州	77	98	21
潍坊	43	46	3	襄阳	78	97	19
惠州	44	37	−7	咸阳	79	82	3
南宁	45	45	0	湖州	80	58	−22
镇江	46	43	−3	宜昌	81	85	4
台州	47	57	10	资阳	82	65	−17
太原	48	39	−9	泰安	83	96	13
中山	49	47	−2	莆田	84	74	−10

续表

城　市	2015年排名	2014年排名	排名升降	城　市	2015年排名	2014年排名	排名升降
南充	85	79	−6	宝鸡	120	112	−8
银川	86	76	−10	六安	121	103	−18
江门	87	78	−9	抚顺	122	105	−17
漳州	88	114	26	枣庄	123	122	−1
株洲	89	80	−9	岳阳	124	130	6
榆林	90	93	3	拉萨	125	81	−44
德州	91	111	20	张家口	126	118	−8
连云港	92	92	0	赤峰	127	127	0
乌海	93	95	2	锦州	128	121	−7
营口	94	84	−10	克拉玛依	129	101	−28
柳州	95	88	−7	湘潭	130	126	−4
鄂尔多斯	96	100	4	衢州	131	113	−18
秦皇岛	97	91	−6	日照	132	129	−3
新乡	98	106	8	宁德	133	125	−8
遵义	99	109	10	信阳	134	143	9
盘锦	100	89	−11	许昌	135	144	9
湛江	101	116	15	菏泽	136	151	15
绵阳	102	104	2	宿迁	137	146	9
肇庆	103	107	4	朔州	138	123	−15
曲靖	104	108	4	南平	139	134	−5
三明	105	99	−6	朝阳	140	132	−8
九江	106	110	4	松原	141	147	6
马鞍山	107	102	−5	驻马店	142	155	13
汕头	108	135	27	辽阳	143	131	−12
常德	109	119	10	阳江	144	136	−8
衡阳	110	120	10	茂名	145	138	−7
南阳	111	124	13	丹东	146	137	−9
本溪	112	94	−18	郴州	147	164	17
邯郸	113	128	15	上饶	148	157	9
桂林	114	115	1	黄石	149	141	−8
西宁	115	133	18	商丘	150	160	10
安庆	116	142	26	滁州	151	145	−6
滨州	117	117	0	宜宾	152	153	1
蚌埠	118	139	21	呼伦贝尔	153	150	−3
北海	119	86	−33	内江	154	149	−5

续表

城　市	2015 年排名	2014 年排名	排名升降	城　市	2015 年排名	2014 年排名	排名升降
龙岩	155	156	1	衡水	190	188	−2
韶关	156	148	−8	达州	191	197	6
渭南	157	163	6	临汾	192	192	0
通辽	158	165	7	自贡	193	186	−7
淮南	159	140	−19	永州	194	201	7
平顶山	160	169	9	邵阳	195	203	8
清远	161	158	−3	宿州	196	196	0
安阳	162	174	12	益阳	197	199	2
焦作	163	171	8	抚州	198	191	−7
乐山	164	159	−5	三门峡	199	193	−6
宜春	165	172	7	巴彦淖尔	200	183	−17
邢台	166	177	11	荆门	201	198	−3
延安	167	162	−5	绥化	202	205	3
承德	168	166	−2	娄底	203	200	−3
天水	169	161	−8	怀化	204	202	−2
德阳	170	175	5	吕梁	205	204	−1
长治	171	173	2	牡丹江	206	206	0
十堰	172	170	−2	通化	207	207	0
揭阳	173	189	16	梅州	208	212	4
开封	174	182	8	梧州	209	214	5
玉溪	175	168	−7	舟山	210	208	−2
荆州	176	185	9	亳州	211	216	5
阜阳	177	180	3	眉山	212	213	1
晋城	178	167	−11	毕节	213	232	19
石嘴山	179	152	−27	广安	214	215	1
四平	180	181	1	百色	215	217	2
晋中	181	176	−5	贵港	216	218	2
莱芜	182	154	−28	辽源	217	209	−8
濮阳	183	184	1	宣城	218	219	1
吉安	184	187	3	钦州	219	210	−9
铁岭	185	178	−7	六盘水	220	225	5
泸州	186	190	4	乌兰察布	221	220	−1
大同	187	179	−8	防城港	222	211	−11
孝感	188	194	6	汉中	223	229	6
周口	189	195	6	佳木斯	224	224	0

续表

城　市	2015 年排名	2014 年排名	排名升降	城　市	2015 年排名	2014 年排名	排名升降
河源	225	228	3	双鸭山	258	255	－3
遂宁	226	230	4	贺州	259	257	－2
咸宁	227	231	4	铜仁	260	266	6
萍乡	228	227	－1	巴中	261	263	2
攀枝花	229	226	－3	黄山	262	260	－2
鄂州	230	222	－8	白银	263	261	－2
漯河	231	234	3	商洛	264	265	1
酒泉	232	221	－11	雅安	265	262	－3
鹰潭	233	223	－10	保山	266	269	3
汕尾	234	233	－1	池州	267	267	0
运城	235	252	17	黑河	268	268	0
河池	236	235	－1	普洱	269	272	3
淮北	237	237	0	七台河	270	264	－6
鹤壁	238	236	－2	张家界	271	271	0
景德镇	239	239	0	平凉	272	273	1
白城	240	240	0	安顺	273	278	5
白山	241	238	－3	鹤岗	274	270	－4
昭通	242	250	8	武威	275	275	0
葫芦岛	243	246	3	临沧	276	279	3
云浮	244	243	－1	张掖	277	276	－1
随州	245	244	－1	吴忠	278	277	－1
潮州	246	248	2	金昌	279	274	－5
新余	247	247	0	伊春	280	280	0
鸡西	248	241	－7	海东	281	283	2
阳泉	249	242	－7	定西	282	286	4
忻州	250	249	－1	铜川	283	282	－1
铜陵	251	245	－6	陇南	284	284	0
庆阳	252	251	－1	嘉峪关	285	281	－4
安康	253	258	5	中卫	286	285	－1
崇左	254	253	－1	丽江	287	287	0
来宾	255	254	－1	固原	288	288	0
阜新	256	256	0	三沙	289	289	0
广元	257	259	2				

第四节 2016年中国房地产市场展望

一、2016年“十三五”开局年,五大机会助力房企适度激进发展

2016年是“十三五”开局年,自中华人民共和国成立以来,我国完成了十二个五年计划的编制工作。“十三五”规划成为当前备受关注的焦点。“十三五”规划的起止时间是2016年至2020年。对于2020年要达成的目标,其实在中共十八大报告中已经明确,就是要全面建成小康社会,GDP和人均收入都要比2010年翻一番,这实际上也是“十三五”规划中需要进一步明确的发展目标。据国家发改委人士透露,“十三五”规划编制于2014年4月正式启动,当时选取了25个事关全局的重大课题,通过公开招标方式组织社会力量开展研究,涉及十八届三中全会提出的各项改革任务。

“十三五”前夕,我国所处的经济环境也出现3个断层:(1)国内经济增长从10%左右的高速增长下降到7%左右的水平,经济增速出现断层;(2)我国改革力度当前超乎想像,扭转政府主导向市场为主体的竞争机制,改革力度和速度近些年前所未有,改革变量出现断层;(3)自2008年全球经济危机以后,欧美发达经济体和新兴经济体在全球化贸易中地位的变化影响全球化的进程所带来的断层。

“十三五”注定成为我国历史上较为特殊的时期,在国内外经济环境变化的背景下,我国当前首先面临的是经济增速的换挡时期,也是前期刺激政策的消化时期,同时还是结构调整的阵痛时期。增长速度进入换挡期,是由经济发展的客观规律所决定的。结构调整面临阵痛期,是加快经济发展方式转变的主动选择。前期刺激政策消化期,是化解多年来积累的深层次矛盾的必经阶段。“三期叠加”是当前我国经济的阶段性特征,同时,使得经济中不稳定的因素凸显,尤其是当前经济增速趋势性下滑以及投资拉动不可持续的情况下新的经济拉动点没有树立。

党的十八大提出两个“百年奋斗目标”:一个是在中国共产党成立一百周年时全面建成小康社会;一个是在新中国成立一百周年时建成富强、民主、文明、和谐的社会主义现代化国家。这两个百年目标必将成为中国特色社会主义新胜利的两座里程碑。“十三五”作为十八大以来新一届政府决策层的第一

个五年计划，其时代意义不言而喻。同时，“十三五”期末(2020 年)也就是中国共产党成立一百周年，届时我们要全面建成小康社会。在某种程度上来讲，“十三五”就是全面实现小康社会的五年计划。而全面建成小康社会的量化指标是实现国内生产总值(GDP)和城乡居民人民收入比 2010 年翻一番，如果要实现该目标，“十三五”期间 GDP 增速要最低保持在 6.5%以上。同时，我们要求实现户均一套房，也会实现大量的改善性需求释放。但近年来我国 GDP 的增速趋势性下降，2014 年我国 GDP 增速为 7.4%，创 24 年以来的新低。2015 年三季度 GDP 的增速下降到 6.9%，经济面临较大的下行压力。按照如此的趋势性变化，五年内平均增速保持在 6.5%以上，有相当的难度。

改革开放 30 多年以来，我国经济发展取得举世瞩目的成就，但是经济发展模式总体上还没有实现转型，当前我国存在的主要问题体现在依靠投资拉动经济增长的模式。固定资产投资与当年 GDP 的比值不断增高。2014 年，当年的投资和 GDP 的比例已达 80.8%；这个比例在“十一五”是 59.5%，在“十五”是 41.58%，在“九五”是 32.83%。从拉动我国经济增长的三驾马车来看，由于投资快速增长所带来的产能过剩问题反向影响到投资快速增长的势头，近年来固定资产投资增速明显放缓；从内需来看，尽管国家出台相应的政策来刺激国内的消费需求，但是由于我国的贫富差距以及传统消费理念的影响，消费情况较之前有所增长，但是增幅较小；从出口情况来看，由于受到国际全球总需求不振，以及我国低成本比较优势也慢慢减小，出口情况也不乐观。从未来经济的增长点来看，出口和消费都呈基本的常态性增长，不可能出现太大变化，唯一可以大幅调节的变量就是投资。

为了保证党的“百年奋斗目标”，同时也是新一届政府决策层的第一个五年计划不落空，实现既定目标。在习近平主席倡导的“一带一路”这一跨出国门，走向世界的大经济发展战略背景下，以投资拉动为主，创新为辅来实现“十三五”期末(2020 年)的总体经济目标就成为经济发展的必须。未来五个方面将会有激进发展：

(1) 以基础设施投资来对冲经济下滑。按照当前经济增长趋势，如果经济增速靠近“临界值”，国家在避免动用激进的政策刺激(大幅降准、降息)的背景下，只能通过政府主导的基础设施投资来对冲经济下滑的风险。基础设施投资领域包括保障房、棚户区改造、铁路、环保、农田水利、电网、清洁能源、县城建设、生态修复、农村面貌改造等。

(2) 国家重大项目全部提前。国家重大项目对于经济拉动的作用比较明显,因此会加快项目建设进度,坚持能上则上、能快则快的原则。并且在建设过程中会释放民间资本潜力。届时会制定相应的行业准入负面清单,积极引导民营企业进入负面清单外的行业和领域,在铁路、公路、机场、供排水、污水垃圾处理、电力、天然气等领域推出一批项目清单,吸引民间资本投资建设和运营管理。国务院甚至规定,土地出让收入如果不投向大项目,将有可能收回,这对项目投资和治理懒政现象是个有力保证

(3) 都市圈战略明确。"一带一路"、"长江经济带"、"京津冀协同发展"三大战略背景下,都市圈战略日益明确。在借鉴国外大都市圈经济效应的基础上,打造更多有特色的经济都市圈。未来我国都市圈内的中心城市将发挥其科技、资本和产业的优势,在产业结构调整中起着先导的创新作用,通过合理的产业结构调整,既成功地增强中心城市的实力和地位,也使周围地区获得良好的发展契机。不同区域之间形成产业联动,带动我国经济发展,增强国际竞争力。

(4) 房地产金融创新、土地模式创新以及税收创新加速。由于我国房地产市场快速增长,市场规模居全球之首,对于资金密集型的房地产行业来讲,主要依赖间接融资的模式不可持续,房地产金融创新是行业发展的必然。同时,在新型城镇化背景以及当前财税制度改革的背景下,土地流转、出让模式创新也会不断推陈出新。2014 年 6 月 30 日,中央政治局会议审议通过的《财税体制改革总体方案》,从顶层设计上就新形势下的税制体系建设、税收职能作用等作出十分明确且具体的框定,现在已经在部分地区开始试点,未来将会进一步扩围。

(5) 微笑曲线机会。房地产行业涵盖了丰富的上下游产业链,随着房地产市场调控的持续以及我国房地产市场的日益成熟,单纯的建房子、卖房子的利润空间越来越小,而位于微笑曲线的两端的土地、融资、运营等方面在改革的背景下,将会孕育更多的机会。当前房地产行业微笑曲线两端的产业发展的如雨后春笋般快速发展,"十三五"时期,借着深入改革的春风,在新型城镇化改革政策下,一线城市限购,给二、三线城市带来更多机会。

"十三五"时期,在投资拉动以及改革红利双重支撑下,中国的房地产市场将会迎来巨大的发展"窗口期",中国的房地产企业也再度迎来春天。随着投资机会的集中提前,大型房企要阶段性地抢占市场机会,把机会点和转型比例控制在 8∶2,小企业要把机会点和转型比例控制在 2∶8。房地产行业也将进入新常态:新技术、新业态、新产品、新模式。新业态下房地产企业应该从"消

极观望”向“积极作为”转变。同时,我们也要注意到“十四五”的机会将会提前在“十三五”兑现,大企业激进一些,是必须也是必要的。

二、2016 年房地产行业的未来发展趋势和机会

中共中央总书记、国家主席、中央军委主席、中央财经领导小组组长习近平 2015 年 11 月 10 日上午主持召开中央财经领导小组第十一次会议,研究经济结构性改革和城市工作。习近平发表重要讲话强调,推进经济结构性改革,是贯彻落实党的十八届五中全会精神的一个重要举措。要牢固树立和贯彻落实创新、协调、绿色、开放、共享的发展理念,适应经济发展新常态,坚持稳中求进,坚持改革开放,实行宏观政策要稳、产业政策要准、微观政策要活、改革政策要实、社会政策要托底的政策,战略上坚持持久战,战术上打好歼灭战,在适度扩大总需求的同时,着力加强供给侧结构性改革,着力提高供给体系质量和效益,增强经济持续增长动力,推动我国社会生产力水平实现整体跃升。

习近平在讲话中强调,宏观政策要稳,就是要坚持积极的财政政策和稳健的货币政策,为经济结构性改革营造稳定的宏观经济环境。产业政策要准,就是要准确定位经济结构性改革方向,发展实体经济,坚持创新驱动发展,激活存量增长动力,着力补齐短板,加快绿色发展,积极利用外资,积极稳妥扩大对外投资。微观政策要活,就是要坚持和完善基本经济制度,完善市场环境、激发企业活力和消费潜能,在制度上政策上营造宽松的市场经营和投资环境,营造商品自由流动、平等交换的市场环境。改革政策要实,就是要加大力度推动重点领域改革落地,加快推进对经济增长有重大牵引作用的国有企业、财税体制、金融体制等改革。社会政策要托底,就是要守住民生底线,做好就业和社会保障工作,切实保障群众基本生活。

习近平指出,推进经济结构性改革,要针对突出问题、抓住关键点。要促进过剩产能有效化解,促进产业优化重组。要降低成本,帮助企业保持竞争优势。要化解房地产库存,促进房地产业持续发展。这也是习近平主席首次针对房地产市场提出观点。要防范化解金融风险,加快形成融资功能完备、基础制度扎实、市场监管有效、投资者权益得到充分保护的股票市场。

习近平强调,推进经济结构性改革,要坚持解放和发展社会生产力,坚持以经济建设为中心不动摇,坚持五位一体总体布局。要坚持社会主义市场经济改革方向,使市场在资源配置中起决定性作用,调动各方面积极性,发挥企业家在推动经济发展中的重要作用,充分发挥创新人才和各级干部的积极性、

主动性、创造性。

习近平指出,做好城市工作,首先要认识、尊重、顺应城市发展规律,端正城市发展指导思想。要推进农民工市民化,加快提高户籍人口城镇化率。要增强城市宜居性,引导调控城市规模,优化城市空间布局,加强市政基础设施建设,保护历史文化遗产。要改革完善城市规划,改革规划管理体制。要改革城市管理体制,理顺各部门职责分工,提高城市管理水平,落实责任主体。要加强城市安全监管,建立专业化、职业化的救灾救援队伍。

未来中国经济如何改革?房地产业在经济中的地位以及未来的发展方向是什么?习近平主席的讲话给出了全局性和指导性的构思和规划。经济改革是贯彻落实十八届五中全会精神的重要举措,更是实现未来"十三五"经济总体目标的重要保障。推进经济结构性改革,要坚持解放和发展社会生产力,坚持以经济建设为中心不动摇,坚持五位一体总体布局。对于房地产行业来讲,习近平主席给出的建议是:要化解房地产库存,促进房地产业持续发展。以当前的经济发展形势结合未来"十三五"规划中的发展目标(2020 年国内生产总值和城乡居民人均收入比 2010 年翻一番)来看,我们未来的经济发展任务还很重。房地产在中国经济发展中仍然是十分重要的产业,据业内人士计算,房地产本身的附加价值约占中国 GDP 的 5%左右,如果再把其带动的上下游相关产业都考虑进来,创造的价值可能占到 GDP 的 20%左右。因此,房地产形势的发展直接关乎到经济的发展速度和质量。

当前的房地产形势不容乐观,根据国家统计局公布的数据,2015 年 11 月末,商品房待售面积 69 637 万平方米,比 10 月末增加 1 004 万平方米。这一统计口径是指已经竣工的项目,如果加上未竣工已经开始预售的项目来统计,待售的面积要高于此统计数字。在房地产市场库存的结构上也存在失衡较为严重的现象,比如,尽管上海商品住宅的库存超过 1 000 万平方米,但是按照现在的去化速度,去化周期小于 12 个月,而部分二三线城市的去化周期超过 24 个月,三四线城市的去化周期甚至更长。去化的放缓已经影响到房地产市场的投资开发情况,这正是当前钢材、水泥等行业产能过剩、库存积压的重要原因之一,也是要强调去库存的行业和产业背景。这个问题直接影响了未来"十三五"经济发展目标能否实现。

结合着未来经济发展目标以及去库存的任务,我们可以解读出房地产行业的未来发展趋势和机会。具体来看:

(1) 经济政策层面将会继续保持较为宽松的货币政策,进一步支持经济发展和房地产行业的发展。随着金融领域的改革以及金融创新,房地产企业的融资状况将会进一步改善,直接融资的比例将会进一步提高,这将降低房企的融资难度,缓解融资成本高企的问题。对于个人来讲,政策将会更为灵活。不同城市的公积金申请额度和门槛将会进一步放宽,进一步保障居民的居住性需求。

(2) 在调控政策方面,随着财政、金融、户籍以及住房信息系统的建设,我国的房地产长效调控机制将会形成。房地产市场"行政调控"为主的调控手段将会转向以"市场调控"为主,让市场调控市场将成为房地产市场的主基调。调控的权力将下放给非限购城市自行进行处理。

(3) "长+短"政策互补进行城市管理和房地产市场结构调整。"十三五"是我国新型城镇化建设的重要的五年,其中人的城镇化是新型城镇化的最核心内容,也是在相当长的一段时期内要不断推进的工作。户籍制度改革是当前亟须解决的问题,也是短期内对于房地产市场有实质性影响的政策。同时,十八届五中全会确定全面二孩政策放开。2013 年在单独二胎政策放开的时候,按照相关部门预计,此后中国每年新增人口会在 200 万左右。全面放开后,新增人口的数量要大于单独二胎的增长量。据多位学者的测算,全面放开而后新生儿的出生峰值可能在 2017 年到来,最乐观的估计新增人口峰值不会超过 800 万。人口的增长对于房地产市场的需求是最有利的支撑。同时,"十三五"目标中的收入倍增计划也是购买力的有力支撑。

(4) 房地产市场强调分类指导、因地制宜,保持调控政策的连续性、稳定性,强化地方政府的主动性与主动权。一线城市房地产市场情况与三四线城市不一样,一线城市未来还有继续上涨的空间,三四线城市由于需求和库存失衡,进入调整期,因此调控政策要区别对待。要强化地方政府的主动性和主动权,明确责任主体与权限,因城施策,有针对性地调控。

(5) 进一步做好城镇棚户区和城乡危房改造及配套基础设施建设工作(原则上要求棚户区货币化安置比例应该在 50%以上)。至 2014 年底,全国共改造各类棚户区住房 2 080 万户,其中 2013—2014 年改造各类棚户区住房 820 万户,有效改善了困难群众的住房条件,发挥了积极的带动作用。国务院制定城镇棚户区和城乡危房改造及配套基础设施建设三年计划。2015—2017 年,改造包括城市危房、城中村在内的各类棚户区住房 1 800 万套(其中 2015 年 580 万套)。农村危房 1 060 万户(其中 2015 年 432 万户),加大棚改配套基础设施建设力度,使城市基础设施更加完备,布局合理、运行安全、服务便捷。

强化棚户区改造的货币化安置，达到一箭多雕的效果。保证进度、提高效率、消化商品房库存。进一步加大国开行在融资贷款的支持力度，原则上要求棚户区货币化安置比例应该在50%以上，对于原地回迁给予尊重，消化库存。

(6) 进一步释放公积金的拉动作用，提高公积金利用效率，减少结余资金的闲置问题(目前结余资金从1.1万亿元减少到9 600亿元)。对于重管理轻使用制度进行调整，安全、用足用好制度。加快公积金施放节奏，对于个贷率在85%以下的群体可以简化审核流程，放开异地公积金贷款的审批。对于个贷率在85%以上的群体要拓展来源，可以考虑公积金转商业补贴制度的设置。在公积金管理制度上要建立考核、问责制度。

(7) 新建商品住房的租赁市场要开始准备启动。租赁市场当前滞后于销售市场，要建立相应的市场制度，整体达到去库存的效果。土地规划要前置，在融资上给予支持。对于建设一手房租赁市场的企业(比如万科)，税务部门和金融部门要联合研究租赁市场的资金成本、企业收益等问题，让企业做到有利可图。发展我国REITs(Real Estate Investment Trusts)试点，通过基金、信托以及租赁市场寻求市场突破，建立适合我们国情的REITs制度。

(8) 鼓励房地产市场化竞争，鼓励房地产企业进行兼并重组、转型升级。由于我国房地产发展迅速，众多资金实力小、抗风险能力低的房企相继涌现，应该通过市场竞争的机制，体现技术先进、实力较强、市场运作良好的房企的优势。对于中小房企融资难、民间借贷风险高的问题，通过与大型房企的合作来防范、化解系统性风险。

(9) 重点城市群、中心城市将形成新的经济增长点，也是未来房地产新的机会载体空间。绿色建筑、宜居宜业是发展方向。住建部部长陈政高2015年11月19日在《人民日报》撰文表示，拓展区域发展空间，是《中共中央关于制定国民经济和社会发展第十三个五年规划的建议》提出的关于我国区域发展战略的重大决策部署。要以建设世界级城市群为目标，重点优化提升京津冀、长三角和珠三角等城市群的功能；加快培育东北地区、中原地区、长江中游、成渝地区、关中平原等城市群，使之成为引领区域经济发展的重要增长极；同时，还要形成经济充满活力、生活品质优良、生态环境优美、文化魅力彰显的新型城市群。要打造一批中心城市和重点经济区，形成一批新的经济增长节点。既要培育北京、上海等直接参与全球产业分工和文化交流的世界级城市；又要加快建设承接产业转移、带动区域发展的区域性中心城市，培育各类专业化城市；将选择一批边境口岸地区、资源型地区、老少边穷地区、旅游文化资源丰富地区的节点城市，培育形成地区经济发展新的增长节点；并且依托中心城市及其周边地区，加强城镇之间的要素流动和功能联系，促进产业协作、功能互补，形成支撑和带动区域经济发展的重点经济区。推进城市绿色发展，营造宜居宜业新空间；加快转变城市发展方式，优化城市空间结构，大力发展绿色交通、绿色设施、绿色建筑，推进能源资源循环利用；推动城市立体化、智慧化发展，加强城市地下空间的统筹开发利用，推进地下综合管廊、海绵城市建设，提高城市智能化水平；加强城际基础设施互联互通。统筹推进城际交通、能源、水利、信息等基础设施建设，提升基础设施互联互通和现代化服务水平。

三、2016 年房地产市场趋势预判

对于下一阶段房地产市场的走势，笔者认为，在政策的强力刺激下，市场销售将延续回暖态势，但回暖的幅度不会太高，不同城市间的分化加剧，一线及部分二线城市市场表现向好，三四线城市形势不容乐观。从 2016 年走势来看，房地产市场将依然保持缓慢下行的态势：

（一）在政策的不断刺激下，房地产市场保持低速运行

预计 2016 年全年整体较为平稳：从外部环境来看，经济增速下滑，金融市场不稳定性增加。内部来看，作为房产市场亮点的一线城市房价上涨已经在 2015 年得到了充分释放，二者共同决定了 2016 年房市喜忧参半。但由于宏观政策的大力支持，预计房地产投资低速增长，房价会小幅上涨。

（二）房地产投资保持低位，刚需小户型投资走势强劲，高端住宅投资低迷

预计 2016 年房地产投资增速保持在 4%—6%之间，并且从年初到年尾呈现从高到低的下降趋势。其中，90 平方米及以下住房投资是主力，增速保持在 15%—20%之间；144 平方米以上住房投资增速保持在 10%—15%；别墅、高档公寓投资呈现负增长，预计跌幅在 4%—7%之间。由此可见，刚需的小户型保持相对强劲的投资走势，高端住宅投资较为疲软。

（三）房地产市场整体呈现量跌价涨的趋势，城市分化显著，一二线城市销量基本持平，价格小幅上涨

预计 2016 年中国房地产市场成交量较 2015 年下跌 4%—6%，价格较 2015 年上涨 4%—7%。其中，一二线城市销量持平，价格小幅上涨，对整体市场形成有力支撑。一二线城市由于供应有限，土地出让溢价和楼板价持续上涨，土地价格和价值都在持续上升，销售均价也随之上升，加之政策方面的刺

激,房价会持续上涨。但一线及部分二线城市房价已释放大量空间,导致销量受限,故 2016 年房价涨幅较 2015 年略低,预计 2016 年一二线城市房地产销售均价将上涨 9%—12%,而销量基本持平。

(四) 三四线城市仍维持在去库存,房地产市场呈现量价齐跌

预计 2016 年三四线城市房地产市场呈现量价齐跌的态势。当前三四线城市房地产市场面临着高库存和弱需求,平均去化周期达到 20 月以上,再加之当前宏观经济下行,预计 2016 年三四线城市房地产销量将下降 8%—12%,销售均价将下跌 4%—7%。

后　记

2015年是中国宏观经济结构分化、微观变异、动荡加剧的一年，中国整体经济增速下行。受国内经济下行压力影响，上海市房地产开发投资增长趋缓。但2015年中央出台了一系列刺激楼市的政策，促使上海市房地产市场交易活跃、房价上涨。

本书从上海房地产市场发展背景、上海房地产一级市场（土地市场）、二级市场（商品房市场）、三级市场（二手房市场）多维度系统性地分析了2015年上海房地产市场的发展、变动及2016年展望，同时对中国2015年整体房地产政策、土地市场、典型城市住宅市场及未来展望进行了详细的论述。

2015年以来，上海土地市场火热，张江板块、周康板块、赵巷板块等区域地价猛涨，特别是纯宅地成交价格飙升。2015年上海商品房市场交易火爆，供小于求的情况时常出现。2015年系列利好政策频出，推动中高端二手住宅成交，二手住宅价格一路高走。从2015年上海商品房的供应结构来看，公寓及动迁配套房主导着整个商品房市场的市场走势。笔者对2016年上海土地市场继续看好，主要还是因为上海土地的稀缺性，但对房地产市场不是很乐观，尤其是看到“3.25”政策出台，上海限购政策不仅严格执行，而且标准提高。

本书由顾建发策划总纂，各章作者为上海社会科学院顾建发，上海同策房产咨询股份有限公司张宏伟、许之静、周昊天，上海中原物业顾问有限公司宋会雍，中国房地产指数研究院陈晟。

本书在写作、整理以及校对的过程中得到了上海社会科学院部门经济研究所和上海社会科学院出版社的大力支持，汪舟和王晶两位同学做了大量的辅助工作。在书稿完成并付梓之际，一并致敬谢忱。由于笔者自身研究视野等局限，如对本书观点有疑问，欢迎各方有识之士共同探讨。

顾建发

2016年6月

图书在版编目(CIP)数据

上海房地产发展报告.2015—2016/顾建发等著.—上海：上海社会科学院出版社，2016

ISBN 978-7-5520-1540-9

Ⅰ.①上… Ⅱ.①顾… Ⅲ.①房地产业—经济发展—研究报告—上海—2015—2016 Ⅳ.①F299.275.1

中国版本图书馆CIP数据核字(2016)第252030号

上海房地产发展报告(2015—2016)

著　　者：顾建发　张宏伟　等
责任编辑：应韶荃
封面设计：风行水上
出版发行：上海社会科学院出版社
上海顺昌路622号　邮编200025
电话总机021-63315900　销售热线021-53063735
http://www.sassp.org.cn　E-mail:sassp@sass.org.cn
排　　版：南京展望文化发展有限公司
印　　刷：上海信老印刷厂
开　　本：720×1020毫米　1/16开
印　　张：16
字　　数：261千字
版　　次：2016年9月第1版　2016年9月第1次印刷

ISBN 978-7-5520-1540-9/F·451　定价：58.00元